JN016026

ギャグにまつわる言葉をイラストと豆知識で
アイーンと読み解く

ギャグ語辞典

文／**高田文夫**

松岡昇・和田尚久

絵／**佐野文二郎**

誠文堂新光社

はじめに

　自画自賛でそのうえ手前味噌ではあるが、とんでもなく素晴らしい辞典ができたものだ。本好き、お笑い好きの私だが、どう考えても過去に〈ギャグフレーズ〉〈笑いを伴うはやり言葉〉だけを集めた一冊なぞ皆無だった。それも明治期の「オッペケペー」から昭和の「ガチョーン」「コマネチ」を経て飛ぶ鳥落とす勢いの「第七世代」までほぼ全て網羅という丁寧な仕事ぶり（これも2020年コロナの年ならではの時間の使い方であった）。

　以前から当出版社には「○○語辞典」という人気シリーズがあって、目にしたのが『プロ野球語辞典』。そこにイラストをあきれるほどの量描いていた佐野文二郎クンに「面白いネ。あれでギャグばっかり集めた一冊を作りたいネ」と言ったが早いが、すぐに編集者に話をつけてくれたので執筆メンバーを集め、こうして構想・着手一年で創りあげた次第。

　〈言葉〉は生きているので、意味も少しずつ違ってくるのは致し方のないところ。

　私が〈放送・芸能〉の世界へ飛び込んだ50年前（1970年）、"ギャグ"という言葉の使い方はとてもシビアできびしかった。ギャグと言うのは現在使われているような「はやり言葉」とか「一発芸」のような意味あいではなかったのだ。

　先輩の作家やらテレビマンからいつも「もっとキートンとかチャップリン見て勉強してこい」と叱られた。一つの設定（シチュエーション）がある。笑いを生み出すための状況から人が動き、台詞があり、笑いとなる一連の流れを総じて"ギャグ"と呼ぶ。『シャボン玉ホリデー』の「お呼びでない」やら『ゲバゲバ90分』のショートショート。

〈例えて書くと──〉
エレベーターを待っている婦人
表示灯の灯が①から②、そして③
チーンの音
エレベーターの扉が開く
エレベーターの中、大階段になっている
何ごとも無かったように入って階段をあがっていく婦人。
靴の音コツコツ
オチ音

　ここまでの一連の動きを総じて昔は「ギャグ」と言った。「笑い」を生むための仕掛け、仕組。そこで起こるアクション、動き、その一連の流れをひっくるめて「ギャグ」と言うのだ。洋画の喜劇などでもビルの大きな時計の長針にぶら下がったり、走る列車の車窓を見ると伴走している男が居たりと、スラップスティックな笑いも昔はいっぱい目にしたものだ（スラップスティックはドタバタ喜劇などと訳される）。スラップは叩くという意なので、スラップスティックとは道化が相手役を叩く棒のことと言われる。いかりや長介のメガホン、ビートたけしのピコピコハンマーなどがそれである。

　いつの頃からかテレビの中で芸人の決め台詞やらワンフレーズの事を〈ギャグ〉と言うようになった。それが当たり前になった。言葉は生き物なので仕方がないが、昔の喜劇人・コメディアン・喜劇作家が今これを〈ギャグ〉と聞いたら何と思う事だろうか。そんな事もふまえて明治の昔から第七世代まですべてこの大きな目で見てきて理解しているのが私なのだ。明治・大正のジョーク（冗談）からフワちゃんまで両方語れる72歳（菅首相と同い歳）はなかなか居ない。
　日本のお笑い史上、初の刊行です。プロアマ問わずゆっくりお楽しみ下さい。後世の人は、これ一冊あれば大丈夫だ。むこう50年安泰だ。

生涯“笑い”と生きる　高田文夫

この本の見方と楽しみ方

本書をご覧になる際は「注意事項」をよくお読みになり、
用法・用量を守って適切にお取り扱い下さい。

凡例

[用語]

ギャグ・はやり言葉のフレーズ。掲載されている語のチョイスは執筆者の独断と偏見であり、他意はありません。

[ふりがな]

漢字やアルファベットなどが含まれている用語には、よみがなを載せています。

あたり前田のクラッカー
あたりまえだのくらっかー／藤田まこと

昭和37年スタートの人気コメディ「てなもんや三度笠」のオープニングで藤田扮する"あんかけの時次郎"が、スポンサーである前田製菓のクラッカーを取り出しカメラに向けて「オレがこんなに強いのも あたり前田のクラッカー」とやって大人気。名コンビは白木みのる演じる珍念。子供心に毎週見ていて「この子役は達者な子役だなァ」と思っていたら、すでに立派な大人だった。この二人に次いで人気だったのが怪優・財津一郎。今ではピアノ売ってチョーダイ。(高)

[演者]

その用語を口にした人物の名前です。記載がないものは、巷の流行語等です。

[太字]

お笑いコンビ・グループ名、コミックバンド名を太字にしています。

命！
いのち！／TIM(ゴルゴ松本)

TIMのゴルゴ松本が、全身を使って体現するリアル「人文字ギャグ」であり、リアル「一文字ギャグ」。「示(しめすへん)」「す」。相方レッド吉田との「炎」や「祝」などのパターンもあり、令和になったのを記念して「令和」ギャグも披露した。(松)

[言葉の意味や説明]

その用語の解説と、関連するエピソードを紹介しています。執筆者の個人的なエピソードも多数盛り込まれています。

[執筆者]

本書は三人の書き手により書かれています。詳しくはp.5をご参照ください。
(高)……高田文夫　(松)……松岡昇
(尚)……和田尚久

4

高田文夫

1948年、渋谷区生まれ、世田谷育ち。日本大学芸術学部放送学科卒業と同時に放送作家の道を歩む。83年に立川談志の立川流に入門、立川藤志楼で88年に真打昇進。89年『高田文夫のラジオビバリー昼ズ』(ニッポン放送) スタート。「週刊ポスト」(小学館)、「月刊HANADA」(飛鳥新社) にて連載中。「笑芸」に関する著書多数。

松岡 昇

1962年、山口県生まれ。日大在学中に高田文夫に弟子入り。『ビートたけしのオールナイトニッポン』のハガキ仕分けを皮切りに、笑福亭鶴光、伊集院光、ナイツ、清水ミチコなどのラジオ番組を担当。清水ミチコをアネキ、高橋克実をアニキと尻尾を振る姿から、師匠・高田に「子分肌マツオカ」と命名される。

和田尚久

1971年、台東区生まれ。放送作家。担当番組に『立川談志最後のラジオ』(QR)、『談志の遺言』(TBSラジオ)、『友近の東京八景』(NHKラジオ第1)、ラジオドラマ『町の底を流れるのは』(QR) ほか。コントの台本なども書くよろず雑文業。〈落語〉や〈笑い〉に関する執筆多数。

注意事項

※本書には、個人の偏見・冗談が多分に含まれています。気軽にお読み下さい。

※本書では江戸時代から今日に至るまで、ありとあらゆる「笑い」の側面を扱っており、「芸」に対して最大限の敬意を表しています。笑いは時代の影響を大いに受け、時代と共に変化するものです。笑いの歴史は、その時代時代に身一つで対峙し闘った芸人たちの記録でもあります。それらの経験は現在の芸に引き継がれているに違いなく、今後も引き継がれていくものと考えます。今日の感覚では不適切ととられかねない表現がありますが、当時の時代感覚を知っていただくことも笑いを理解するために不可欠であるとの考えによるものであり、差別を助長する意図はありません。

※巻末のINDEXは人物ごとの索引です。併せてお楽しみ下さい。

※本書のデータは特に記載のない限り、2020年12月現在のものです。

ギャグ語辞典 もくじ

 行

ギャグ語しりとり わかるかな??

あ

(p.34)

(p.77)

(p.192)

か行

(p.86)　　(p.117)　　(p.88)

さ 行

た 行

(p.47)　　　(p.120)　　　(p.125)

な行

(p.103) (p.47) (p.185)

は 行

ま 行

(p.152)　　　(p.53)　　　(p.188)

や行

 ら行

 わ行

(p.103)　　(p.48)　　(p.32)

笑芸の世界へようこそ！

落語

江戸後期に発祥し、明治なかば頃に大成された話芸。話者が座布団に座り複数の人物を語り分けることを原則とする。古くは「落とし咄」と言い、明治に入って「落語」の呼称ができた。東京・上方（大阪・京都）でそれぞれに発展。滑稽噺は上方から東京に移されたものが多い。

講談

釈台を張扇で叩きながら物語を聴かせる伝統話芸。「講釈」とも言う。江戸中期の「太平記読み」から発展し『漢楚軍談』『三国志』などの史実を砕いて聴かせた。歴史を「講義解釈」するから講釈である。やがて市井の出来事を題材にした世話講釈も成立。近年は女性実演家も多い。

義太夫・娘義太夫

浄瑠璃の一つ。17世紀の末に人形劇の音楽として大阪で成立。太夫の語りと三味線の音楽がコンビを組み、物語を進行させる。江戸後期には女性が語る娘義太夫が寄席で人気を呼び、取り締まりの対象になったほど。当世のアイドル歌手に近い存在だったのだ。

喜劇・新喜劇

江戸後期に関西で流行した「俄」は歌舞伎のパロディなどを見せた寸劇。ここから曾我廼家五郎・十郎の「曾我廼家劇」が明治36年に誕生する。この流れを汲んだ劇団が戦前の「松竹家庭劇」であり、昭和23年、再編され「松竹新喜劇」となる。渋谷天外、藤山寛美などを輩出した。

浪曲

明治以降に隆盛した語り芸。講談、演劇、文芸などの題材を自在に脚色し、話者の語りと曲師の三味線伴奏によって聴かせる。浪花節とも。説経祭文やチョンガレ、義太夫など先行芸能の影響が色濃い。音曲芸なので歌謡と隣接し、三波春夫、村田英雄、二葉百合子らは浪曲師出身。

笑いに関わる芸能を笑芸といい、日本では昼夜を問わず笑いが提供されている。
しかもその種類は様々。ここでは、寄席で披露されている演芸を中心に紹介する。

文：和田尚久

コント

日本には室町時代に成立した「狂言」があり、内容的にも形式的にもコントそのもの。現代のコントは戦前、浅草のレビューなどに挿入されていた寸景（スケッチ）が独立したものと考えられる。クレージーキャッツやザ・ドリフターズなど音楽系の演者が得意にしたのは偶然ではない。

漫才

古くは新年を祝う歌舞芸能に「萬歳」があった。大正中期以降、関西の寄席興行に取り込まれ、昭和5年、「エンタツ・アチャコ」のコンビが洋装でトークだけを聴かせる「しゃべくり漫才」を成立させた。彼らの成功によって大阪では寄席の中心になり、落語などを圧倒していった。

ボーイズ

戦前の浅草に川田義雄、坊屋三郎、芝利英、益田喜頓をメンバーとする「あきれたぼういず」というボードヴィル・チームがあった。ジャズ演奏やハーモニー歌唱に虎造節やポパイの声色をミックスする芸で大人気。以降、楽器を使用する笑芸を「ボーイズもの」と呼称するようになった。

漫談

語り手が、自分の考え、身の回りの出来事などを笑いにくるんで聴かせる芸。落語や講談が語り手と離れたストーリーを語り得るのに比べ、あくまで私的な視座からの語りである。西洋のスタンダップ・コメディに同じ。弁士出身の徳川夢声、上方の西条凡児などがよく知られる。

その他の演芸

寄席の彩りとして欠かせないのが「紙切り」。鋏一本で客の注文に応じ、何でも切ってしまう、まさに紙技。太神楽は多く二人コンビで、傘の上で玉や枡を廻したり、撥で土瓶を支えたりと様々な曲芸を披露。動物モノマネ、独楽廻し、手妻使い（日本の伝統奇術）なども活躍。

寄席とは……

江戸で寛政年間（1800年頃）に観客から金銭をとり、噺を聴かせる常設の小屋が誕生したと言われる。これが「寄席」のはじまり。芝居を見るより手軽なので幕末から明治にかけて流行し、落語の寄席、講談の「釈場」、浪花節専門の席などが多数営業した。上方では大正時代以降、合理化が進み、芸人の会社専属制度も整備された。吉本経営はその代表。

笑芸史に燦然と輝く！

スター集団FILE

コンビやトリオで活動する芸人が多いなか、
集団で昭和のテレビ界を牽引した2大グループを見てみよう。
また50年以上続く長寿番組の歴代司会者もスター揃い。

文：松岡昇

FILE.1

ハナ肇とクレージーキャッツ

歌にコントに映画に、八面六臂の大活躍

昭和を代表する国民的コミックバンド。結成当初は
米軍キャンプやジャズ喫茶廻りをしていたが『おと
なの漫画』や『シャボン玉ホリデー』でブレイク。
青島幸男作詞の初シングル『スーダラ節』が爆発的
ヒット。無責任男・植木等ブーム到来で高度経済成
長時代の象徴となった。メンバーはハナ肇（ドラム）、
植木等（ギター）、谷啓（トロンボーン）、犬塚弘（ベ
ース）、安田伸（サックス）、石橋エータロー（ピア
ノ）、途中から桜井センリ（ピアノ）。

主な作品

『おとなの漫画』（フジテレビ系 1959-1964）
『シャボン玉ホリデー』（日本テレビ系 1961-1972）
『ニッポン無責任時代』（東宝 1962）
『クレージー黄金作戦』（東宝 1967）
『スーダラ節』（東芝レコード 1961）
『無責任一代男／ハイそれまでヨ』（東芝レコード 1962）

FILE.2 ザ・ドリフターズ

緻密さを感じさせないコントで
お茶の間を魅了！

「桜井輝夫とザ・ドリフターズ」が原点。ベースのいかり
や長介がリーダーとなるとメンバーが反発。残留したドラ
ムの加藤茶以外は数度の入れ替わりを経て高木ブー（ギタ
ー）、仲本工事（ギター）、荒井注（オルガン）の5人体制に。
ビートルズ来日公演で前座をつとめたバンドの一つ。荒井
脱退後、付き人だった志村けんが加入。『全員集合』では、
正式メンバーではないがすわしんじも活躍。国民的人気グ
ループの座に君臨し、多くのヒット曲も残した。

> **主な作品**
> 『8時だョ！全員集合』(TBS系 1969-1985)
> 『ドリフ大爆笑』(フジテレビ系 1977-1998)
> 『ドリフのズンドコ節』(東芝レコード 1969)
> 『ドリフのビバノン音頭』(東芝レコード 1973)

FILE.3

落語家以外が
司会をつとめたことも

初代司会者は立川談志。1969年に演出方
針を巡って出演者が大幅に交代すると前田
武彦が2代目を担当。70年から12年に渡
って司会をつとめたのは三波伸介。三波の
急逝を受け、83年からは三遊亭圓楽（五
代目）が司会の座に。2006年から桂歌丸
が昇格し睨みを効かせていたが、現在は春
風亭昇太がアクの強いメンバーにあしらわ
れつつ座布団を差配している。

> **『笑点』**(日本テレビ系) 1966年5月15日放
> 送開始。現在は『演芸』と『大喜利』の二部
> 構成。歴代最高視聴率は40.5%（1973年）。

『笑点』歴代司会者

＼ギャグを語るうえで欠かせない／
伝説のモンスター番組たち

番組をきっかけにギャグが誕生することは多い。
本書でも頻出の番組はここで押さえておこう。

TBS 土曜夜8時〜 1969年-1985年
8時だョ! 全員集合
（全員集合）

1970〜80年代に日本中のちびっ子を虜にしたドリフのお化け番組。毎回大がかりなセットのコントを公開＆生放送で実施するという画期的な試みで、場面転換時の緊張感と「盆回り」のメロディが耳にこびりついている人も多い。「うんこチンチン」「ちょっとだけよ!」など数多くの流行語やコントにPTAは眉をひそめたが、「I・my・me」の人称代名詞や、就寝時の歯磨きなどのマナーを教えてくれた番組でもある。

フジテレビ 土曜夜8時〜 1981年-1989年
オレたちひょうきん族
（ひょうきん、ひょうきん族）

『THE MANZAI』『笑ってる場合ですよ!』などを手がけた横澤彪プロデューサーが、三宅恵介、佐藤義和らの精鋭ディレクターに声を掛け最初は特番としてスタート。「タケちゃんマン」と「ひょうきんベストテン」を二本柱に、パロディあり、アドリブ・悪ノリOKの演出で漫才ブームの立役者たちを輝かせるコーナーを展開。裏方や素人も積極的に活用し、計算され尽くしたドリフの笑いに対抗。「打倒!『全員集合』」を果たした。

ニッポン放送 月〜土曜 深夜1時〜 1967年-
オールナイトニッポン
（ANN、オールナイト）

糸居五郎の『君が踊りボクが歌う時、新しい時代の夜が生まれる……』という名調子で産声をあげた伝説の深夜番組。TBS『パック・イン・ミュージック』、文化放送『セイ!ヤング』と三つ巴で深夜放送黄金時代を築き、タモリ、たけし、さんまのお笑いBIG3はもちろん、中島みゆき、ユーミン、桑田佳祐に福山雅治と数多くのスター・文化人がマイクの前に座った。また所ジョージや稲川淳二など無名だった人材を輩出した功績も大きい。

ニッポン放送 月〜金曜 11時30分〜 1989年-
高田文夫の
ラジオビバリー昼ズ
（ビバリー、ビバリー昼ズ）

松本明子をアシスタントに1989年にスタート。ビバリー出演がきっかけで松本と松村邦洋は『進め!電波少年』に抜擢されブレイク。番組レポーターだった春風亭昇太は今や落語芸術協会会長に。火曜担当東MAXはお嫁さんにしたいナンバーワン・安めぐみを娶り、木曜担当清水ミチコは毎年武道館を満員にするビッグアーティストに。31年の間にみんな偉くなっても、律儀に今日も11時半から生放送中!

昭和 平成 令和

テレビバラエティ番組年表

太字……現在も放送中の番組名
★……現在は特番で継続中の番組

※放送期間には一年未満の休止が含まれている
　場合があります。

1948 （S23）	1953 （S28）	1954 （S29）	1955 （S30）	1956 （S31）	1957 （S32）	1958 （S33）	1959 （S34）	1960 （S35）	1961 （S36）	1962 （S37）
	『ジェスチャー』（NHK）〜S43	『シルエット・クイズ』（日本テレビ）〜S37		『お笑い三人組』（NHK）〜S41 『お昼の演芸』（日本テレビ）〜S37		『光子の窓』（日本テレビ）〜S35	『番頭はんと丁稚どん』（毎日放送）〜S36 『おとなの漫画』（フジテレビ）〜S39		『シャボン玉ホリデー』（日本テレビ）〜S47 『若い季節』（NHK）〜S39 『夢であいましょう』（NHK）〜S41	『サンデー志ん朝』（フジテレビ）〜S4340 『てなもんや三度笠』（朝日放送）〜S43
高田文夫誕生	NHKテレビの本放送開始	マリリン・モンロー来日	神武景気（〜S32）	日ソ共同宣言 国際連合加盟	東京の都市人口が世界一に	フラフープが流行	キューバ革命 長嶋茂雄、天覧試合でサヨナラホームラン	安保闘争激化	NHKカラー本放送開始	ツイストが流行

17

	1963 (S38)	1964 (S39)	1965 (S40)	1966 (S41)	1967 (S42)	1968 (S43)	1969 (S44)	1970 (S45)	1971 (S46)	1972 (S47)
テレビでレギュラー放送を開始した番組など	『夫婦善哉』(朝日放送)~S50 『大正テレビ寄席』(NET)~S53		『金曜夜席』(日本テレビ)~S41 『雲の上団五郎一座』(NET) 11PM(日本テレビなど)~H2	『お茶の間寄席』(フジテレビ)~S44 『笑点』(日本テレビ)~現在	『スターものまね大合戦』(NET)~S52	『お昼のゴールデンショー』(フジテレビ)~S46	『巨泉・前武ゲバゲバ90分!』(日本テレビ)~S46 『8時だョ!全員集合』(TBS)~S60 『ヤングおー!おー!』(毎日放送など)~S57 『コント55号!裏番組をブッ飛ばせ!!』(日本テレビ)~S60 『唄子啓助おもろい夫婦』(フジテレビ)~S45	『笑うんだもんね!』(TBS)~S46 『時間ですよ』(TBS)~S48	『やじうま寄席』(日本テレビ)~S55 『TVジョッキー』(日本テレビ)~S57	『ぎんざNOW!』(TBS)~S54 『お笑いオンステージ』(NHK)~S57
その他のメディア史・世の中の動き	米・ケネディ大統領が暗殺される	東京五輪	ベトナム戦争勃発	ザ・ビートルズ初来日 いざなぎ景気(~S45)	ツィッギー来日	川端康成がノーベル文学賞受賞	東大安田講堂事件 アポロ11号月面着陸 映画『男はつらいよ』公開	大阪万博開幕 よど号ハイジャック事件	札幌五輪 あさま山荘事件 NHK全時間帯カラー放送	沖縄返還 日中共同声明

1973（S48）

- 「パンチDEデート」（関西テレビ）～S60
- 「金曜10時!うわさのチャンネル!!」（日本テレビ）～S54
- 「コント55号のなんでそうなるの?」（日本テレビ）～S54

1975（S50）

- 「新婚さんいらっしゃい!」（朝日放送）～現在
- 「笑って!笑って!!60分」（TBS）～S56
- 「プロポーズ大作戦」（朝日放送）～S60
- 「欽ちゃんのドンとやってみよう!」（フジテレビ）～S56

1976（S51）

- 「みごろ!たべごろ!笑いごろ!!」（テレビ朝日）～S54
- 「欽ちゃんのどこまでやるの!」（NET）～S61
- 「カックラキン大放送!!」（日本テレビ）～S61
- 「スターどっきり㊙報告」（フジテレビ）～S54
- 「クイズダービー」（TBS）～H4

1977（S52）

- 「飛べ!孫悟空」（TBS）～S54
- 「三波伸介の凸凹大学校」（東京12チャンネル）～S57

1978（S53）

- 「笑ァップ歌謡大作戦」（テレビ朝日）～S57

1979（S54）

- 「アイ・アイゲーム」（フジテレビ）～S60

1980（S55）

- 「トゥナイト」『テレビ朝日』～H14
- 「たのきん全力投球!」『TBS』～S58
- 「笑っている場合ですよ!」『フジテレビ』～S57
- 「お笑いスター誕生!!」『日本テレビ』～S61

1981（S56）

- 「なるほど!ザ・ワールド」『フジテレビ』～H8 ★
- 「オレたちひょうきん族」『フジテレビ』～H1
- 「らくごIN六本木」『フジテレビ』～S60
- 「欽ドン!良い子悪い子普通の子」『フジテレビ』～S58
- 「トゥナイト2」『テレビ朝日』～H14

出来事（下段）

- **1973**　オイルショック／巨人V9達成
- **1974**　長嶋茂雄引退
- **1975**　ベトナム戦争終結／赤ヘル旋風で広島カープがリーグ初優勝
- **1976**　ロッキード疑獄／「およげ!たいやきくん」（子門真人）がヒット
- **1977**　特番『ドリフ大爆笑』（フジテレビ）～H9
- **1978**　成田空港開港
- **1979**　特番『欽ちゃんの紅白歌合戦をぶっ飛ばせ!第1回全日本仮装大賞～なんやかやら仮そう!』→『欽ちゃんの爆笑仮装コンテスト 第○回全日本仮装人賞』→『欽ちゃん&香取慎吾の全日本仮装大賞』（日本テレビ）～現在
- **1980**　山口百恵引退／特番『THE MANZAI』（フジテレビ）が放送され、MANZAIブーム到来／イラン=イラク戦争勃発（～S63）
- **1981**　ローマ法王初来日／米・スペースシャトル「コロンビア」初飛行／「ビートたけしのオールナイトニッポン」（ニッポン放送）放送開始（～H2）

	1982 (S57)	1983 (S58)	1984 (S59)	1985 (S60)	1986 (S61)	1987 (S62)	1988 (S63)	1989 (H1)
テレビでレギュラー放送を開始した番組など	『タモリ倶楽部』《テレビ朝日》〜現在 『欽ちゃんの週刊欽曜日』《TBS》〜S60 『笑っていいとも!』《フジテレビ》〜H26	『たけしのお笑いサドンデス』《TBS》〜S59 『オールナイトフジ』《フジテレビ》〜H3 『スーパージョッキー』《日本テレビ》〜H11	『いただきます』《フジテレビ》〜H2	『天才・たけしの元気が出るテレビ!!』《日本テレビ》〜H8 『さんまのまんま』《関西テレビ》〜H28 ★	『鶴ちゃんのプッツン5』《日本テレビ》〜H4 『風雲!たけし城』《TBS》〜H1 『日立 世界・ふしぎ発見!』《TBS》〜現在 『加トちゃんケンちゃんごきげんテレビ』《TBS》〜H4	『志村けんのだいじょうぶだぁ』《フジテレビ》〜H5 『ねるとん紅鯨団』《関西テレビ》〜H6 『鶴瓶上岡パペポTV』《読売テレビ》〜H10 『4時ですよ〜だ!』《毎日放送》〜H1	『探偵ナイトスクープ』H30《朝日放送》〜現在 『あっぱれさんま大先生』《フジテレビ》〜H7、H12〜15 『とんねるずのみなさんのおかげです』→『とんねるずのみなさんのおかげでした』《フジテレビ》〜H9	『邦ちゃんのやまだかつてないテレビ』《フジテレビ》〜H4 『ダウンタウンのガキの使いやあらへんで!!』《日本テレビ》〜現在 『どーする!?TVタックル』→『ビートたけしのTVタックル』《テレビ朝日》〜現在
その他のメディア史・世の中の動き	テレホンカード使用開始	特番『タケちゃんの思わず笑ってしまいました』《フジテレビ》〜S62	エリマキトカゲブーム	NTT、JT発足 阪神タイガース初の日本一	特番『志村けんのバカ殿様』《フジテレビ》〜R2 チェルノブイリ原発爆発事故 バブル景気(〜H3)	JR発足	リクルート事件	松田優作、美空ひばり死去 中・天安門事件 『高田文夫のラジオビバリー昼ズ』《ニッポン放送》放送開始〜現在

1990（H2）

『マジカル頭脳パワー』（日本テレビ）〜H11

『ウッチャンナンチャンのやるならやらねば！』（フジテレビ）〜H5

1991（H3）

『ダウンタウンのごっつええ感じ』（フジテレビ）〜H9

『たけし・逸見の平成教育委員会』（フジテレビ）〜H9

『とんねるずの生でダラダラいかせて!!』（日本テレビ）〜H13

『ギルガメッシュないと』（テレビ東京）〜H10

『吉本印天然素材』（日本テレビ）〜H6

『北野ファンクラブ』（フジテレビ）〜H8

『ごきげんよう』（フジテレビ）〜H28

1992（H4）

『タモリのボキャブラ天国』シリーズ（フジテレビ）〜H11

『関口宏の東京フレンドパーク』→『関口宏の東京フレンドパークII』（TBS）〜H23★

『進め！電波少年』→『進ぬ！電波少年』（日本テレビ）〜H14

『さんまのからくりTV』→『さんまのスーパーからくりTV』（TBS）〜H26

『たまにはキンゴロー／夜泣き弁天』（フジテレビ）

1993（H5）

『ダウンタウンDX』（日本テレビ）〜現在

『料理の鉄人』（フジテレビ）〜H11

『とぶくすり』→『とぶくすりZ』（フジテレビ）〜H7

『ピロピロ』（フジテレビ）

『たかじんnoばぁ〜』（読売テレビ）〜H8

1994（H6）

『恋のから騒ぎ』（日本テレビ）〜H23

『ジャングルTVタモリの法則』（TBS）〜H14

『ぐるぐるナインティナイン』→『ぐるナイ』（日本テレビ）〜現在

1995（H7）

『めちゃモテたいッ！』→『めちゃイケてるッ！』（フジテレビ）〜H30

『ウッチャンウリウリ！ナンチャンナリナリ！』→『ウッチャンナンチャンのウリナリ!!』（日本テレビ）〜H14

『出没！アド街ック天国』（テレビ東京）〜現在

1990 東西ドイツ統一／湾岸戦争勃発

1991 宮沢りえの写真集が話題

1992 長野五輪

1993 Jリーグ開幕／55年体制崩壊／コギャルブーム

1994 大江健三郎がノーベル文学賞受賞

1995 地下鉄サリン事件／阪神・淡路大震災

	1996 (H8)	1997 (H9)	1998 (H10)	1999 (H11)	2000 (H12)	2001 (H13)
テレビでレギュラー放送を開始した番組など	水曜どうでしょう『北海道テレビ』～H14 ★ 松本人志のひとりごっつ『フジテレビ』→『松本人志の新ひとりごっつ』→H10 松ごっつ『フジテレビ』～H10 ウンナンの気分は上々『TBS』→『新ウンナンの気分は上々』（TBS）～H15 SMAP×SMAP『フジテレビ』～H28	伊東家の食卓『日本テレビ』～H19 踊る!さんま御殿『日本テレビ』～現在 世界の北野、足立区に行こう!→『足立区のたけし、世界の北野』（フジテレビ）～H28 ★ 学校へ行こう!→『学校へ行こうMAX』（TBS）～H20 ★	笑う犬の生活 "YARANEBA!!"シリーズ（フジテレビ）～H15 ココリコ黄金伝説→『いきなり!黄金伝説』（テレビ朝日）～H26	明石家マンション物語『フジテレビ』～H13 力の限りゴーゴゴー!!（フジテレビ）～H14 おねプ!（テレビ朝日）～H13 稲妻!ロンドンハーツ→『ロンドンハーツ』（テレビ朝日）～現在 神出鬼没タケシムケン（テレビ朝日）～H12 爆笑!オンエアバトル→『オンバト＋』（NHK）～H26	debuya→『元祖!でぶや』（テレビ東京）～H20 松本紳助→『松紳』（日本テレビなど）～H18 クイズ$ミリオネア（フジテレビ）～H19 内村プロデュース（テレビ朝日）～H17	ワンナイR&R（フジテレビ）～H18 サンデー・ジャポン（TBS）～現在 ココリコミラクルタイプ（フジテレビ）～H19 はねるのトびら（フジテレビ）～H24
その他のメディア史・世の中の動き	長嶋茂雄監督率いる巨人が「メークドラマ」を合言葉に11.5ゲーム差をひっくり返し、リーグ優勝	香港返還 消費税が3%から5%に引き上げられる たまごっち流行	長野五輪	石原慎太郎が都知事に就任 『だんご3兄弟』（速水けんたろう・茂森あゆみ）がヒット	2000円札発行 『TSUNAMI』（サザンオールスターズ）、『桜坂』（福山雅治）がヒット	狂牛病流行 9.11アメリカ同時多発テロ事件

2002 (H14)	2003 (H15)	2004 (H16)	2005 (H17)	2006 (H18)	2007 (H19)	2008 (H20)	2009 (H21)	2010 (H22)	2011 (H23)
『行列のできる法律相談所』(日本テレビ)～現在	ロバートホール→『リチャードホール』(フジテレビ)～H17	『笑いの金メダル』(朝日放送)～H19	**『ゴッドタン～The God Tongue 神の舌～』**(テレビ東京) H17, H19～現在	『謎のホームページ サラリーマンNEO』→『サラリーマンNEO』(NHK)～H23	『あらびき団』(TBS)～H23	『にけつッ!』(読売テレビ)～現在	**『ほんまでっか!?TV』**(フジテレビ)～現在	『ピカルの定理』(フジテレビ)～H25	『マツコ&有吉 怒り新党』→**『マツコ&有吉 かりそめ天国』**(テレビ朝日)～現在
クイズヘキサゴン→**『クイズヘキサゴンⅡ』**(フジテレビ)～H23	『エンタの神様』(日本テレビ)～H22★				『モヤモヤさまぁ～ず2』(テレビ東京)～現在	『しゃべくり007』(日本テレビ)～現在	**『ブラタモリ』**(NHK)～H24, H27～現在		
『トリビアの泉』(フジテレビ)～H18	**『ネプリーグ』**(フジテレビ)～現在				**『世界の果てまでイッテQ』**(日本テレビ)～現在	『爆笑レッドカーペット』(フジテレビ)～H22			
	『アメトーーク』(テレビ朝日)～現在					ウンナン極限ネタバトル! ザ・イロモネア 笑わせたら100万円』(TBS)～H22			

2002 (H14)	2003 (H15)	2004 (H16)	2005 (H17)	2006 (H18)	2007 (H19)	2008 (H20)	2009 (H21)	2010 (H22)	2011 (H23)
「M-1グランプリ」開始 サッカーW杯・日韓共同開催	地上デジタル放送開始	特番**『人志松本のすべらない話』**(フジテレビ)～現在	個人情報保護法施行	トリノ五輪で荒川静香が金メダル	郵政民営化 『千の風になって』(秋川雅史)がヒット	リーマンショック 米・オバマ氏が大統領に就任	特番**『IPPONグランプリ』**(フジテレビ)～現在	サッカーW杯・南アフリカ大会ベスト16	アナログ放送終了 東日本大震災

23

	2012 （H24）	2013 （H25）	2014 （H26）	2015 （H27）	2016 （H28）	2017 （H29）	2018 （H30）	2019 （R1）	2020 （R2）
テレビでレギュラー放送を開始した番組など	『使える芸能人は誰だ!?プレッシャーバトル!!』→『LIFE!～人生に捧げるコント～』（NHK）～現在★ 『月曜から夜ふかし』（日本テレビ）～現在	『笑神様は突然に……』（日本テレビ）～H27★	『しくじり先生～俺みたいになるな!～』（テレビ朝日）～H29、R1～現在	『そろそろ日曜チャップリン』シリーズ（テレビ東京）～現在 『じゅん散歩』（テレビ朝日）～現在 『全力!脱力タイムズ』（フジテレビ）～現在 『ダウンタウンなう』（フジテレビ）～現在	『アップデート大学』→『激レアさんを連れてきた』（テレビ朝日）～現在 超ハマる!爆笑キャラパレード』『ネタパレ』（フジテレビ）～現在	『出川哲朗の充電させてもらえませんか?』（テレビ東京）～現在	『チコちゃんに叱られる!』（NHK）～現在	『あちこちオードリー～春日の店あいてますよ?～』（テレビ東京）～現在 『爆笑問題のシンパイ賞!!』→『爆笑問題&霜降り明星のシンパイ賞!!』（テレビ朝日）～現在 『松之丞カレンの反省だ!』→『伯山カレンの反省だ!』（テレビ朝日）～現在 『テレビ千鳥』（テレビ朝日）～現在	『有吉の壁』（日本テレビ）～現在
その他のメディア史・世の中の動き	東京スカイツリー開業	富士山が世界遺産に決定	不定期放送『となりのシムラ』（NHK）～R2	特番『THE MANZAIマスターズ』（フジテレビ）～現在 金沢新幹線開通	北海道新幹線開業 熊本地震 マイナンバー制度開始	将棋棋士・藤井聡太29連勝	安室奈美恵引退	イチロー引退 ラグビーW杯日本大会ベスト8	新型コロナウイルス感染症が世界で流行

日本テレビ 日曜午後6時30分～ 1961年-1972年

シャボン玉ホリデー
（シャボン玉）

牛乳石鹸の一社提供で放送された音楽バラエティショー。『スーダラ節』のヒットを機にクレージーキャッツを全面に押し出した構成となり、コントや歌詞を書いていた放送作家の青島幸男が世に出るきっかけにもなった。

朝日放送 日曜午後6時 1962年-1968年

てなもんや三度笠
（てなもんや）

藤田まこと演じる渡世人「あんかけの時次郎」と白木みのるの「珍念」が各地で騒動に巻き込まれていく道中モノコメディ。毎回、豪華スターをゲストに公開放送形式で収録。最高視聴率64.8％（関西）を記録した。

日本テレビ 日曜午後5時30分～ 1976年-

笑点

『金曜夜席』で司会をつとめていた立川談志の提唱で、メンバーも居残りスタートした公開演芸番組。余興芸だった「大喜利」をメジャーにし『一人ごっつ』『ケータイ大喜利』『IPPONグランプリ』の元祖的存在。

テレビ朝日 月曜午後8時～ 1976年-1979年

みごろ！たべごろ！笑いごろ!!
（みごろ、みごろたべごろ）

土曜の昼にオンエアされた『笑って！笑って!!60分』の成功で伊東四朗、小松政夫の名コンビがゴールデンタイム枠にも進出。お茶の間コントの流れから『電線音頭』と『しらけ鳥音頭』の二大音頭が生まれた。

日本テレビ 金曜午後7時30分～ 1976年-1986年

カックラキン大放送!!
（カックラキン）

堺正章、坂上二郎、井上順、車だん吉という芸達者とトップアイドルたちが繰り広げる「お笑いお茶の間劇場」をメインに、研ナオコの「ナオコお婆ちゃんの縁側日記」や野口五郎の「刑事ゴロンボ」が人気を博した。

フジテレビ 木曜夜8時～ 1976年-1979年

スターどっきり㊙報告
（スターどっきり）

文字通り芸能人を騙す番組。三波伸介が初代キャップをつとめ、小野ヤスシ、宮尾すすむらのレポーターが活躍した。1979年4月からは『スターどっきり生放送』に。その後も微妙にタイトルを変えつつ98年まで放送。

フジテレビ 月曜～金曜 12時～ 1982年-2014年

森田一義アワー 笑っていいとも！
（笑っていいとも、いいとも）

32年に渡り、平日のお昼に新宿スタジオアルタから公開放送された国民的バラエティ番組。ゲストが友達を数珠つなぎで紹介していく「テレフォンショッキング」は、タモリが伊藤つかさに会うことが目的だったのは有名。

フジテレビ 木曜午後9時～ 1988年-1997年

とんねるずのみなさんのおかげです
（みなさんのおかげです、みなおか）

とんねるず初のゴールデンタイム進出番組にして代表番組。「ちょっと北の国から」「ちょっとあぶない刑事」「仮面ノリダー」などのパロディコントや「食わず嫌い王決定戦」などの人気企画でとんねるず時代を築いた。

日本テレビ 土曜夜10時～ 2003年-2010年

エンタの神様
（エンタ）

福澤朗アナと白石美帆が進行するお笑い芸人の「ネタ見せ」バラエティ。波田陽区、コウメ太夫、長井秀和、桜塚やっくんらを輩出。フジテレビの『爆笑レッドカーペット』と共に、よくも悪くもお笑いを変えた番組。

フジテレビ 1968年-69年 松竹映画 1969年-2019年

男はつらいよ

渥美清主演、車寅次郎の「恋ばな」と「下町人情」を描いた国民的喜劇映画。元はドラマで奄美大島でハブに噛まれて寅次郎が死ぬ最終回に抗議が殺到。人気を受け脚本を担当した山田洋次が監督となり映画化が決まった。

"第七世代"の出現で話題

芸人の"世代"を斬る!

文：編集部

"第七世代"の登場で盛りあがる世代論

「お笑い第七世代」と呼ばれる若手の活躍がめざましい昨今。では、第一〜第六世代はどうなっているのか？ 言葉のはじまりは、1980年代後半に「お笑い第三世代」が登場したことによる。ダウンタウン、ウッチャンナンチャン、とんねるずらは、それまでの芸人とは明らかに一線を画す存在だった。芸人になるには師匠について修練することが一般的だった時代、彼らは師匠につかずにデビューし人気を得ていく。そこでテレビが世代交代を印象づける意味で"第三世代"と銘打ち、さらに彼らを売り出したといわれている。"第三世代"が現れたことで彼ら

より上の世代は、漫才ブーム直後に主役に躍り出たBIG3（ビートたけし、明石家さんま、タモリ）らが第二世代、さらにその前のザ・ドリフターズやコント55号などが第一世代に位置づけられた。その前には演芸ブームを牽引した芸人たちがいる。厳密にいえば、第二世代とされるタモリも師匠についていないし、歳が近い芸人どうしの芸歴やブレイクした年が同じとは限らない。また、グループ内で歳が離れている場合もある。というように非常にあいまいなものではあるが、現代のお笑い史をざっくり俯瞰する意味で、本書なりに紹介させていただく。

 参考 演芸ブームを牽引した芸人たち ------------------------------------

Wけんじ
東けんじ　1923年生
宮城けんじ　1924年生

初代・林家三平　1925年生

江戸落語四天王
五代目・春風亭柳朝　1929年生
五代目・三遊亭圓楽　1932年生
七代目・立川談志　1936年生
三代目・古今亭志ん朝　1938年生

**ハナ肇と
クレージーキャッツ**
桜井センリ　1926年生
植木等　1927年生
石橋エータロー　1927年生
ハナ肇　1930年生
谷啓　1932年生
安田伸　1932年生

てんぷくトリオ
三波伸介　1930年生
戸塚睦夫　1931年生
伊東四朗　1937年生

お笑い第 世代

テレビが娯楽の中心であり、テレビ番組のためにコントを作るようになった時代と言われる。第一世代と第二世代は"第三世代"ありきである。したがって第一世代は、第二世代の前に人気を二分していた、ザ・ドリフターズとコント55号が筆頭といわれる。しかし、演芸ブームの芸人を第一世代ととらえるむきもあることを断っておく。

ザ・ドリフターズ

荒井注 1928年生
いかりや長介 1931年生
高木ブー 1933年生
仲本工事 1941年生
加藤茶 1943年生
志村けん 1950年生

コント55号

坂上二郎 1934年生
萩本欽一 1941年生

お笑い第  世代

"第三世代"の直前にテレビを席巻していたスターを指す。筆頭はBIG3。漫才ブームをうけ、ナウな若者から熱狂的な支持を受けたニューウェーブである。それまで歌・歌手と比べて地位の低かった笑い・芸人の地位を飛躍的に向上させた立役者。象徴的な番組は『オレたちひょうきん族』や『笑っていいとも！』など。

BIG3

タモリ 1945年生
ビートたけし 1947年生
明石家さんま 1955年生
笑福亭鶴瓶 1951年生

 参考 漫才ブームで人気の芸人

横山やすし・西川きよし
横山やすし 1944年生　**西川きよし** 1946年生

B&B
島田洋七 1950年生　**島田洋八** 1951年生

島田紳助・松本竜介
島田紳助 1956年生　**松本竜介** 1956年生

お笑い第  世代

この世代の登場で歴史が変わった。徒弟制度から逸脱した芸人が台頭したのだ。とんねるずはオーディション番組、ダウンタウンは養成所、ウッチャンナンチャンは専門学校で実力を認められ、芸能事務所に所属。それぞれが冠番組を持ち、三者三様に新しい価値観の笑いを生み出していった。彼らの影響を受けて芸人を志望した若者があとに続く。

とんねるず
石橋貴明 1961年生
木梨憲武 1962年生

ダウンタウン
浜田雅功 1963年生
松本人志 1963年生

ウッチャンナンチャン
内村光良 1964年生　**南原清隆** 1965年生

参考 ウッチャンナンチャンと同期の芸人

出川哲朗 1964年生

ダチョウ倶楽部
上島竜兵 1961年生
寺門ジモン 1962年生
肥後克広 1963年生

ボキャブラ世代

ボキャブラ芸人とも。1990年代に『タモリのボキャブラ天国』シリーズ（フジテレビ系）に出演してプチブレイクし、その後大ブレイクした芸人の総称。第四世代と称されることもあるが、3.5世代と呼ばれることもある。ここでは独立して扱いたい。

爆笑問題
太田光 1965年生
田中裕二 1965年生

Take2
深沢邦之 1966年生
東貴博 1969年生

ネプチューン
名倉潤 1968年生
堀内健 1969年生
原田泰造 1970年生

海砂利水魚（現・くりぃむしちゅー）
上田晋也 1970年生
有田哲平 1971年生

お笑い第五世代

2000年代に『爆笑オンエアバトル』（NHK）や『エンタの神様』、『爆笑！ヒットパレード』（フジテレビ系）などのネタ番組や、コンテスト番組での決勝進出などを契機にブレイクした芸人など。とにかく膨大な人数。

お笑い第四世代

第四～第六世代は、第三世代と第七世代の間で無理やり分けた場合であるが、キャイ～ン天野ひろゆきが第四世代を自称している。また、第三世代との差別化を図るために、番組づくりでロケを多用する傾向があるともいわれている。

雨上がり決死隊
蛍原徹 1968年生
宮迫博之 1970年生

キャイ～ン
ウド鈴木 1970年生
天野ひろゆき 1970年生

ナインティナイン
岡村隆史 1970年生
矢部浩之 1971年生

ロンドンブーツ1号2号
田村亮 1972年生　田村淳 1973年生

中川家
剛 1970年生　礼二 1972年生

ヒロシ 1972年生

アンジャッシュ
児島一哉 1972年生　渡部建 1972年生

ブラックマヨネーズ
吉田敬 1973年生　小杉竜一 1973年生

サンドウィッチマン
富澤たけし 1974年生
伊達みきお 1974年生

バカリズム 1975年生

タカアンドトシ
タカ 1976年生　トシ 1976年生

お笑い第 世代

ひな壇芸人から成長。言葉選びが巧みな芸人が人気を博す。

ナイツ
塙宣之 1978年生
土屋伸之 1978年生

オードリー
若林正恭 1978年生
春日俊彰 1979年生

千鳥
ノブ 1979年生
大悟 1980年生

> **参考** 『アメトーーク』（テレビ朝日系）より
> 自称6.5世代芸人

パンサー
尾形貴弘 1977年生
菅良太郎 1982年生
向井慧 1985年生

かまいたち
山内健司 1981年生
濱家隆一 1983年生

さらば青春の光
森田哲矢 1981年生
東ブクロ 1985年生

ジャングルポケット
斉藤慎二 1982年生
おたけ 1982年生
太田博久 1983年生

三四郎
相田周二 1983年生
小宮浩信 1983年生

あばれる君
1986年生

お笑い第 七 世代

もとは、霜降り明星・せいやが2018年にラジオで「20代の芸人やYouTuber」をくくる意味で、例として発した「第七世代」が独り歩きし、メディアで利用された言葉。その後、相方の粗品が「令和元年時点で20代」と発言したことから、1990年生まれ以降ということになるが、「平成生まれ」と解釈されることも多い。彼らは、デジタルネイティブでテレビへのこだわりが強くなく、第三世代の影響もあまり受けていないと言われている。

EXIT
りんたろー。 1986年生
兼近大樹 1991年生

ハナコ
菊田竜大 1987年生
岡部大 1989年生
秋山寛貴 1991年生

ゆりやんレトリィバァ
1990年生

宮下草薙
宮下兼史鷹 1990年生
草薙航基 1991年生

霜降り明星
せいや 1992年生
粗品 1993年生

かが屋
賀屋壮也 1993年生
加賀翔 1993年生

フワちゃん 1993年生

四千頭身
石橋遼大 1996年生
後藤拓実 1997年生
都築拓紀 1997年生

レジェンド揃い!! 台東区出身の芸人

20世紀の東京の「笑い」を生みだした土地が浅草だった。エノケンからロッパ、渥美清に至るまで、浅草で世に出て日比谷に進出する、というのが喜劇人の出世コース。ここが他の盛り場と違うのは、「地元」があるということ。生活者が多いのだ。偶然か必然か、浅草や上野に生まれ、喜劇人になった才能も少なくない。その一端をご紹介!

文：和田尚久

荒川区

海老名家
戦後、根岸に居を構えていたのが三代目・三遊亭金馬。『茶の湯』そのまま。戦争で孤児になり、金馬に引き取られたのが海老名香葉子さん。のち林家三平と所帯を持ち、当代正蔵、二代目・三平を育てた「根岸の母」。

根岸

東八郎
浅草に生まれ、浅草の小屋で活躍をしたのが東八郎。東洋劇場の人気コメディアンで、後輩で入ってきたのが萩本欽一。売れてからも浅草の千束通りに住み、子息が東貴博。近所のゴルフ練習場でよく見かけた。

萩本欽一
下谷神社の同町内に生まれたのが萩本欽一。お父さんはカメラの製造販売をしていた。戦争で埼玉に疎開もしたが、やがて浅草に戻って東洋劇場でコメディアンになる。

下谷

今戸

浅草

花川戸

渥美清
下谷区車坂町（今の上野七丁目）に生まれたのが渥美清。車坂は上野駅の西、平地から寛永寺を結ぶ坂道。戦後、闇市でアウトローな世界に足を踏み入れた時期があり、それが「車寅次郎」の役作りになったという。

稲荷町

永六輔
稲荷町の最尊寺というお寺の息子が永六輔。お父さんもお兄さんもご住職。上野は庭で、戦後すぐ、闇市を仕切っていたアンちゃんと顔見知りに。これがのちの渥美清。最尊寺では毎月「永住亭」という寄席を開催していた。

陽田川

上野

御徒町

文京区

墨田区

伊東四朗
伊東四朗は佐竹商店街近くの洋服屋の息子。江戸時代、秋田藩佐竹家の屋敷があった場所で講談にも出てくる。上野でも浅草でもない場所で、むしろ御徒町に近い。初舞台は浅草で旗揚げした軽演劇団「笑う仲間」。

千代田区

喜劇人ではないけれど、安達祐実も浅草の生まれ育ち。東映フライヤーズの投手・土橋正幸は浅草の魚屋のせがれ。ちなみに筆者も花川戸生まれ。高田文夫は渋谷生まれだがなぜか菩提寺が今戸にあることを知っている。

中央区

ギャグ語辞典

あ～ん

アイーン／志村けん

志村けんが、片肘と顎を前方に突き出して寄り目にしてつぶやく、おなじみのギャグ。『8時だヨ！全員集合』に出演した頃、いかりや長介に対して「怒っちゃやーよ」という意味で繰り出していたポーズ。のちに**ナインティナイン**の岡村隆史がラジオやテレビなどで、「アイーン」の擬音と共に志村のギャグだと喧伝。飲み屋で志村と遭遇した際に「"アイーン"をやってください！」と本人にリクエストしたことで、志村自身も持ちネタにするようになったという。志村けんの逝去を受け2020年6月、東京都・東村山市は名誉市民の称号を贈ると共に、市長と市議全員が「アイーン」のポーズでその功績を称え、偲んだ (松)

青島だァ！

あおしまだぁ／青島幸男

『シャボン玉ホリデー』のコントで、あらゆる状況のもと、追いつめられた青島幸男（当番組のコント作家）が開き直って逆ギレ気味にカメラに向かって放つ爆笑のひと言。他に「青島だァ 文句あっか」の形と谷啓と競い合う「青島だァ」「谷だァ」の

バージョンもある。青島以降の自己紹介ギャグには、**レツゴー三匹**の「じゅんです」「長作です」「三波春夫でございます」。漫才ブーム（昭和55年）の時の**ザ・ぼんち**は「おさむちゃんで〜〜す」（→p.58）。近頃は低音でひびく「**麒麟**です」（→p.78）が有名。頬を叩いて「宮迫です」（→p.171）も有名だったが最近見かけない。(高)

ちなみに放送作家でヒットギャグを持っていたのは青島の他に、大橋巨泉「野球は巨人 司会は巨泉」、永六輔「咳声喉に アサダアメ」（→p.104）、高田文夫「バウバウ」（→p.145）などがある。(高)

赤城の山も今宵限り

あかぎのやまもこよいかぎり／国定忠治

名優でライバル「新国劇」の辰巳柳太郎と島田正吾。男同士の友情や侠気をテーマにした「新国劇」は「男の芝居」と呼ばれ、戦前から戦後にかけて人気を博した。対する男女の情愛などを描いた「女の芝居」を「新派」と呼んだ。侠客・国定忠治の「赤城山」の場面は、その後幾多のコメディアンによってコントでパロディ化された。なかでも三波伸介率いる**てんぷくトリオ**や青空球児・好児のものが有名。(高)

赤信号みんなで渡れば こわくない
あかしんごうみんなでわたればこわくない
／ツービート

ツービート、この一句で日本中に衝撃。1980年のベストセラー『ツービートのわッ毒ガスだ』（ベストセラーズ）には他にもいっぱい載っていて、「一人一人の協力で　なくそう事故とお婆ちゃん」「寝る前にちゃんとしめよう親の首」「ジィさんの頭でもみ消す煙草の火」「指紋ふく　心の余裕が身を守る」「注意一秒　けが一生　車に飛び込め元気な子」。コンプライアンスの現代では一句も通用しない。(高)

あざーっす！
／アンタッチャブル（山崎弘也）

「ザキヤマ」こと**アンタッチャブル**の山崎弘也の持ちネタ。テキトーキャラを全面に押し出しながら、あくまでも軽く御礼を言うのがポイント。「ありがとうございます」の短縮形で、もともと中学・高校の体育会系部活でも使われていたフレーズだけに、**とんねるず**の時代からしばしば耳にしていたが、自分のモノにしたのがザキヤマ。2019年に謹慎生活から復帰した相方の柴田英嗣との、『全力!!脱力タイムズ』（フジテレビ系）で9年ぶりとなる渾身のサプライズ漫才には、帰ってきた柴田に対する「あざーっす！」の気持ちがこもっていた。(松)

あ、さて〜／小林完吾

1974年から『NNNきょうの出来事』（日本テレビ系）のメインキャスターをつとめた小林宗吾アナが、話題を変えるときの口癖。心に響く低音の魅力と、真面目そうな人柄で人気を博し、多くの芸人たちに真似された。1983年には徳光和夫アナと共に日テ

レのキャンペーン「おもしろまじめ放送局」のキャラクターに起用されもした。宮田輝をはじめNHKからもタレントや司会業に転身したアナウンサーは多いが、フジテレビ出身の露木茂や、逸見政孝らに代表される「真面目で面白い」アナ路線の先駆けになったといえる。(松)

明日も見てくれるかな？
あしたもみてくれるかな？／タモリ

『笑っていいとも！』のエンディングでタモリが呼びかける締めの言葉。客席から「いいとも！」と返すのがお約束だった。2014年、番組が32年の歴史に幕を下ろす最終回の夜に放送された『笑っていいとも！グランドフィナーレ感謝の超特大号』のエンディングでも、タモリは「それじゃ、明日も見てくれるかな？」と締めくくった。ちなみに『いい湯だな』のBGMに乗ってカトちゃんが「風呂入ったか」「歯磨けよ」と呼びかけていたのは『8時だョ！全員集合』。「バイビー」（→p.145）で終わっていたのが『ビートたけしのオールナイトニッポン』であり、「バイバイク！」といえば『福山雅治の魂のラジオ』（オールナイトニッポンサタデースペシャル）で、「わーわー言うとります」（矢部）、「お時間です」（岡村）「さようなら！」（二人）は『ナインティナインのオールナイトニッポン』で、「そんなこんなでまた明日」といえば『高田文夫のラジオビバリー昼ズ』である。(松)

Q. 何と言っているでしょう？（答えはp.36）

あ

味
の
素
が
無
い
！
↓
あ
、
そ
れ
い
た
だ
き

味の素が無い！
あじのもとがない！／やしきたかじん

やしきたかじんは『東京』(ポリスター)の大ヒットで知られる歌手であると同時に、1990年代から2000年代にかけて重要なテレビ司会者としても活躍した。ただし、関西ローカルで。これは本人が大阪局の番組づくりにこだわり、在京局への出演をほぼ謝絶(東京への番組ネットも断ったと伝わる)していたためである。90年代はじめに東京進出した時期があったが、出演していた深夜番組『M10』(テレビ朝日系)の料理コーナーで、たかじん自らが調理するなか、味の素の用意がないという理由で激怒。生放送スタジオから帰宅してしまった。ほどなく、東京からも撤退。大阪で『たかじんのそこまで言って委員会』(読売テレビ)、『たかじん胸いっぱい』(関西テレビ)などの人気番組の司会を、ながらくつとめた。(尚)

アジャパー／伴淳三郎

バンジュンこと伴淳三郎の最大のヒットフレーズ。出身地の山形では「アジャジャー」は「あれまぁ」という意味。この言葉でバンジュン人気も爆発し、1953年には映画『アジャパー天国』(新東宝)で主役も張った。昭和37年にはCMでお茶の間でも人気に。日本酒のCMで「かあちゃん 一杯やっか」が流行語となった。「パー」とは「無くなる」とか「ダメになる」「オジャンになる」などの意。もう一方の「パー」とは「抜けている」とか「バカ」の意味があり、小林よしのりの漫画『東大一直線』(集英社)では「パープリン」がヒットした。その昔、

私が若手の芸人に小言を言ったら、「私、パープリンですから」と答えられた。『ひょうきん族』でさんまは、「アホちゃいまんねん、パーでんねん」(→p.38)と開き直った。(高)

東MAXこと東MAXです
あずまっくすことあずまっくすです
／東貴博

お笑いコンビTake2の……というより、ピンで司会やリポーターとしてバラエティから引っ張りだこで、演劇ユニット「ファイヤーヒップス」を主宰、と多方面で活躍する東貴博が挨拶するときのお約束。札束や金塊で汗を拭くこともある。昭和の喜劇人、東八郎を父に持つだけに「趣味は支払い」。嫌いな言葉は「激安」。座右の銘は「つりはいらねェ!!」と下町のプリンスぶりを発揮しているが、実は若くして一家の大黒柱となり人一倍苦労している「ニセぼっちゃん」であることは、営業妨害になるのでここだけの話にしてもらいたい。(松)

あ、それいただき
／村上ショージ、明石家さんま

ひとが言った気の利いたフレーズや警句に対して「あ、それいただき」とメモを取る仕草をするギャグ。すべったギャグに対して、念押し的に使うことが多い。村上ショ

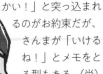

ージがこれをやり、さんまに「いただくんかい！」と突っ込まれるのがお約束だが、さんまが「いけるね！」とメモをとる型もある。(尚)

あたしゃ許さないよ！

あたしゃゆるさないよ！

／浅香光代

1999年に、女優・浅香光代が、親友とも盟友とも言われた野村沙知代と仲違いをした際、ラジオでぶちまけた台詞。長年、女剣劇の座長として立ち回りを演じていたミッチーの迫力あるこのひと言と、サッチーの傍若無人エピソードを次々と告発。"ミッチーサッチーのウルトラ熟女バトル"が連日ワイドショーで放送されたのも記憶に新しい。TBSラジオ『JUNK山里亮太の不毛な議論』では、「浅香光代のあたしゃ許さないよ！」コーナーも作られた他、清水ミチコのモノマネネタでもおなじみ。2020年、亡くなる数ヶ月前に女性誌の取材に答えたミッチーは、3年前に逝去した因縁の相手について「この世では二度とああいう女には会えないだろうね。あと何年かしたら、"座布団敷いて待ってたわよ"って迎えてくれるかもね（笑）」と偲んでいる。ちなみにミッチーの事実婚の夫は、ミュージシャン、コメディアンの世志凡太。ミッチーとのデュエット曲『あんたがストレス』（バップ）をリリースしている。(松)

アタックチャンス／博多華丸

博多華丸・大吉の漫才で、華丸が『パネルクイズ アタック25』（テレビ朝日系）の司会をする児玉清の真似をするのが大当たりし、やがて独立したモノマネレパートリーになった。児玉清をモチーフにするという時点でユニークだが、「アタックチャンス」と言ったあとの「手の揺れ」とか、解答者がヘンなパネルの取り方をしたあと「なぜカドをとらない」と窘めるところなど、切り取り方が絶妙。生前の児玉清と華丸・大吉は2006年の1回しか共演していない。レギュラーで共演する企画があったが、児玉清はあえて辞退し、華丸・大吉だけを起用するよう、制作陣に提言したという。近付きすぎないほうが両者ともに栄えると、わかっていたのだろう。(尚)

アーダーモーステー、ペーイ！

／島崎俊郎

『オレたちひょうきん族』の中でヒップアップの島崎俊郎が扮した南方系の怪人の台詞。初登場は1985年2月放送の「タケちゃんマン7」の中で、タヒチアンショー・ビンボーダンスを披露した時に、身体をくねらせつつ目を見開いて発した。ここからキャラの名前が「アダモステ」になった。島崎俊郎曰く「アダモちゃんだけで3年営業できた」というが、何かとコンプライアンスが厳しい現在は、おそらくテレビで見ることはできないキャラクター。(松)

Q. 何と言っているでしょう？（答えはp.38）

あたり前田のクラッカー
あたりまえだのくらっかー／藤田まこと

昭和37年スタートの人気コメディ『てなもんや三度笠』のオープニングで藤田扮する"あんかけの時次郎"が、スポンサーである前田製菓のクラッカーを取り出しカメラに向けて「オレがこんなに強いのも あたり前田のクラッカー」とやって大人気。名コンビは白木みのる演じる珍念。子供心に毎週見ていて「この子役は達者な子役だなァ」と思っていたら、すでに立派な大人だった。この二人に次いで人気だったのが怪優・財津一郎。今ではピアノ売ってチョーダイ。(高)

アーチッチチ！
／片岡鶴太郎、ダチョウ倶楽部

リアクション芸人が、熱いものを食べたり、触れた時に、自然と口にする反応。元祖は、片岡鶴太郎。『オレたちひょうきん族』の「タケちゃんマン」で、鬼瓦権造のたけしと、浦辺粂子に扮した鶴太郎が鍋を囲むコントをしている時に、たけしがアドリブで思い付き、がんもを鶴太郎の口に入れた瞬間に生まれた。その後、**ダチョウ倶楽部**が「熱湯風呂企画」で確立。「押すなよ」(準備中)、「絶対押すなよ」(準備完了)というギャグ(p.59参照)も生まれた。ちなみに郷ひろみの「A CHI CHI A CHI」(『GOLD FINGER '99』)は熱湯ではなく、太陽と情熱の熱さを歌ったもの。(松)

アチョー！
／ブルース・リー、竹中直人 他

香港映画界のレジェンド、カンフースターのブルース・リーが映画『ドラゴン』シリーズの格闘シーンで発した気合いフレーズ。日本中の小中学生(男子)が上半身裸になり、奇声をあげながら、お手製のヌンチャクを振り回して青あざを作ったのは、1970年代あるあるである。(松)

あっしにはかかわりのねぇことでござんす
／木枯し紋次郎(中村敦夫)

1972年のフジテレビ系のドラマ、中村敦夫が演じるニヒルでアウトローなヒーロー・木枯し紋次郎。一世一代の名台詞。当時、学校でも職場でも家庭でも何かあると必ず「あっしにはかかわりのねぇことでござんす」と言った。手製のその長い楊枝をくわえての三度笠。ホームドラマ全盛の時代に股旅ものが異例のヒット。原作は笹沢左保。監督は市川崑ほか。主題歌は上條恒彦『だれかが風の中で』(キングレコード)。(高)

アッとおどろくタメゴロー
／ハナ肇

ギャグ番組の金字塔『巨泉・前武ゲバゲバ90分！』(日本テレビ系)の中で、ハナ肇扮するヒッピー風の男(時代色が出ていていいですね)がギャグとコントの間に突然映し出され、テレビの中のギャグを見てびっくりして叫ぶこの台詞。日本中の子供たちが連発し、大人は雀荘で振り込んで

はこれを叫んだ。宍戸錠、熊倉一雄、藤村俊二、常田富士男、朝丘雪路、吉田日出子ら俳優陣が大真面目にコントを演じた。この番組でアドリブが許されたのは巨泉と前武、そして萩本欽一だけだった。(高)

あっぱれ！／大沢啓二、張本勲 他

1987年から続く日曜朝の情報番組『サンデーモーニング』（TBS系）の看板コーナーが「週刊御意見番」スポーツ編。野球解説者の大沢啓二と、張本勲がナイスプレーには「あっぱれ！」を、怠慢プレーや不満を言いたい出来事には「喝！」のジャッジを下す決まり。大沢親分亡き後、ハリーが喝を入れすぎ！暴走しすぎ！の声もあり、海の向こうからダルビッシュ有がSNSで参戦することもある。(松)

あどねー　ぼくねー
／バナナマン（日村勇紀）

貴乃花光司は、第六十五代横綱として平成前期の相撲界を牽引したスターだった。兄の若乃花勝と硬軟一対のキャラクターで国技館を連日大入にした。平成15年の現役引退後は貴乃花部屋の親方となり、貴景勝などを育成したが、いろいろあって相撲界を去っている。**バナナマン**の日村勇紀の十八番が小学生時代の貴乃花のモノマネ。インタビューに答え「パパみたいに（力士に）なりたい。強くてね、たくましくてね……」と、将来の夢を舌足らずに語る花田光司少年のしゃべりを真似した。(尚)

あなしつこし／すゑひろがりず

三島達矢と南條庄助のコンビ**すゑひろがりず**は、はじめは3人組のトリオだったが、一

人が抜け、オーディションのネタ見せで急ごしらえにやった「狂言風クリスマス」がヒット。これを本ネタにし、着物に袴、三島が扇を持ち、南條が小鼓で囃す、狂言師風のスタイルに固定した。ネタは当然ながら、狂言様式をもじったもので、「あなしつこし」はその中のフレーズの一つ。実は、着物に袴で小鼓を持つのは、近代漫才以前の「萬歳」スタイル。戦後では砂川捨丸・中村春代などのコンビにわずかに継承されていた。二人は結果的に古式を復活させている。(尚)

あの頃は、ハッ！
あのころは、はっ！／吉村明宏

和田アキ子が名曲『古い日記』を歌う時の息づかいを、吉村明宏が誇張して披露したことで、和田アキ子の形態模写の定番となった。このネタで吉村自身も1980年代後半に大ブレイク。けれど天狗になったことで、やがて仕事が激減してしまう。後に『しくじり先生』（テレビ朝日系）で「アッコにおまかせしすぎちゃった」と反省したが、"あの頃"の勢いは取り戻せないままである。(松)

アノネ、オッサン／高勢実乗

戦時中の長い間、これほど流行した言葉はなかったときく。芸能に関して造詣の深い作家の色川武大も「子供をはじめ大人たちの間でも、知名度という点では、長谷川一夫にまさるとも劣らなかったろう」と『なつかしい芸人たち』（新潮社）に書く。長谷川一夫とは日本一の色男である。高勢は殿様髷で、すっとぼけた長いひげに目の下に墨で半円を描く。必笑のフレーズが「アーノネ、オッサン、ワシャ（儂は）、カナワンヨウ……」。古い映画を探すと出てくる。(高)

Q. 何と言っているでしょう？（答えはp.42）

あばよ／柳沢慎吾

始球式芸人、パトカー模写芸人でもある柳沢慎吾が、別れ際に告げる言葉。きっかけは『ねるとん紅鯨団』（フジテレビ系）に出演した柳沢が、意中の女性に告白して手を差し出したものの「ごめんなさい」と断られた際、MCの石橋貴明から「慎吾ちゃんさ、ちょっとひと言言ってやったら」と促され、思わず出たアドリブだったという。女性と石橋、どちらからもフラれたことで生まれたフレーズのおかげで、今も芸能界に「あばよ」と言うこともなく活躍し続けている。
(松)

アヘアヘアヘ……／間寛平

間寛平が、下半身をさすられたり、疲れてへたり込む時などに早口で発するひと言。その後「ガクッ」という台詞と共に頭を垂れることもある。「ア～メマ！」（→p.41）、「かいーの」（→p.68）と並ぶ寛平ギャグとして知られるが、特に「アヘアヘ」の認知度は高く、大阪難波・NGK（なんばグランド花月）の楽屋から近くの食堂に出前を取る際、「アヘです～」と告げるだけで寛平の元に届けられるという。また「サイパンマラソン2012」から彼がプロデュースした「50km寛平コース」には、3kmに渡って続く上り坂コースがあるが、通称「アヘアヘ坂」と呼ばれランナーに恐れられている。(松)

アホちゃいまんねん、
パーでんねん／明石家さんま

『オレたちひょうきん族』の人気コーナー「タケちゃんマン」での、さんま扮する宿

敵・パーデンネンの台詞。ある日、近所に住んでいた小学生の頃の八光（月亭八方の息子）が「今これ学校で流行ってんねんで。アホちゃいまんねん　パーでんねん」とアクション入りでさんまに見せるとさんまはバカうけして「それ売ってくれ」と5000円でその場で買って、いつか出番があるはずと「パーでんねん」をあたためておいた。(高)

アホの坂田
あほのさかた／坂田利夫

東のバカに西のアホ。馬場の上には「ジャイアント」が付くように坂田の上には「アホの」が付くのが、大阪のみならず日本中の常識。関西地区では"アホの坂田師匠"として芸界やアホな連中の間では敬われ同情を買う。かつては「やすし・きよし」と競い合う人気漫才コンビコメディNo.1の最強のボケであった。『アホの坂田』という名曲もあるが、その曲の一部は19世紀に作曲された『メキシカン・ハット・ダンス』という曲の引用（パクリ？）だと作曲者、浪花のモーツァルト、キダ・タロー（89才）

が認めている。このことは三省堂の『異名・ニックネーム辞典』に記されている。1941年生まれ、もうすぐ80才だというのに生涯独身。今田耕司・岡村隆史らが結成した"アローン会"（→p.43）の最高顧問をつとめる。先日、岡村も結婚し、とうとう置いてゆかれた。(高)

阿保役者
あほやくしゃ／藤山寛美

ほめ言葉として文句無しの"阿保役者"である。「吉本新喜劇」のずっと前に一世を風靡した「松竹新喜劇」があって（今でもあるが）名実共に真の座長が藤山寛美。阿保役は天下一品で、日本中にその名をとどろかせた。「破滅型」「破天荒」など様々言われ、まさに腕一本、その芸だけで巨額の借金を返したり、劇団公演を240ヶ月（20年）以上休まず続けたり、「リクエスト公演」ですぐにセット、衣裳をつけて演じてみせみんなをびっくりさせたりでおどろきの連続だった。「リクエスト公演」は、20〜30本の演目の中から一つを会場のお客さんに選んでもらうというもの。昭和46年からはじめた「リクエスト公演」を昭和53年には東京へ持ってきて、新橋演舞場で昼3本夜3本オールリクエストとスケールアップ。私も駆けつけたが、これには東京中がド肝を抜かれた。芝居に夢中すぎての楽屋暮らしやら派手な遊び方もあったろう、60歳で逝去。寛美の"笑い"は娘の藤山直美、孫の藤山扇治郎に受け継がれている。(高)

あま〜い！
／スピードワゴン（井戸田潤）

スピードワゴンのボケ担当、小沢一敬が、女性に向けた赤面モノの「あま〜い」台詞を連発した際、相方の井戸田潤が叫ぶひと言。そのあと、「あますぎるよ！小沢さん！」とツッコむ。合コンでアンジャッシュの渡部建と飲んでいた時に助言を受けたことがきっかけで生まれたという。2005年には、ぴあ出版から同名の本も出版された。本の帯に書かれた宣伝文句は「日本全国のホストが口説き文句のバイブルとしてパクリまくり！ 伝説の『あま〜い』言葉集」だったが、ホストが真似したかどうかは定かではない。(松)

尼崎センタープール前！
あまがさきせんたーぷーるまえ！／桂吉朝

桂吉朝のギャグ。落語家や役者は住んでいる地名で呼ばれるようになると看板どころ、と語って「黒門町」（八代目・桂文楽）、「稲荷町」（林家彦六）、「紀尾井町」（二代目・尾上松緑）などの例をあげる。そのためにはいいところに住んでいないとサマにならない、高座にあがって客が「待ってました！尼崎センタープール前！」なんていうのはどうも……とオチをつける。このパターンの小咄は東西にあるが、地名の選択が秀逸。尼崎センタープールというのは競艇池のことで、尼崎センタープール前駅は1952年に開業。よく知らない人が浮き輪と麦わら帽で訪れたという小咄もある。(尚)

アマタツ〜！／小倉智昭

2021年3月終了の朝の情報番組『とくダネ！』（フジテレビ系）でMCの小倉智昭が天気予報のコーナーに入る時に発するひと言。「アマタツ」とは天達武史の愛称で、わかりやすい解説と人柄のよさで「好きなお天気キャスターランキング」で通算6度も1位に輝いたことがある。というとお天気界のエリートのように思われるが、気象予報士になる前は9年間もファミレスにつとめ、7度の受験でやっと合格した苦労人。人生晴れたり、曇ったりを地でいく男である。(松)

天野く〜ん
あまのく〜ん／キャイ〜ン（ウド鈴木）

相方の天野ひろゆきのオナラを自ら率先して嗅ぎ、匂いでその日の体調が分かるほどに天野抜きでは芸能活動のみならず、自分の人生すらも考えられないウド鈴木にとって、全ての物事の基準の確認が「天野く〜ん」である。(松)

あ、右手をご覧下さい
あ、みぎてをごらんください／山田邦子

素人番組荒しをしていた山田邦子が、『笑っていいとも』の前身番組『笑ってる場合ですよ』（フジテレビ系　1980〜82年）

の「お笑い君こそスターだ！」で披露した、バスガイドのモノマネの中のフレーズ。「一番高いのが中指です」と続く。彼女は、翌年『邦子のかわい子ぶりっ子バスガイド編』（ビクター）で歌手デビューも果たし、有線大賞新人賞を受賞。「ぶりっ子」ブームの立役者となった。(松)

アムステルダムの朝は早い……
あむすてるだむのあさははやい……／笑福亭松之助

古典落語でもしっかりした芸を聴かせた笑福亭松之助だが、ふだん吉本の劇場に出る時は、漫談で高座をつとめた。代表作が「テレビ・アラカルト」。テレビの穴をつくスケッチ集である。ネスカフェのCMをサカナにして「アムステルダムの朝は早い……朝はどこかで早いがな」。1970年代なかば、花月の客席でこれを観ていた高校生が「大阪に一人だけ面白いおっさんがおる」と入門を決意。奈良県から見に来ていた杉本高文、今の明石家さんまである。(尚)

雨が降ろうと風が吹こうと〜
あめがふろうとかぜがふこうと〜／東京ボーイズ

アコーディオン担当の旭五郎、三味線担当の菅六郎、ウクレレ担当の仲八郎の歌謡漫談トリオ、**東京ボーイズ**のつかみ芸。登場時は〝天気がよければ晴れだろう〜　天気が悪けりゃ雨だろう〜　雨が降ろうと　風が吹こうと　東京ボーイズ　朗らかに〜〟　と歌い、最後は「さようなら〜」と締めるのがお約束。真ん中にいた五郎亡きあと、仲八郎から乞われた高田文夫がちっちゃなアコーディオンを持って参加した**ニュー東京ボーイズ**が、不定期にステージで笑いをつかんでいる。(松)

ア〜メマ／間寛平

「アヘアヘアヘ」（→p.38）、「かいーの」（→p.68）と並ぶ間寛平の意味不明ギャグの一つ。1987年頃、関西ローカルの深夜番組『今夜はねむれナイト』（関西テレビ）の人形劇コーナー「パペットレビュー」で奇妙なマントと頭巾姿の"アメママン"というキャラクターの声を演じて評判になる。当時、多額の借金を抱えていた寛平は「これで一気に返済したる！」と大量のアメママバッヂを発注するも、完成した直後に番組が終了。6000万円を請求してきた業者と支払いを巡って裁判も勃発。お笑いに疎い裁判官から「アメマとはどういう意味ですか？」と尋ねられた寛平は「ア〜メマ」とギャグを披露。それでも意味が通じず、同じやりとりが繰り返され、法廷が爆笑の渦に包まれたのは有名な逸話。（松）

あ〜やんなっちゃった／牧伸二

ウクレレを持ってハワイの『タファファイ』（民謡）に乗せて『やんなっちゃった節』（キングレコード）で本当に一世を風靡。"あ〜やんなっちゃった　あ〜おどろいた"と続く。最も有名なのが、"フランク永井は低音の魅力　神戸一郎も低音の魅力　水原弘も低音の魅力　漫談の牧伸二　低能の魅力"　渋谷の東急文化寄席から中継の『大正テレビ寄席』（テレビ朝日系）の司会として天下にその名がとどろく。師匠は名人・牧野周一。弟子に泉ピン子がいる。（高）

有難や節　ありがたやぶし／守屋浩

1961年、日本中が明治時代の「ええじゃないか」のように、「ありがたや ありがたや」と狂乱ムードで歌った。前年『僕は泣いちっち』（日本コロムビア）でブレイクした守屋浩は、"ロカビリーブーム"に乗って水原弘・井上ひろしとあわせて「三人ひろし」と呼ばれた。『僕は泣いちっち』も『有難や節』（日本コロムビア）もハマクラ先生こと浜口庫之助の作品。守屋は2020年9月、81歳で逝去。（高）

ありかなしで言うとありやな
ありかなしでいうとありやな／松本人志

ダウンタウンの松本人志が、たまに口にする言葉。常に新しい笑いにこだわり続ける天才、松本人志の演芸論や人生観がにじみ出るようなひと言。彼がNHK『プロフェッショナル〜仕事の流儀〜松本人志スペシャル！笑いに魂を売った男』（2010年）で特集された際に語ったのが「お笑いは生き物、鮮度が大事。若手が何か新しいことをやろうと思っても、松本にすべてやられてしまった。新しいことは何もないと思わせたい。常に新しいことだけを追い求めるわけではないが、開拓者でい続けたい」。笑いの求道者は、今日も「ありやなしや」と自問し続け、最高の一手を模索している。（松）

Q. 何と言っているでしょう？（答えはp.44）

あるある言いたい
あるあるいいたい／レイザーラモンRG

お笑いコンビレイザーラモンのRGが1980～90年代の流行歌（たとえばC-C-B『Romanticがとまらない』、渡辺美里『My Revolution』）にのせて「○○のあるある言いたい」と歌い出す。あるあるネタを繰り出すのかと思いきや「あるある早く言いたい～」などと歌うばかりで、延々と引っ張り、曲の最後に一個だけあるあるネタ（それも普通のネタ）を言うというギャグ。相方のHGのブレイクを追いかけるかたちで、2009年頃からはじめた。お笑い芸人と一緒の場合は、周囲から「早く言え！」とヤジられながら、最後まで言わずに歌いきる駆け引きが見られる。(尚)

あると思います
あるとおもいます／木村卓寛（きむらたくひろ）

漫才コンビ天津（てんしん）の木村卓寛のピンネタ「エロ詩吟」の締めの言葉。羽織に袴といういでたちで「吟じます」と詩吟（本来は漢詩を訓読みしたものに節をつけてうたう芸）を披露。ところがこれがお色気を主題にした「エロ詩吟」で、ラストに「あると思います」と締める。2008年頃、テレビでよく見られた。例えば、スカートを穿いてきた彼女とデートする男の心理というモチーフでは「彼女が滑り台滑ってくる時もブランコに乗ってる時も常に正面に回り込もうとする～」。正調の節回しとエロネタの融合が新味で、これは祖父と父が詩吟の師範、自身も経験者という素養がものを言っている。エロでも品はあるのだ。(尚)

あるとしか言えない
あるとしかいえない／糸井重里

1980年代、広告の世界から出現し、ポップカルチャーの地図を刷新した糸井重里は、90年代に入ると、「糸井重里」というジャンルを成立させ、自らをメディアにした活動を展開する。そのうちの一つが徳川埋蔵金発掘プロジェクトだった。群馬県の赤城山近くに埋蔵されたという徳川家の御用金（一説には200兆円）を大マジで発掘し、その模様をテレビ放送（TBS『ギミア・ぶれいく』）する。3年間、3億円以上の予算をかけたが、結局何も出ない。大詰め近くに糸井はこの言葉を呟く。すべては徒労に終わったともとれるが、テレビは毎回20％以上の視聴率をあげ、経費以上の経済効果を生みだした。落語の『はてなの茶碗』のような現代の「物語」なのである。(尚)

あれから40年
あれからよんじゅうねん／綾小路きみまろ

キャバレー回りなどの長い下積みを経て、2002年にバスガイドたちに手売りで販売したカセットテープ『爆笑スーパーライブ第1集！中高年に愛をこめて……』（テイチク）でブレイク。そんな彼のキラーフレーズが「あれから40年」。中高年のアイドルとなった綾小路きみまろ作詞の"毒舌コミック・ポップ"のタイトルでもある。「あなたも私も中高年」「かつてはあなたしか

写らなかった瞳 なのに今は なんでジロジロ見るのよ！ 気持ち悪い」などと歌い上げ、「老け込むには早すぎるけど、連れ込むには遅すぎる」など、元乙女たちの心を驚づかみにした。(松)

アローン会
あろーんかい／坂田利夫 他

ナインティナインの岡村隆史の呼びかけで、2017年頃に吉本興業の独身芸人たちが結成したLINEグループ。名誉会長は坂田利夫。会長・今田耕司で最高顧問に明石家さんま。その他、**チュートリアル**徳井義実、**ピース**又吉直樹など豪華メンバーが名を連ね、当初は婚活情報交換を目的にはじまったというが、**南海キャンディーズ**山里亮太に続いて、部長の岡村もまさかの離脱。現在は独り身の寂しさを愚痴ると共に、これ以上、仲間が抜け駆けしないよう牽制し合う会となっている。(松)

あわてない、あわてない
／一休さん

1970年代から80年代にかけてNETテレビ（現在のテレビ朝日）で放映されたアニメ『一休さん』の主人公・一休さんの口癖。当時の子供たちの間で流行した。モデルとなった室町時代の禅僧・一休宗純は破天荒なエピソードで庶民に慕われ、江戸時代には「屏風の虎」や「この橋わたるべからず」などのエピソードを集めた『一休咄』という仮名草子の笑話本がベストセラーとなった。ギャグ本の元祖のようなものだと思われる。(松)

安心して下さい、穿いてますよ
あんしんしてください、はいてますよ
／とにかく明るい安村

ピン芸人のとにかく明るい安村のフレーズ。実際にはパンツを穿いているが、全裸のように見えるポーズを連発し、合間にこのフレーズをはさむ。ぽっちゃりした体形なので、腹などでちょうど股間が隠れるのだ。安村はこのネタを、AKB48の渡辺麻友（まゆゆ）の2011年に発売されたファースト写真集を見て思いついた。カバー写真で、正面を向いて体育座りをする彼女が、全裸であるように見える。のち、本人の前で芸を披露して、まゆゆを苦笑させた。(尚)

あんたはエライ！／小松政夫

クレージーキャッツの植木等の付き人兼運転手として笑いを学んだ小松政夫の代表的ギャグの一つ。旧日本兵の小野田寛郎がフィリピンのルバング島から帰国した時に、母親がかけた言葉をヒントに編み出した。表彰状を読み上げる時のフレーズで、「表彰状！ あんたはエライ」のあと「以下同文！ ホニャララ」と続くパターンがある。ちなみに小松のギャグにはモデルが実在することが多く「どうして！ おせーて！ おせーて！」は、焼き鳥屋さんのカウンターでホスト風の男に声を掛けていた女性のひと言だったとか。2020年12月、惜しまれつつ死去。(松)

Q. 何と言っているでしょう？（答えはp.46）

いいじゃな～い／晴乃タック

昭和40年代前半、たしかにあった"演芸ブーム"。その中でもフレッシュでアイドル的人気を誇ったのが晴乃チック・タック。舞台へ出てくるや女の子たちから「キャーキャー」黄色い声援。コント55号の萩本欽一より少し早く女子供のファンがついた。タック（のちに役者として高松しげおで活躍）が相方の台詞に、大きく鼻の穴を開け「いいじゃな～い」と言うだけでブームの最中は大爆笑であった。「どったの!?」もヒットフレーズ。相方晴乃チックはスッとした二枚目で長身でなかなかスマートであった。タックは今で言う「かわいい」という存在。師匠は晴乃ピーチク・パーチクのピーチク。チック、タックは10代の頃にコンビを組み、"ジャリ漫才"と仲間内からはさげすまれたが、ベテラン勢を一気に飛び越し"演芸ブーム"の時トップをとった。チックは東京中野の印刷屋の息子、タックは東京は浅草花川戸の下駄の鼻緒屋の息子。(高)

いい夢見ろよ！
いいゆめみろよ！／柳沢慎吾

とんねるずのヒット番組『ねるとん紅鯨団』（フジテレビ系　1987～94年）は素人参加のお見合い番組。この番組に出演し、結婚をしたカップルが何組もいるヒット企画だった。たまに芸能人参加の特別版があり、そこに出たのが柳沢慎吾。ラストの「告白」で見事に振られ、去って行くまぎわに「いい夢見ろよ！ あばよ！」と格好をつける姿がおかしく、流行語に。柳沢慎吾は自身の代表作『ふぞろいの林檎たち』(TBS系)での「青春」を自ら戯画化してみせたのだ。(尚)

言うよねー
いうよねー／はるな愛

はるな愛のフレーズ。突っ込みを受けた時の返しに言い放つのが標準的な使用法。「言ってくれるじゃないの」というニュアンスである。自分で自分を評するときにも使う。2008年頃に多用し、一般にも広まった。今世紀に入って「普通」の存在になったトランスジェンダー（性別の転換）タレントは、攻撃型のキャラクターが多い。その中にあって、はるな愛のソフトな個性は貴重。『大竹まことゴールデンラジオ』(文化放送)でも、自分の言葉でまっとうな意見を語っている。(尚)

イエス！ ウィーキャン！
／デンジャラス（ノッチ）

第44代アメリカ大統領のバラク・オバマが選挙期間中に使って世界的な流行語となったフレーズ。日本ではお笑いコンビデンジャラスのノッチの顔がオバマに似てるかも！と気が付いた彼の妻の薦めで、ノッチがこのフレーズを持ちネタのように連呼してプチブレイクした。そういえばオバマ氏と音が同じ福井県の小浜市も、オバマTシャツやまんじゅうなどで便乗町おこしをしたが、今も隠れた人気商品になっている。(松)

1・2・3・ダァーッ
いち・に・さん・だぁーっ
／アントニオ猪木

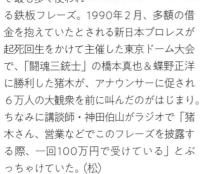

「元気ですかぁ？」の枕詞のあとに続くアントニオ猪木のあおりフレーズ。卍固め、延髄斬り、コブラ・ツイスト、無抵抗の人間に張り手をおみまいする闘魂ビンタと並ぶ、猪木の武器。春一番などの猪木モノマネで最も多く使われる鉄板フレーズ。1990年2月、多額の借金を抱えていたとされる新日本プロレスが起死回生をかけて主催した東京ドーム大会で、「闘魂三銃士」の橋本真也＆蝶野正洋に勝利した猪木が、アナウンサーに促され6万人の大観衆を前に叫んだのがはじまり。ちなみに講談師・神田伯山がラジオで「猪木さん、営業などでこのフレーズを披露する際、一回100万円で受けている」とぶっちゃけていた。(松)

1、2の3の 4の2の5
いちにのさん しのにのご／Wコミック

1969年に**ギャグメッセンジャーズ**に弟子入りした田口れんじが結成した、漫才コンビWコミックのネタ。手先の器用さを確認するために、手のひらを出し、『鉄道唱歌』のメロディに乗せて「1、2の3の 4の2の5」と五本指を順番に動かしていく。「3、1、4の2の 4の2の5」と続く。早く動く指を見て、相方が戸惑うところが笑いどころだった。介護施設などのレクリエーションに導入すれば、認知症予防の効果があるような気がする（松）

いちばんのオシャレって裸だと思うの
いちばんのおしゃれってはだかだとおもうの
／秋山竜次

ロバートの秋山竜次は2015年からネットで「クリエイターズ・ファイル」というコンテンツを制作。これは、広告、ファッション、スポーツ、建築など様々な分野の実作者を秋山竜次が「紹介」するというもの。なかでも印象強烈だったのがトータル・ファッション・アドバイザーの「YOKO FUCHIGAMI」。黒ずくめの服装でおかっぱ頭、秋山によく似た彼女はデザイナーでありながら服飾文化を否定し、裸で歩こうと人々を煽動する。やがては現実に彼女の「IGIRISU」というブランドが出現するに至った。小太りの子役「上杉みち」君やウェディング・プロデューサー「揚江美子」もこのコンテンツから飛び出したキャラクターである。(尚)

いっかりやに怒られた！
いっかりやにおこられた！／加藤茶

『全員集合』のコントで、ふざけたことをした**ドリフ**の面々がいかりや長介に怒られた時に加藤茶が、節付きで歌うひと言。学校コントなどでよく見られた光景。なお、志村けんは「怒っちゃヤーヨ！」と返すのがお約束だった。噂では、いかりや長介は酒を飲むと説教をするタイプで、番組が終わったあとはたいてい高木ブーがつかまり、深夜までいかりやに怒られていたという。(松)

１コン２コン・サンコン！

いっこん、にこん、さんこん！
／オスマン・サンコン

1980年代～90年代に、外国人タレント
として活躍したオスマン・サンコンのつか
みギャグ。ただの面白いアフリカ人といっ
た扱いだったが、実はフランスのソルボン
ヌ大学に国費留学、ギニア外務省に入省後、
ギニア大使館設立のための駐日親善大使と
して来日した超エリート。ギニアを広める
ため『笑っていいとも！』のオーディショ
ンを受けたことをきっかけ
に人気者になっていった。
まだコンプライアンスも緩
かった時代、「闇夜にサン
コンを探せ！」とい
ったムチャな企画に
も笑って出演してい
た、器の大きな人で
もある。(松)

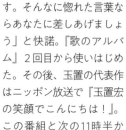

一週間のご無沙汰でした

いっしゅうかんのごぶさたでした／玉置宏

昭和31年、文化放送のアナウンサーとし
てスタートの後、フリーに。昭和33年、
テレビへ移り、ＴＢＳで『ロッテ 歌のアル
バム』がはじまり伝説の歌謡司会者へ。日
曜日のお昼、「お口の恋人 ロッテ提供、ロ
ッテ 歌のアルバム!!」。おもむろにMCの
玉置が「一週間のご無沙汰でした。司会の
玉置です」。日本の芸能史にきざまれる名
フレーズだが、これは『しろうと寄席』(フ
ジテレビ系)で司会の牧野周一が時々使っ
ていたもの(弟子の牧伸二と玉置は"昭和
９年会"で仲間だったので声も掛けやすか
った。他に愛川欽也、ケーシー高峰、坂上
二郎ら)。『しろうと寄席』が終わると聞き、
玉置が「使わせて頂きたい」とあたって砕
けろでお願いに行くと牧野、粋に「ようが

す。そんなに惚れた言葉な
らあなたに差しあげましょ
う」と快諾。『歌のアルバ
ム』2回目から使いはじめ
た。その後、玉置の代表作
はニッポン放送で『玉置宏
の笑顔でこんにちは！』。
この番組と次の11時半か
らの『ビバリー』の生のバトンタッチが名
物ともなった。歌謡曲のイロハを玉置から
教わった高田は、山藤章二宗匠の「駄句駄
句会」へ誘って30年、ダメな句を作り合
った。メンバーは野末陳平、立川左談次、
松尾貴史、林家たい平ら。(高)

いったんＣＭです

いったんしーえむです／タモリ

『森田一義アワー 笑っていいとも！』の看
板コーナー「テレフォンショッキング」で
ゲストとのトークを楽しんでいたタモリか
ら発せられるキーワード。CM後は翌日のゲ
スト紹介へとつなぐのがお約束。当初はあ
まり注目されないフレーズであったが、モ
ノマネタレントのコージー冨田がタモリの
模写をする際に使ったところから一般にも
周知されるようになった。そういえば、当
時『笑っていいとも！』をスタジオアルタ
で観覧した人には、タモリの似顔絵と「い
ったんＣＭです」の文字が印刷されたハン
ドタオルが配布されていた。(松)

いつまでもあると思うな愛と金

いつまでもあるとおもうあいとかね
／宮川大助・花子

舞台でも、プライベートでも仲が良く、夫
婦漫才の代表として知られる宮川大助・花
子の代表的なギャグ。舞台での明るい芸風
の陰で、花子の胃がん、大助の腰部脊柱管

p.43の答え：あーい とぅーいまてーん（ですよ。）

狭窄症、花子のがん再発、大助の脳出血と満身創痍の二人。2018年には花子が「多発性骨髄腫」で"余命半年"の宣告まで受けたが、夫婦愛で乗り切った。お金はともかく、二人の愛はいつまでも尽きることはないのかも。(松)

命！
いのち！／TIM(ゴルゴ松本)

TIMのゴルゴ松本が、全身を使って体現するリアル「人文字ギャグ」であり、リアル「一文字ギャグ」。「示(しめすへん)」「す」、相方レッド吉田との「炎」や「祝」などのパターンもあり、令和になったのを記念して「令和」ギャグも披露した。(松)

今でしょ！
いまでしょ！／林修

予備校「東進ハイスクール」の国語教師である林修のフレーズ。国語力のアップに必要な漢字の勉強を「いつやるの？ 今でしょ！」と生徒を煽っている授業映像が同校のCMに使われたのが2010年。またたく間に流行し、2013年の流行語大賞に選ばれた。その後はテレビで引っ張りだこだが、2021年の今でも予備校の教壇に立っている。2013年、歌舞伎座で上演された歌舞伎十八番『助六』では、通人役を演じた坂東三津五郎が「今でしょ！」のギャグで大喝采。歌舞伎の台詞にもなったのである。(尚)

今まで生きてきた中で一番幸せ
いままでいきてきたなかでいちばんしあわせ／岩崎恭子

1992年、バルセロナ五輪・競泳女子200m平泳ぎで優勝を飾った岩崎恭子が、カメラの前で語った喜びの言葉。まだ中学2年の14歳だっただけに、その時間感覚とメダルの重さのギャップに日本中が微笑んだ。年齢ギャグといえば、かつて世界最高齢の記録を持っていた鹿児島県・徳之島の泉重千代翁が、「好きな女性のタイプは？」と聞かれた時に「年上の女性かのぉ」と答えたという逸話があるが、これは高田文夫が徳之島まで行って直接聞いた話。『ビートたけしのオールナイトニッポン』でもネタにしていた。(松)

井森美幸16歳、まだ誰のものでもありません！
いもりみゆきじゅうろくさい、まだだれのものでもありません！／井森美幸

井森美幸のデビュー時のキャッチフレーズ。昭和の時代、アイドルはデビューを飾ると、本人のイメージにあった宣伝文句をつけるのがお約束だった。「香港から来た真珠」(アグネス・チャン)、「一億人の妹」(大場久美子)、「100万ドルの微笑」(石野真子)、そして1980年代になると「ちょっとエッチな美新人娘(ミルキーっこ)」(中森明菜)、「国民のおもちゃ、新発売」(山瀬まみ)など。そんな中、「第9回ホリプロスカウトキャラバン」で見事、グランプリを勝ち取った井森だが、50歳を過ぎてもまだ誰のものになっていない事実がギャグとして成立しているのが、おかしくもあり、哀しくもある。(松)

いやぁ〜映画って本当にいいもんですね〜
いやぁ〜えいがってほんとうにいいもんですね〜
／水野晴郎

1972年から『水曜ロードショー』（日本テレビ系　後に『金曜ロードショー』）の映画解説をつとめた映画評論家・水野晴郎がエンディングで語った締めのフレーズ。「映画って本当に面白いですね〜」や「素晴らしいですね〜」などのバリエーションがある。1974年に『シェーン』の放映後、時間が余り「ひと言付け加えて」と言われてとっさに出たのが最初とも言われている。まだBSもスカパーもNetflixもなかった時代、『日曜洋画劇場』（テレビ朝日系）の淀川長治、『月曜ロードショー』（TBS系）の荻昌弘、『ゴールデン洋画劇場』（フジテレビ系）の高島忠夫と、解説者の名調子も昭和の愉しみの一つであった。(松)

いやな渡世だなぁ
いやなとせいだなぁ／座頭市（勝新太郎）

御存知、勝新十八番『座頭市』シリーズ（大映、フジテレビ）の名台詞。他人を斬ってしまったあとこの言葉を言うことが多い。あの青島幸男が都知事だった時代（今の若い人はもう知らないだろう）、都庁を訪れた勝新が青島にむかって言ったひと言。「いやな都政だなぁ」（真偽のほどは私でも定かでない）。(高)

いやん、いやん
／ルーキー新一

吉本興業創生期に吉本新喜劇の座長をつとめたルーキー新一の持ちネタ。両手で乳首をつかみ、腰を左右に振りながら叫んで喝采を浴びた。『スチャラカ社員』『てなもんや三度笠』（共に朝日放送）などにも出演し、その後「ルーキー爆笑劇団」を旗揚げ。歌に芝居に漫才と、全てに秀でる天才芸人として一世を風靡したが、恐喝事件や詐欺事件などに関与したことで人気も急落。不遇の晩年を送った。なお、実弟は2020年に亡くなった**レツゴー三匹**の正児。(松)

いやんばか〜ん
／林家木久蔵（現・林家木久扇）

1978年にリリースされた林家木久蔵（現在の木久扇）の楽曲。ジャズのスタンダードナンバー『セントルイス・ブルース』のメロディに乗せて、「いや〜んばか〜んふ〜ん　そこはお耳なの」といった歌詞が続く。『笑点』でたびたびネタにするので寿命が長く、今もカラオケ配信されている。『マツケンサンバ』でおなじみの真島茂樹が振付を担当。木久扇一門は、開演前のラーメン物販と、この曲で踊れるようになるのが前座期間中の必須事項。(尚)

いらっしゃぁい！
／桂三枝（現・桂文枝）

桂三枝、改め六代目・桂文枝が1971年放送開始の『新婚さんいらっしゃい！』（朝日放送）で出演カップルを出迎える時のひと言であり、50年間も続く長寿番組で「いらっしゃぁい」と言い続けたことで、文枝（三枝）を体現する言葉となり、彼を真似するときのお約束にもなっている。なお、トーク中におどろいて椅子から転げ落ちるリアクション芸までが、セットとなっている。（松）

インディアン嘘つかない、
白人嘘つく、日本人餅つく
いんでぃあんうそつかない、はくじんうそつく、にほんじんもちつく／カージナルス（ポポ）

静岡で有名な不良だったタカ（後のガダルカナル・タカ）とポポ（後のつまみ枝豆）によるコントユニット**カージナルス**の代表作。ポポがネイティブ・アメリカンに扮して「インディアン嘘つかない、白人嘘つく、日本人餅つく」という現在では放送禁止のギャグをひっさげ1982年に『お笑いスター誕生！』（日本テレビ系）で8週勝ち抜き、金賞を受賞。元ネタは西部劇を題材にしたテレビドラマ『ローン・レンジャー』。ちなみに当時所属していた事務所に、星セント・ルイスがいたため、メジャーリーグのチーム名「セントルイス・カージナルス」からコンビ名をつけられた。（松）

ウ～～～（サイレン）／柳沢慎吾

"日本一長い始球式"でおなじみの柳沢慎吾がマウンド上で発する、甲子園球場のサイレン音。2018年には横浜スタジアムにて、投手、実況、応援団などを演じ分け、12分越えの始球式となった。始球式がムダに長くて炎上した鈴木奈々が、次は参考にします……とは言っていない。（松）

ウ～～～（パトカー）／柳沢慎吾

柳沢慎吾が「ひとり警察24時」ネタで披露するパトカーの模写芸。タバコの箱とセロハンを使って、警察無線風のやりとりを再現するのがポイント。本人によれば、このネタのおかげで一日警察署長の依頼が途切れないとか。（松）

ウィ ムッシュ！／SMAP

1996年にスタートした『SMAP×SMAP』（フジテレビ系）の看板コーナー、「ビストロスマップ」で、オーナー役の中居正広がゲストを迎え、希望のメニューを聞き出し、厨房にオーダーを伝えた時の、シェフ役のメンバーたちの返事。日本語に訳せば「かしこまりました旦那様」。初回ゲストは大原麗子で、最終回はタモリ。**ダチョウ倶楽部**のギャグ「ムッシュムラムラ」とは全く関係はない。（松）

Q. 何と言っているでしょう？（答えはp.54）

ウィーン／いとうせいこう

まだ講談社の社員で『Hot-Dog PRESS』（2004年休刊）の面白い編集者として一部で話題になっていた、いとうせいこうが披露していたネタの一つが「ドップラー効果」ネタ。F1マシンが遠くから近づき去っていく様子を再現。その他、「大相撲中継」や「ゲロ」など様々なモノが高速移動していった。声の移動といえば、**ダチョウ倶楽部**のリーダーで南部虎弾で4人で活動していた頃、客席に降りた4人が会場の四隅に散らばり、「ヤッホー」と掛け声を回していった山びこネタも懐かしい。(松)

写実主義が王道だった生態模写界の概念を覆し、デフォルメ時代、印象派時代を呼び込んだといえる。また、単なるモノマネではなく、エンターテインメント性を追求したことで、それまで彼のネタを認めなかった五木ひろしから公認をもらえたという。(松)

ウィーン、ガシャン／吹越満

現在は、数多くのドラマや映画に出演し、その演技力が高く評価されている俳優・吹越満だが、役者を志し青森から上京した彼が所属したのは、演出家・放送作家、喰始が主宰する、あの「WAHAHA本舗」だった。そこで吹越が考案したのが、映画『ロボコップ』（1987年公開）に出てくるロボコップ風の仮面をかぶり、タイツ姿で披露する「ロボコップ演芸」。「ウィーン、ガシャン ジーガシャン」と機械音を呟きながら、手足や身体をロボットのようにぎこちなく小刻みに動かし「中山律子がボウリングをするシーン」や「ビートたけしのコマネチ」（→p.86）などを再現。シュールな芸風は、今の彼の演技に通じるものと言えなくもない。(松)

ウィーン、ガシャン！／コロッケ

モノマネタレントのコロッケが、映画『ロボコップ』を観ている時に天からの啓示を受けて産みだしたネタ。演歌歌手・五木ひろしがロボットのような仕草で歌うという設定は、本人の声や顔にいかに近づけるか、

浮き世を忘れた坊主でさえも
木魚の割れ目で思い出す

うきよをわすれたぼうずでさえも
もくぎょのわれめでおもいだす／笹山タンバ

名古屋の大須演芸場に出ていた坊主漫談の笹山タンバのネタ。丸坊主にして袈裟をかぶり、木魚を叩きながら、このフレーズで笑わせたという。本来は都々逸の文句だろう。この芸人をじかに見た人は少ないはずだ。売れる前のビートたけしが大須演芸場の袖から見て、その記憶を『オールナイトニッポン』で何回も語ったため、リスナーに知られるようになったマボロシの芸人。(尚)

うしろから 前からどうぞ

うしろから まえからどうぞ／畑中葉子

平尾昌晃との『カナダからの手紙』（ビクター音楽産業）では初々しかった畑中葉子が、数年して出てきたらエロチカルな『うしろから前から』（同前）。作曲は（高）の学生時代からの悪友・佐瀬寿一。この男は『およげ！たいやきくん』なんてとんでもない大ホーマーも飛ばしている。畑中にはこのあと『もっと動いて』『大きくなって

つくしんぼ」というエロとんでもない曲まで用意されていた。(高)

ウーチャカ／爆笑問題（田中裕二）

爆笑問題の小っちゃいほうの呼び名の一つ。本名の田中裕二から、子供の頃は「裕くん」と呼ばれていたが次第に「ウー君」となり、ある日パンを食べているところを見た友達から「ウー君がパンを食べてる……ウーパンだ！」と呼ばれるようになり、やがて「ウーチャカ」と自分で呼ぶようになっていったとか。別名「かたたま」「カタキン」（→p.69）。(松)

うちら陽気なかしまし娘
うちらようきなかしましむすめ／かしまし娘

売れに売れた正司歌江・照枝・花江の本物の三姉妹が**かしまし娘**。何しろ華やかで大阪では、かしましが出ると少し舞台の照明も上げたという。オリジナルのテーマソングで、"うちら陽気なかしまし娘　誰が言ったか知らないが　女三人寄ったら　かしましいとは愉快だね"。これがオープニングなのだが掛け持ちで忙しすぎてわからなくなり、ある時、出ていっていきなりエンディングテーマ、"これでおしまい かしまし娘〜ッ"。(高)

映す価値なし
うつすかちなし／浜田雅功

ダウンタウンの浜田雅功がＭＣをつとめる『芸能人格付けチェック』（朝日放送）で、一流芸能人なら容易くわかるであろう「最高級品」と「廉価品」の違いや、「プロの作品」と「アマチュアの作品」を見極められなかった芸能人が、不正解となるにつれ、ぞんざいな扱いを受けていき、最終的に受ける仕打ち。画面から姿を消され、声だけの出演となる。『人気者でいこう！』（1997年〜2001年）内の人気企画が、番組終了後も特番として継続。現在は主に新春特番として、お屠蘇気分の視聴者が「ストラディバリウスのバイオリンの音色」や「一億円の盆栽」などを「Ａだろ」「Ｂだよ」と知ったかぶって答えるのがお正月の風物詩となっている。(松)

訴えてやる！
うったえてやる！／ダチョウ倶楽部（上島竜兵）

過酷なロケや理不尽な扱いを受けた上島竜兵が、床に帽子を叩きつけて猛抗議する時のひと言。実際に訴訟するのを止めようと肥後克広と寺門ジモンが「カメラ！回ってる！」と言ったあとに、我に返った上島と共に三人が「すみません、取り乱しました」と謝るのもお約束。さらに床に落ちた帽子を拾って「クルリンパ」と帽子を回転させて頭に戻すまでの一連の流れが伝統芸となっている。(松)

Q. 何と言っているでしょう？（答えはp.56）

伝染るんです。
うつるんです。／吉田戦車

漫画家の吉田戦車が1989年から「週刊ビッグコミックスピリッツ」(小学館)で連載していた四コマ漫画のタイトル。かわうそくんの他、カッパやカエルに、しいたけなどが擬人化されて登場。起承転結を基本とする四コマのセオリーを無視した、オチもなく不条理な展開が読者に受け、ゲームやアニメ化もされた。祖父江慎が装丁を手がけた単行本は全5巻で累計発行部数300万部以上と、異例のベストセラーを記録。個人的にはカブトムシの斉藤さんが好きだった。(松)

『伝染るんです。』
©吉田戦車／小学館

うなずきマーチ／うなずきトリオ

漫才ブームの時のほとんど喋らないほうを集めて『オレたちひょうきん族』でトリオを結成し『うなずきマーチ』(キャニオン・レコード)なるヒット曲も生んだ。作曲はなんと大瀧詠一。トリオは、**ツービート**のきよし、**B&B**の島田洋八、紳助・竜介の松本竜介。この三人がロケで富山県の"宇奈月温泉"へ行った時は笑った。(高)

ウホホホ／すず風金魚

ゴリラの生態模写をする芸人は多いが、女性芸人で鉄板ネタにしているのが、西なら吉本新喜劇の森田まりこと、東では漫才協会所属のすず風にゃん子・金魚の金魚。浅草の演芸場では客席からバナナの差し入れが恒例となっていて、ゴリラになりきってステージで美味しそうに平らげる光景が微笑ましい。(松)

うまい！ 早い！ 安い！
うまい！ はやい！ やすい！／高田文夫

日本に牛丼文化を生みだした『吉野家』の当時のキャッチコピーをそのままに、原稿の早さと面白さ、そしてドラマに比べてコント作家のギャラが安いことをアピールして、若き日の高田文夫が自らの宣伝文句に採用。「放送作家界の文豪」と書かれたトレーナー姿で、居酒屋「村さ来」のCMにも出演。「あっちこっちの村さ来」のフレーズも懐かしい。(松)

浦辺粂子ですよーだ！
うらべくめこですよーだ！／片岡鶴太郎

片岡鶴太郎が『オレたちひょうきん族』などで芸歴60年を誇った女優・浦辺粂子のモノマネをする際、まず名前から名乗るという掟破りの決め台詞。バンダナを巻き、腰をやや曲げて挨拶するのがお約束。長年、名バイプレイヤーとして活躍した本人も晩年は鶴太郎やタモリに真似されたことで脚光を浴び、すぐにタネがバレる手品を得意として披露していた。(松)

ウリナリ／ウッチャンナンチャン

一瞬、韓国語のように聞こえるが『ウッチャンナンチャンのウリナリ!!』（日本テレビ1996年～2002年）とその前身番組『ウッチャンウリウリ！ナンチャンナリナリ!!』（95年～96年）の略。「ウリナリ」では社交ダンス部、ドーバー海峡横断部などを作り、出演者がガチンコで様々な企画に取り組む様子を紹介。番組から生まれた音楽ユニット・ポケットビスケッツ（ポケビ）、ブラックビスケッツ（ブラビ）は紅白出場も飾った。（松）

うれしかるかる
／笑福亭仁鶴

1970年代『ヤングおー！おー！』（毎日放送）など週に10本以上のレギュラー番組を抱え、みうらじゅんに「大阪万博よりも有名だった、大阪のビートルズのような存在」と言わしめた三代目・笑福亭仁鶴のギャグ。「大変嬉しい」の意味。ラジオ番組でハガキを読む際に「どんな内容かなぁ」という思いをこめて叫んだ「どんなんかなァ」のギャグは、そのまんまのタイトルでレコードにもなっている。（松）

うんちょこちょこちょこぴー
／GO！皆川

GO！皆川のギャグ。児童番組の「お兄さん」に扮した皆川が、何かをやってみせるが、この言葉を叫んで海老反りになる。はずみに飛ぶ帽子がアクセント。（尚）

え～あなた……／古畑任三郎（田村正和）

田村正和演じる刑事ドラマ『古畑任三郎』（脚本・三谷幸喜　フジテレビ系　1994年、96年）の口癖。他にも「あれぇ……」とか「今泉君、ちょっと」とか、お決まりのフレーズがある。アメリカのテレビシリーズ『刑事コロンボ』を手本にして、いわゆる〈倒叙ミステリー〉の手法を日本のドラマに持ち込んだ。はじめに殺人事件の犯行が描写され、それを刑事がどう解くか、犯人がどう逃れるかが焦点になる。主人公が各回、同じフレーズを繰り返すのもコロンボに倣ったのだろう。坂東八十助が将棋の棋士をやったり、堺正章が歌舞伎役者になったり、ちょっとひねった配役も面白かった。（尚）

エイドリアーン！
／ロッキー（シルベスター・スタローン）

映画『ロッキー』で、シルベスター・スタローンが演じた、ボクサーのロッキーが、史上最強の世界チャンピオン・アポロとファイナルラウンドまで戦い抜いた後、リングの上で叫んだ愛する人の名前。その後、多くのコントやパロディでリスペクトされた。ちなみにペットショップで働く地味で引っ込み思案のエイドリアン（タリア・シャイア）の吹替えを担当したのは、『オレたちひょうきん族』の「ひょうきんベストテン」では松田聖子になりきり、『笑っていいとも』では「よめきんトリオ」としておなじみの松金よね子。（松）

Q. 何と言っているでしょう？（答えはp.60）

江川・ピーマン・北の湖
えがわ・ぴーまん・きたのうみ

1978年「空白の一日」をついて巨人が江川卓と契約。交渉権を得た阪神とトレード成立。マスコミから「悪役」と決めつけられ、小林繁は「悲劇のヒーロー」と仕立てられた。力があっても嫌われ者の代名詞となった江川。かつての子供の好きな「巨人・大鵬・卵焼き」に対して子供の嫌いな「江川・ピーマン・北の湖」と呼ばれた。北の湖も憎らしいほど強かった。(高)

SAGA佐賀
えすえーじーえーさが／はなわ

お笑い芸人でミュージシャンの「はなわ」によるヒットソング。「まじでヤンキーがもてる」「アリがでかい」「クラスの半分以上が同じ床屋」など、佐賀県の悲しいトピックを自虐的に歌う。実は、はなわ自身は千葉県の育ちで小学校高学年で佐賀に引っ越した。その「転校生」の目から見た佐賀県のスケッチである。**ナイツ**の塙宣之の実の兄。兄弟ばらばらに登場し、それぞれに活躍するケースはお笑いでは珍しい。現在は佐賀県をベースに、東京と往復するかたちで芸能活動をしている。(尚)

S極君とN極君
えすきょくくんとえぬきょくくん
／東野幸治、今田耕司

1991年から97年にフジテレビで放送された『ダウンタウンのごっつええ感じ』で人気を博した「放課後電磁波クラブ」に登場した伝説のキャラクター。東野演じるS極君と今田が扮するN極君の変態コンビが正義の磁力でこの世の悪を吸い寄せるという設定。二人ともほぼヒモ状態の超ハイレグコスチュームで戦うため、モザイクをかけられるのもお約束だった。2020年、ステイホーム期間中にSNS上で「ギャグつなぎ」が回ってきた時、東野は大切に保管していたS極君の姿を披露しファンを喜ばせた。(松)

エロガッパ／京唄子・鳳啓助

"大口"で売った美人の京唄子、漫才でひともめあって鳳啓助に「吸い込んだろか！」。啓助が「アレ〜〜〜ッ」と口に吸い込まれると唄子「何しとんねん、このエロガッパ!!」。啓助には「ポテチン」という必殺技もある。元は夫婦で、離婚後も舞台をつとめるというのは大阪のパターンで"ミヤコ蝶々・南都雄二""正司敏江・玲児"などが居る。"宮川大助・花子"は夫婦をまっとうしている珍しいケース。テレビでは『唄子・啓助のおもろい夫婦』（フジテレビ系）が長寿番組だった。(高)

p.49の答え：ドゥーン！（村上ショージ）

おい腰山！
おいこしやま！／古舘伊知郎、松村邦洋

学生時代から放送作家として活動をはじめ、古舘プロジェクト設立当初からのメンバーで、古舘の右腕、懐刀と言われた腰山一生を古舘が呼ぶ時のひと言。数多くの人気番組を手掛けたが、2001年に急逝。古舘のライフワークともいえる『トーキングブルース』はただ一人で喋り続けるトークライブだが、そこで腰山を語った際の「なあ腰山」と併せて、生前何かとお世話になった松村邦洋は古舘のモノマネワードとして連呼。彼を偲び続けている。(松)

オイーッス！／いかりや長介

公開生放送だった『全員集合』のオープニングで、舞台に登場したいかりや長介が、客席に向かって叫ぶ第一声。熱気あふれる子供たちが「おいーっす！」と返すが、たいてい「声が小さい！」と言われやり直しをさせられていた。運良く会場で生ドリフを見た子供は翌週、「オレ、いかりやに怒られた！」と自慢し、クラスのヒーローになった。(松)

おーい、山田くん！
おーい、やまだくん！／『笑点』司会者

『笑点』で司会者が座布団運びの山田隆夫を呼ぶ時のきっかけワード。1970年、10歳の頃から同番組の「ちびっこ大喜利コー

ナー」に出演した山田隆夫は、座布団十枚獲得のごほうびに、他の出演者とともに**ずうとるび**として歌手デビュー。84年から、松崎真の後任として6代目座布団運びに就任。人生の半分以上、今もなお、せっせと座布団を運び続けている。(松)

王、金田、広岡
おう、かねだ、ひろおか

1960年代の子供の好きなものは「巨人・大鵬・卵焼き」だが、実はあの頃の全国の子供たちが最も好きだったダジャレが巨人の選手をつなげた「おお（王）、金だ（金田）、拾おうか（広岡）」というもの。日本中で言われていたらしい。広岡達朗は巨人軍の背番号2、名ショート。ライバルが阪神の吉田義男。今でも松村邦洋はラジオで吉田の真似をする。子供の中で最もトンチのきいた子は「王、金田、広岡、やっぱり吉田（よした）」と続けた。(高)

王シュレット
おうしゅれっと／山口智充、宮迫博之

2003年にフジテレビ系列「水10！」枠で放送された『ワンナイR＆R』で、「ジャパネットはかた」という架空の通販番組が紹介した福岡ダイエーホークスの王貞治監督（現・会長）の顔の模型を仕掛けた洗浄型便器のこと。王監督を侮辱したとして球団側がフジテレビに猛抗議。番組を見なかった人にまで「王シュレット」という言葉が広まった。シャレを越した事件となったが、この件で笑ったのは、この年の日本シリーズ中継にフジテレビ系列が外されたおかげで29年ぶりに最終戦を放映できたテレビ東京の社員である。(松)

Q. 何と言っているでしょう？（答えはp.62）

往生しまっせ！

おうじょうしまっせ！／大木こだま

往生とは現世を去って仏の浄土に生まれることを意味する仏教用語であるが、関西では、困るとか、閉口するといった意味で使われることもある。つまり「大変だ」「困ってます」という意味。**大木こだまひびき**のボケ担当、こだまの「チッチキチー」（→p.116）と並ぶ持ちネタ。1981年の『お笑いスター誕生!!』（日本テレビ系）で見事グランプリを獲得した直後に当時の相方の大木ひかりが、薬物使用容疑で逮捕される"大往生"を味わった人物が口にするギャグだから、奥が深い！……ような気がする。(松)

欧米か

おうべいか／タカアンドトシ

漫才コンビ**タカアンドトシ**のギャグ。久しぶりに再会した男友達、というようなシチュエーションで、今夜の予定をきかれたタカが外国人のように「今夜うちでパーティーがあるんだ」とボケるのに対し、トシが「欧米か！」と頭をはたいて突っ込む。結局、一緒に居酒屋に行くことになるが、タカが「おれ飯いいや、太ってると就職できねえから」とか「じゃあチェリーパイ」とか、海外ドラマの定番のようなことを言うたびにトシが「欧米か！」と突っ込みを繰り返す。2007年頃には完成していたネタで、その後も細かくバージョンアップしている。漫才の後半、トシの何気ない台詞をつかまえてタカが「欧米か！」と反対に突っ込むパターンもある。(尚)

大きなことを言うようですが……

おおきなことをいうようですが……／春風亭柳昇

開口一番こう言った。「え〜　大きなことを言うようですが　今や春風亭柳昇といえば私ひとりで……」。演芸の世界には"フラ"という言葉があって、その人ならではの妙なおかしみの事を言うのだが、まさに「Mr.フラ」のような師匠だった。『笑点』の司会者・昇太の師匠としても知られる。戦争に行った体験があり「師匠、対アメリカ戦はどうでした？」と私が聞くと「次やったら勝てるネ」。まだ戦う気だった、案外ファイター。(高)

おおきにです　おおきにと申します　名前かい！

おおきにです　おおきにともうします　なまえかい！／ゆりやんレトリィバァ

ゆりやんレトリィバァが何かをしてもらったときに「おおきにです」と、たおやかに御礼を述べ、そのままの息で「おおきにと申します」と自己紹介し、自分で「名前かい！」と突っ込むギャグ。ゆりやんは奈良出身で、本当は京言葉の使い手ではないが、おっとりした雰囲気があるので前半の「おおきにです」がよく似合う。突っ込みは人差し指を上に突き出したおなじみのスタイル。2019年、アメリカのオーディション番組『アメリカズ・ゴット・タレント』（NBC）に出場し、水着でのダンスをみせた。(尚)

オカルト二人羽織
おかるとににんばおり／久本雅美

1984年、放送作家の喰始が、東京ヴォードヴィルショーの若手俳優らを引き連れ旗揚げした劇団「WAHAHA本舗」。翌年、下北沢の「ザ・スズナリ」で上演された『底抜け』公演で披露されたネタ。看板女優の久本雅美が、悪霊に憑依されて苦しむ少女を演じた。その大胆な顔芸が評価されたことで、それまで柴田理恵に比べて美人だったためお笑いに徹しきれない自分の殻が破れ、原点になったキャラ、と久本雅美が述懐したことがある。ちなみに二人羽織の中にいたのは吹越満。彼の手の演技も見事だった。(松)

お客さまは神様です
おきゃくさまはかみさまです／三波春夫

御大・三波春夫の名言。これを登場の挨拶に使ったのがレツゴー三匹。「じゅんでーす」「長作です」、センターに立つリーダー・正児が満面の笑みで「三波春夫でございます。お客さまは神様です」。両脇から頬を

パッチーン。メガネもズレる。こんな段取り。その後1970年代中盤の小さなモノマネブームの時（佐々木つとむ、堺すすむ、若人あきら等）、はたけんじがキンキラの着物に白塗りで「お客様は――」とやった。ややうけ。(高)

おぎやはぎですけど何か？
おぎやはぎですけどなにか？／おぎやはぎ

おぎやはぎの二人がステージに登場。「小木です」「矢作です」という自己紹介に続き、センターマイクに顔を近づけて言う台詞。コントと漫才の両方を手がけるコンビで、2002年の「M-1グランプリ」では決勝進出もしている。審査員の立川談志が「（リーガル）千太・万吉を思わせる」と評価したように、東京言葉の落ち着いた掛け合いが心地よい。2019年には、瀧川鯉斗の真打披露興行のゲストで新宿末廣亭に初出演した。深夜放送の『メガネびいき』（TBSラジオ）はもうすぐ15年目に入る。(尚)

おげんさん／星野源

星野源がNHKの特番『おげんさんといっしょ』で扮する女性キャラクター。漫画の"サザエさん"みたいな、昭和の家庭のお母さん、というような役回りである。彼はこのキャラクターのまま、トークをしたり寸劇を見せたりする。日本では、すぐれたコメディアンは、たいてい女方の巧者でもある。三木のり平、伊東四朗の女旅役者、志村けんと柄本明の芸者コンビ、梅沢富美男、近年では**バナナマン**日村勇紀、**ロバート**秋山竜次、**シソンヌ**のじろう、**空気階段**の水川かたまり。昔のコメディアンの女装は、ちぐはぐさを誇張したものが多かったが、近年は時代の趨勢で、どんどん自然になっている。星野源もその一人に入るだろう。(尚)

お言葉返すな 借金返せ

おことばかえすな　しゃっきんかえせ
／星セント・ルイス

若き日は**ツービート**のライバルと言われた東京漫才のまさに星だったが、二人共、早死にし星になった。早口に革のパンツでまくしたてる背の大きいセントの言葉遊び。ルイスが下の方からの目線で「ちょっ　ちょっと　お言葉返すようですがね」と言うとすかさずセントが「お言葉返すな　借金返せ」。その他にも「収入　睡眠　反比例」、「すぐ捨てよう　夢と希望と卒業証書」、現代の若者が必ず持っているものは？「ジーパン、Tシャツ、下心」など、テンポよく言い放った。(高)

おこるでしかし／横山やすし

天下を獲った漫才師と言われる横山やすし・西川きよし、通称"やすきよ"のやすしのほう。メガネでいつも怒ってる人。"無頼派"とは文学界では破滅を辞さない反道徳的な生き方を示した太宰治や坂口安吾、織田作之助などを指すが、"演芸界"最後の無頼派といえば横山やすしだろう。口癖がこの「おこるでしかし」とか「メガネ　メガネ」（→p.173）、「まいど！」、「まんまんちゃあん」、「かわりべんたん　かわりべんたん」。(高)

おさむちゃんでーす

／ザ・ぼんち（おさむ）

1980年に巻き起った「MANZAIブーム」。最も女・子供にキャーキャー言われたのが**ザ・ぼんち**のおさむとまさとであった（次につけていたのが**B&B**）。『恋のぼんちシート』（フォーライフ・レコード）を出すや大ヒット。すぐに武道館でコンサートライブを開催。ネタの中、曲の中にも出てくるモノマネ「そーなんですよ川崎さん」の山本さんと川崎さん、真似されたワイドショーのレポーター・山本耕一、司会の川崎敬三までもが人気者となった。すぐに橋幸夫になって「アリー？」そして「怒ったぞー」「おさむちゃんでーす」がヒットフレーズ。(高)

お時間が一杯一杯……

おじかんがいっぱいいっぱい……
／六代目・神田伯山

高座の芸人が、とくにオチをつけず「お時間でございます」と、いいところで引っ込むのは昔からあった定法。とくに浪花節では「ちょうど時間となりました」というフレーズが観客にも定着している。この古風なフレーズも、神田伯山が使うと新鮮で面白い。『扇の的』で那須与一の射った矢が扇を射貫くかどうか、というところで「お時間が一杯一杯」とやって笑わせる。もちろん、そう言っておいて、続きも語る。「私に明日はございません」と再び語りはじめる刹那に、この講談師のマジな顔がある。(尚)

オシャマンベ／由利徹

膝を曲げて股を広げ同時に手を広げ、たったひと言「オシャマンベ！」。快著『由利徹が行く』（高平哲郎著 白水社）の中で、誕生の秘密を当人が語っている。それによると、高倉健主演の『網走番外地』（東映）で長万部へ撮影に行った時、土地の人に良くしてもらい、旨いものもたくさんあったので宣伝してあげようと思い映画の撮影の合間やらテレビに出た時など「オシャマンベ」を連呼。マンベを強く言うと卑猥に聞こえ、面白がってテレビの『夜の大作戦』（毎日放送）でやって反響。NHKではNGをくらった。（高）

お寿司と指輪は自分で買おう

おすしとゆびわはじぶんでかおう／西原理恵子

西原理恵子は1980年代末に漫画家デビューし、主に自分自身を語り手にしたリポート漫画で人気を得た。初期の代表作に、話題の飲食店に潜入する『恨ミシュラン』（神足裕司との共作 朝日新聞社）、『鳥頭紀行』シリーズ（KADOKAWA）がある。作者が漫画の中で見せる怒り、ツッコミの激しさがインパクト十分だった。やがて、漫画の外にもフィールドを広げ、マスコミにも露出。近年はTOKYO MXの『5時に夢中！』にレギュラー出演（しかし、生放送で「まんこ」と言ったことで降板）。徹底した自己の戯画化とストレートな発言は彼女以降、女性漫画家の一つのスタイルになる。座右の銘は「お寿司と指輪は自分で買おう」。自分の筆できちんと稼いだ人の箴言である。大相撲の東京場所で砂かぶりに高須克弥院長と並んでNHKの中継によく映っている。デートの生中継を国民が見ているのだ。（尚）

押すなよ、押すなよ

おすなよ、おすなよ／ダチョウ倶楽部（上島竜兵）

ダチョウ倶楽部の上島竜兵が、例えば熱湯風呂ぎりぎりのところにしゃがみ、「押すなよ！ 押すなよ！」と念を押す。すると肥後克広や寺門ジモンがつまずいたフリをするなどして、背中を押す。竜兵は見事に熱湯の中に落ちていく。ここでの「押すなよ！」は「押せ」という意味で、本当に誰も押さないと、「早く押せよ！」とキレるギャグもある。この用法は1990年代以降、一般人にも浸透し「やめろよ！っつってもダチョウ倶楽部のあれじゃなくて、本当にやめろ」など、日本語をややこしくした。（尚）

59

お疲れちゃ～ん

おつかれちゃ～ん

／インスタントジョンソン（ゆうぞう）

「笑いの三色花火」の異名を持つ3人組**インスタントジョンソン**のゆうぞうのギャグで、両肘を90度に曲げて平泳ぎのように前に差しだして手のひらを広げつつ、若干上半身も揺らすのが正式なやり方。このギャグでプチブレイクはしたものの、お笑い界でさらに大きな花火を打ち上げるべく現在は、漫才協会にも所属し浅草東洋館にも出演中。（松）

オッス、オラ悟空！

おっす、おらごくう！／孫悟空（野沢雅子）

アニメ『ドラゴンボール』の主人公、孫悟空のひと言。声を担当している野沢雅子が『ダウンタウンなう』（フジテレビ系）の「本音でハシゴ酒」コーナーに出演した際「実はマイク前でふざけて言ったのをスタッフが面白がって使った」と明かしている。実はアニメ本編では「オッス」も「オラ悟空」も言っているが「オッス、オラ悟空！」と言ったことは一度もなく、予告編でだけ使われているという。そして「オッス、オラ野沢雅子！」と言うのは野沢雅子の真似でおなじみ**アイデンティティ**の田島直弥である。（松）

おーっと／古舘伊知郎

1980年代前半は新日本プロレスの黄金時代。毎週金曜日の20時からテレビ朝日で生中継が全国放送された。実況中継をつとめていたのが、当時局アナの古舘伊知郎。古舘の実況はそのスピード感、比喩の面白さ、圧倒的な熱量で視聴者を煽動した。当時の新日本プロレスの盛り上がりの何割かは、古舘節の面白さによるものだったと思う。技が出る時、試合の流れが変わる時に

「おーっと！」と叫び、文字通りライブでリング上の展開を言語化する。アンドレ・ザ・ジャイアントを「一人民族大移動」「現代のガリバー旅行記」と表現。スタン・ハンセンは「ブレーキの壊れたダンプカー」。ハルク・ホーガンの豪腕技を「アックスボンバー」（斧爆弾）と命名したのも古舘伊知郎である。（尚）

オッペケペー節

おっぺけぺーぶし／川上音二郎

明治22年、この本の中で最も古い項目になると思うが、大阪から来た落語家が川上音二郎と名を変えこの歌を流行らす。内容は「自由民権運動」を進めるもので、時の政府高官らを皮肉りながら歌にする。"権利幸福きらいな人に　自由湯をば飲ましたい　オッペケペ　オッペケペッポー　ペッポーポー"庶民からはバカうけだったが「政治批判」と投獄された。伝説の妻・貞奴らをひきつれ後年アメリカ巡業へも。（高）

男は黙って おとこはだまって／三船敏郎

多弁な時代（1970年）に、男・三船敏郎は「男は黙って サッポロビール」と言った。渋すぎた。それから約20年後、サントリーから缶コーヒー「BOSS」が発売される事となり、最終的なプレゼンでCMキャラは二本にしぼられた。一本は社長風の三船敏郎、秘書風（三木のり平のニュアンス）の男に高田文夫。廊下を歩きながら「BOSS!!」と言って缶コーヒーを指し出すというもの。別の代理店が出してきた案は、矢沢永吉が「BOSS！」。これで決まってしまった。三船と高田は幻の共演となった。（高）

おとっつぁん
お粥ができたわよ
おとっつぁん おかゆができたわよ
／ザ・ピーナッツ

『シャボン玉ホリデー』でザ・ピーナッツがこう言いながら、いかにも貧しく病気のおとっつぁんの寝ている所へ（いつも手を震わせている放送ギリギリのハナ肇）。「いつもすまないねぇ。こんな時、おっかさんが生きていてくれたら……」に、「それは言わない約束でしょ」とけなげな双児。このイントロがお約束パターン。ここへ例えば植木等の「お呼びでない」（→p.64）が入ってきたりしてドガチャカに。最後は全員で「ハラホロヒレハレ」（→p.150）とずっこけるのが番組名物。(高)

お隣よろしいですか？
おとなりよろしいですか？／相席スタート

吉本の男女コンビ**相席スタート**のフレーズ。漫才ネタの時に「お隣よろしいですか」「どうぞ」「相席スタートです」とネタに入る。ネタのラストには山添寛が山﨑ケイに「お席外させてもらいますわ」と言う。漫才もコントもいけるシャレたコンビで、ネタの質も高いが、賞レースではまあまあで終わる。これはコンテストが、インパクトや瞬間風速込みの立ち合い勝負だからだろう。ケイは、2020年秋から『ナイツ　ザ・ラジオショー』（ニッポン放送）のレギュラーに抜擢された。(尚)

お久しブリーフ
おひさしぶりーふ／ダンディ坂野

「ゲッツ」（→p.81）でブレイクしたダンディ坂野が、そのあとに考案したギャグ。テレビ番組では、たいてい画面横からフレームインし、往年の「コマネチ」（→p.86）のような動きでブリーフのあるあたりを両手で示す。それにあわせて言うフレーズ。続けて、なぜか土俵入りの形を見せる。繁忙期のあとの、あまりテレビに出なくなった自らを離見したギャグだが、からっとしていて、見た目と仕草の和洋折衷の感じも面白い。(尚)

覚えてるで
おぼえてるで／笑福亭鶴瓶

笑福亭鶴瓶のギャグというより口癖。1980年代に話題となった。のちに明石家さんまが『明石家さんまのMBSヤングタウン』（MBSラジオ）で鶴瓶はファンに会うと、覚えてないのに「覚えてるで」と嘘をつき、何も知らないファンは勘違いして感動すると暴露している。実際に覚えているかどうかはともかく、ロケで出会った素人を携帯電話のアドレス帳にたくさん登録しているほど人懐っこいのは事実で、本人は自ら心を開くという意味の「自開症」を自認している。(松)

お前ががんばれ
おまえががんばれ／上岡龍太郎

安易に「がんばれよ」と言われた時、「お前ががんばれ」という返しは、たしか上岡龍太郎がはじめたのではなかったかと思う。大阪の町で見知らぬ人にまで律儀にこう返していたそうだ。あるいは漫談で、南極で犬ぞりを走らせ、「がんばれ」と叫びながら犬にムチを振るっている男に「お前ががんばれ！」と突っ込むネタもあったと記憶する。夜のミナミで「上岡、お前の番組はもう見んぞ」とからまれたとき「言うな。絶対見るなよ。もし見たらどうする」と言い返したのも、上方落語っぽく、理屈を重ねたうえでのヘンチキ。上岡の友人だった藤山寛美（ふじやまかんび）はこの応答を見て、「凄いなあ。わしやったらお客さんに逆らうことはせん。お客さんに頭さげんで、他の誰にさげるんや……」。(尚)

お前はアホか
おまえはあほか／横山ホットブラザーズ

大阪で夫婦漫才をしていた横山東六・登志子夫妻には多くの子供がいて、みな芸人に仕込んだ。実の兄弟の横山アキラ・マコト・セツオの三人がさまざまな楽器演奏を見せる音楽ショウが**横山ホットブラザーズ**。なかで、アキラが反らしたノコギリをマレットで叩いて、人間の声に似た音を出すネタがよく知られる。音にあわせて「お〜ま〜え〜はア〜ホ〜か〜」。幽霊の登場みたいな音を出し、自分でビクビクするネタもある。音

楽ノコギリは欧米ではジャンルを形成するほどの楽器。日本においては、三兄弟を通じて知られたと言ってもいいだろう。東京では都家歌六（八代目）も少し話題になった。2020年12月、アキラ他界。(尚)

おめぇに食わせるタンメンはねえ！
おめぇにくわせるたんめんはねえ！／次長課長（河本準一）

次長課長の河本準一のギャグ。香港のカンフー映画に出てくる料理屋の親父が、店を荒らす客に向かって言い放つ台詞。少し寄り目で歯の抜けた顔の感じ、テレビの吹き替え風の台詞回しもそれらしい。2004年頃『とんねるずのみなさんのおかげでした』の「細かすぎて伝わらないモノマネ選手権」で披露し、よく知られるようになった。このギャグ、「カンフー映画あるある」だが、実はどの映画を探してもこの台詞はないという。ジャッキー・チェン主演の『酔拳』に出てくる定食屋の店員がモデルになっているが、「タンメン」は香港映画をたくさん見た河本が創作したのだ。(尚)

おめでとうございます
／海老一染之助・染太郎

日本古来の芸である「太神楽（だいかぐら）」をこの兄弟

がエンターテインメントに昇華した。「おめでとうございます」は二人の登場時の挨拶。もっぱら口先だけの喋りが"頭脳労働"の兄・染太郎。汗だくで「かごまり」「くわえ撥」「日傘の升まわし」など"肉体労働"を担当するのが弟・染之助。フジテレビの元日名物長時間番組『初詣！爆笑ヒットパレード』で毎年披露し日本の縁起ものとなった。(高)も30年以上この番組の構成をし、二人とも仲良く、1989年には(高)の作詞で『染之助・染太郎のおめでとうございます』(Victor)をレコード化。「これで頂くものはおんなじ！」(高)

おもてなし／滝川クリステル

フリーアナウンサーの滝川クリステルが東京へのオリンピック招致のため、2013年のIOCの総会で使ったフレーズ。フランス語でのスピーチの中で「お・も・て・な・し」と一音ずつ区切り、合掌した。「おもてなし」に長けた日本にぜひおいでください、ということである（ちなみに、この時の東京都知事であり、招致組織の議長は猪瀬直樹。その後の顛末を知るとなにか不思議な感じがする）。クリステルの公式「おもてなし」は一回だけだったのだが、国民の記憶に残った。芸人がギャグに使い、最近は金原早苗のモノマネが顔の誇張も含めて面白い。(尚)

Oh！ モーレツ
おー！ もーれつ／小川ローザ

昭和44年の丸善石油（現・コスモ石油）のガソリンのCMから流行。白いミニスカートの小川ローザのパンチラ。いやぁ～たまらなかったなぁ。随分とお世話になった人も多いはず。(高)は21歳の男盛り。部屋には小川ローザのポスターが貼ってあっ

た。翌年の富士ゼロックスのCMのキャッチコピーは「モーレツからビューティフルへ」。昭和40年代のはじめから〈モーレツ社員〉という言葉はありました。(高)

親ガメの背中に子ガメを乗せて
おやがめのせなかにこがめをのせて
／ナンセンストリオ

忍者姿でこの早口言葉を言って人気に。"親ガメの背中に子ガメを乗せて 子ガメの背中に孫ガメ乗せて 孫ガメの背中にヒイ孫ガメ乗せて 親ガメこけたら 子ガメ孫ガメヒイ孫ガメこけた～ッ"。昭和40年代の演芸ブームの頃のトリオ。江口明・岸野猛・マイダーリンの洒落の前田隣。この人は高校時代、あのイラストレーターの山藤章二と同級生。"親ガメ"の他に紅白の旗を持って"赤上げて 白上げないで 赤下げない"なんてネタは、キャバレーで磨きあげられた。(高)

オヤジジャーナル／プチ鹿島

時事芸人、プチ鹿島の造語。「日刊ゲンダイ」に代表される、オヤジがつくり、オヤジが読んでいる報道媒体全般を指す言葉。プチ鹿島は世の中の事象に対し、オヤジジャーナルがどんな報道をしているかを、各紙を読み比べて分析する。ラジオで、「メザシの土光（敏夫）」なんてまるっきり忘却された言葉を「発掘」したり、独特の「辞書」を持つ芸人だ。(尚)

Q. 何と言っているでしょう？（答えはp.70）

おやまゆうえんち／桜金造

せんだみつおの『ぎんざNOW！』
（→p.78）から出てきた6人組。6だ
から**ハンダース**。その中の一人が桜金
造。ナンセンスの名手でもある。栃木
県の小山ゆうえんち（先日なくなった
「としまえん」のようなもの）の
CMソングを一人でパロって、顔
の前で両手を開き親指を鼻の穴に
入れ指をユラユラして"おやまゆ
～えんち～ッ"と言うだけ。ビー
トたけしがいたく気に入り『お笑
いウルトラクイズ』（日本テレビ
系）などに多用。**アゴ＆キンゾー**
としてあご勇と桜でコントもやっ
た。（高）

お呼びでない？
およびでない？／植木等

テレビ番組の"笑い"の基礎を作った『シャ
ボン玉ホリデー』を代表する植木等のギャ
グ。きっかけは植木の出のトチリから。出
番でない場面に次のコントの衣装でカメラ
前へ。「ン？」。ふと気づいて「オット、こ
こはお呼びでないのネ。こりゃまた失礼し
ました」とやったら演出の秋元近史がバカ
うけ。「これ、毎回コントでやろうよ」で
決定。有名なものは、布施明が歌っている
シーン。情感タップリ。そこへ植木が鉄カ
ブトに迷彩服、兵隊のスタイルでほふく前
進でやってくる。「伏せ！　伏せ！」。けげ
んそうに見る出演者一同。ムオッホンなど
セキ払いをする布施明。あたりを見回し、
やっと気付いた植木。「ン？　お呼びでな

い　こりゃまた失礼」。
オチ音きっかけで全員ず
っこけて「ハラホ
ロヒレハレ」
（→p.150）。誰
の脳裏にも浮かぶ
我が『シャボン玉』は、
「お呼び」と「ガチョーン」
（→p.70）とエンディン
グのザ・ピーナッツとハ
ナ肇の『スターダスト』
なのだ。お笑いフェチな
ら気付いていると思うが、たけ
しと高田の『北野ファンクラブ』
（フジテレビ系）のテーマが美
空ひばりの『スターダスト』な
のだ。ハナ肇、ザ・ピーナッツ、
植木等、そして美空ひばり……バラエティ
の巨星たちはもう居ない。（高）

オヨヨ／桂三枝（現・桂文枝）

1970年代、人気者だった桂三枝（今の文
枝）がおどろいた時に発する言葉が「オヨ
ヨ！」。流行語というべきものだが「これ
が私のギャグでんねん」など言ったので、
"はやり言葉"のことを"ギャグ"と言うよう
になった。今では一発芸やら短いフレーズ
などもギャグというようになり、東京で
「笑い」にたずさわって
いる人間たちにとっ
て違和感があった。
今では一般化した
が……。小林信彦
の小説に『オヨ
ヨ』シリーズが
あり、元祖はど
ちら論争も盛り
あがった。（高）

おれは歌がうまい
おれはうたがうまい／マキタスポーツ

ミュージシャンで芸人のマキタスポーツ。ギターの弾き語りで聴かせる「歌ネタ」は、従来のコミックソングではなく、様々なポップソングを分析し、その構造（例えばカノン進行）を応用するかたちで楽曲を聴かせる。文芸で言えば文体模写の笑いに近い方法で、とてもハイレベル。この側面を押し進めていくと、どうしても批評性が高くなるので、その分エモーションが低下しがちだが、マキタは歌がうまく、歌唱もアツいのでそうなっていないのがいい。「おれは歌がうまい」というネタは、文字通り、「歌のうまいミュージシャン」の定型を使って自画自賛を歌いあげるもの。ラジオで聴かせる様々な「論」が面白いが、論より証拠の芸をちゃんと持っている才人である。（尚）

俺は待ってるぜ
おれはまってるぜ／石原裕次郎

兄・慎太郎の著『太陽の季節』（新潮社）で1956年銀幕デビューし、いきなり裕次郎はセンセーションを巻き起こした。その長い足、その格好良さは戦後の太陽だった。その刈りあげられた髪型は"慎太郎刈り"と呼ばれ、すべてが流行語となった。私を含む当時の小学校の教室では、ちょっと暴れる奴がいると「嵐を呼ぶ男だな」と呼ばれ、「さびたナイフ」を渡された。「じゃあ3時に〇〇公園な」「俺は待ってるぜ」などと使われた。（高）

お笑いKGB
おわらいけーじーびー／浅草キッド

浅草キッドが創設した芸能界の秘密組織。KGB＝「カツラ」を「ガンガン」「ばらす」

の略。師匠であるビートたけしもKGB活動を積極的に支援し、某ワイドショーの司会者をはじめ多くの芸能人の赤裸々な頭事情を告発するなど「とくダネ！」を連発。たけしが責任編集長をつとめる会員制有料ネットマガジンのタイトルにも引き継がれ、2020年にはプレイヤーが相撲部屋の親方となって、「ヅラ飛ばし」「ヅラ衰弱」などミニゲームで力士を育成する『お笑いKGB～THE GAME～』も配信された。（松）

お笑いサドンデス
おわらいさどんです／ビートたけし

ビートたけしがメインにもかかわらず、すぐに打ち切られたマニアにはたまらない番組名『たけしのお笑いサドンデス』（1983年10月～84年6月）。前クールの『笑ってポン』（1983年7月～9月）と共にトンチンカンでおなじみ、噂の桂ené彦プロデューサー（TBS）の仕事（この後、『風雲！たけし城』で大当たりをとる）。伝説を生んだ『サドンデス』は素人オーディション番組で、関係者はのちに特定の呼称で呼ばれる人ばかり。司会は〈殿〉ビートたけし、審査員は〈家元〉立川談志、毎週やって来た素人はのちの〈総裁〉大川豊、のちの〈閣下〉デーモン小暮、構成は当時から〈センセ〉高田。（高）

笑芸きょうだい

きょうだいでコンビ（トリオ）を組む、きょうだいコンビ（トリオ）で売れる、という例はあまり多くない。高いレベルで切磋琢磨し合い、息の合った芸を見せてきたきょうだい芸人と、偉大な父を持つ落語家きょうだいをご紹介！　文：和田尚久

漫才コンビ

夢路いとし・喜味こいし

（弟）こいし
1927-2011年

（兄）いとし
1925-2003年

1930年代から21世紀はじめまで、ずっと活躍した漫才コンビ。丸顔でかわいい「いとし」と、眼鏡できりっとした雰囲気の「こいし」。しゃべくり漫才の成立期を体験し、戦前の畳敷きの寄席に出演し、吉本せいから賃金を貰ったという、まさに漫才の歴史そのもの。

海原千里・万里

（姉）万里
1949年-

（妹）千里
1955年-

まだ子供だった1960年代から、のど自慢で素人コンクール荒しだったという姉妹が71年にコンビ結成。「高校生漫才」という若さと圧倒的な技量で売れっ子になった。たった7年で解散。千里は結婚〜出産後に上沼恵美子の本名で復帰し、今日までの人気タレント。

酒井くにお・とおる

（弟）とおる
1951年-

（兄）くにお
1948年-

岩手県出身の兄弟が東京でコンビ結成し、のち大阪に移住したと聞く。右側がくにお、左のすらっとしたほうがとおる。松竹芸能の所属。「ここで笑わんと、笑うとこないよ！」というギャグはこのコンビのフレーズ。2020年に結成50周年の会を心斎橋で開催した。

千原兄弟

（弟）ジュニア
1974年-

（兄）せいじ
1970年-

京都府福知山市出身の二人。兄が千原せいじ、弟が千原ジュニア。近年はピンでの活動が多く、せいじは大阪の番組に出演。ジュニアは『プレバト！』（毎日放送）で消しゴムはんこや俳句を披露。ジュニアの句「パティシエに告げる吾子の名冬うらら」。

落語家

金原亭馬生・古今亭志ん朝

林家正蔵・三平

（兄）馬生
1928-1982年

（弟）志ん朝
1938-2001年

三平
1970年-

正蔵
1962年-

昭和の名人、古今亭志ん生の子息二人が馬生と志ん朝。ちょうど10歳違い。戦中に苦労した馬生と、まだ子供だった志ん朝は雰囲気がかなり違う。志ん朝は陽性のスター。馬生はオフビートな通好みの芸。馬生の娘が池波志乃。孫が金原亭小駒といって今、二ツ目。

海老名家の男兄弟二人。兄は林家こぶ平から祖父の名前「正蔵」を継いだ。次に弟が林家いっ平から父の名前「三平」を襲名した。女姉妹に海老名美どり、泰葉。昔は代々の落語家は珍しかったが、今は多い。正蔵の子息・たま平は同商売の四代目。

他にもこんなきょうだい！

大阪の漫才は「中川家」「ミキ」など、他にも兄弟が多い。注目は、大阪の女性漫才コンビ「Dr.ハインリッヒ」。山内幸、山内彩の一卵性双生児の姉妹で、ネタもビジュアルもいけてる。東京の寄席で活躍している三代目・桂小南と林家二楽は兄弟。父親が二代目・正楽で兄は落語家に、弟は紙切りになった。古いところでは柳家金語楼と昔々亭桃太郎（先代）が兄弟。世界的な喜劇人ではグルーチョ、ハーポ、ゼッポ、チコのマルクス兄弟。古典芸能では狂言の野村萬・万作、四世茂山千作・二世千之丞なども名人兄弟だが、これは家業なので、数えたらきりがない。

かしましい娘（→p.51）
（長姉）正司歌江 1929-
（次姉）正司照枝 1934-
（妹）正司花江 1936-

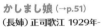

海老一染之助・染太郎（→p.62）
（兄）染太郎 1932-2002年
（弟）染之助 1934-2017年

中川家（→p.153）　（兄）剛 1970年-
（弟）礼二 1972年-

ミキ（コンビ名のミキは名字）
（弟）亜生 1988年-（兄）昴生 1986年-

ザ・たっち（→p.120）
（兄）たくや 1982年-
（弟）かずや 1982年-

67

カ・イ・カ・ン／薬師丸ひろ子

1981年に公開された相米慎二監督作品『セーラー服と機関銃』(東映)で主演の薬師丸ひろ子が、マシンガンをぶっ放しながら呟いた台詞。セーラー服姿の美少女と機関銃というハードボイルドなギャップに、思春期の男子からおじさん世代までが「カイカン」のひと言聴きたさに映画館に足を運び主題歌も大ヒット。多くの芸人がコントなどでパロディにしたが、一番真似をしたかもしれないのが、あめくみちこ。『オレたちひょうきん族』の「ひょうきんベストテン」でしばしば薬師丸ひろ子になりきっていた。(松)

かいーの／間寛平

間寛平が、新喜劇時代に編み出した一発ギャグ。机の角やソファー、電柱、時に自分が持っている杖などにお尻の割れ目をこすりつけ、下半身の上下運動をしながら呟くひと言。必ず爆笑を誘う必殺技であるが、愛犬が何かにお尻をこすりつけ痒がっている時は、肛門嚢の炎症や寄生虫の可能性もあるので、ギャグだと笑って済まさず動物病院で相談することをオススメしたい。(松)

かーいわれ巻き巻き
かーいわれまきまき／とんねるず(木梨憲武)

1988年から97年にフジテレビ系列で放送された『とんねるずのみなさんのおかげです』の人気企画「仮面ノリダー」で、木梨憲武扮する木梨猛が、悪の組織ジョッカーや怪人と戦うため、本家『仮面ライダー』一号の変身ポーズによく似た動作で、『いとまきのうた』のメロディで"かーいわれ巻き巻き ねーぎトロ巻き巻き 巻いて巻いて 手巻き寿司 トゥー！"と歌う変身ワード。番組が終了した現在も、猛は中目黒の喫茶「Amigo」で働いているらしい。(松)

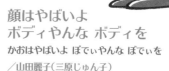

顔はやばいよ
ボディやんな ボディを
かおはやばいよ ぼでぃやんな ぼでぃを
／山田麗子(三原じゅん子)

1979年、最高視聴率39.9%を記録した伝説の学園ドラマ『3年B組金八先生』(TBS系)第1シーズンで、三原じゅん子演じるツッパリ少女の山田麗子が、同級生にリンチを加えるシーンで仲間に出した指示。自分では手を下さずに仲間たちに君臨する美しき不良少女がまさか30年後、参議院選挙に出馬。国会という名のある意味、問題児も多数いる荒れた教室で「野党の皆さん、恥を知りなさい」とあっぱれな啖呵を切るようになるとは、金八先生も予想できなかったはずだ。(松)

かおりが言ったのよ
かおりがいったのよ／清水ミチコ、椿鬼奴

孤高の女優、桃井かおりの口癖。というよりも、彼女をマネする清水ミチコや椿鬼奴らが口にする言葉。育ちの良さと個性的な演技、独特の語り口、そして自分のことを名前で呼ぶキャラなど、生き様が愛らしい彼女をリスペクトする者は多い。「これで63。悪くないと思うワケ」「古いワニほど柄がいい」「三十過ぎたら同い年」「忘れたいことは、忘れないこと」など、ギャグじゃないのに、思わず笑っちゃう名言はすべて「かおりが言ったのよ」である。(松)

カーカキンキンカーキンキン
／河内家菊水丸

河内音頭の音頭取り・河内家菊水丸が1991年、求人雑誌「フロム・エー」(リクルート)のコマーシャルに起用され、この語に続いて "バイト探しが週二回 フロム・エーとフロム・エー TO Zがいい〜" という唄声を披露した。画面はアニメーションだが、面白い節回しと明るい声音が評判になり「歌っているのは誰だ」という形でブレイクした。このCM、メロディは河内音頭のアレンジで、そこに唄を乗せている。東大阪土着の音楽を使ったプランナーのチョイスも素晴らしかった。菊水丸は実演家であり、芸能研究のマニア。ブログを読むと、その資料探求の一端がわかる。(尚)

ガーコン／川柳川柳

若かりし頃、師匠である三遊亭圓生の家の玄関で脱糞したことでも有名で、「落語三遊協会」設立騒動の際に破門され「さん生」を返上した川柳川柳の十八番ネタ。戦中から戦後の唱歌、軍歌、流行歌を歌いつつ当時の世相を語るという新作落語で、多い時には一年に100回以上高座にかけ、川柳といえばガーコンといわれるほどファンにもおなじみ。ガーコンとは、足踏み式脱穀機のこと。初めてネタ帳に「ガーコン」と表記したのは高田文夫の盟友、古今亭右朝である。(松)

カタキン／爆笑問題

新型コロナウイルス感染拡大で、エンタメ業界が大打撃を受けた2020年。イベント出演やバラエティ番組の収録中止が相次ぐ中、YouTubeチャンネルをはじめた芸能人も急増した。そんな中、爆笑問題の太田光は『サンデージャポン』(TBS系)で自身のYouTube進出については「今さら面倒くさい」と否定。ただし人気YouTuberのHIKAKIN(ヒカキン)にかけて「(相方の)田中くんは、今度カタキンっていうのでやることになってる」と語った。もしも田中裕二がYouTuberになったら、競馬チャンネルか、高校野球チャンネルで熱く語ると期待するマニアは案外多い。(松)

Q. 何と言っているでしょう？(答えはp.74)

ガチョーン→活動写真弁士

ガチョーン／谷啓

『シャボン玉ホリデー』を代表する曲といえば『スーダラ節』（p.189参照）、代表的ギャグといえば「お呼びでない」（→p.64）そして「ガチョーン」。追いつめられ追いつめられた谷啓が、今の形でいえば自動式パチンコのハンドルを握っている様な手つきから真空をつかまえて（この真空をつかまえるというのが、ものの本によると極意らしい）一拍の間から「ガチョーン」。この一発で天地は全てひっくり返り「ハラホロヒレハレ」（→p.150）とオチになる必殺技。じっくり取材をした元朝日新聞記者・山下勝利の『ハナ肇とクレージーキャッツ物語』（朝日新聞社）によると「ガチョーン」は谷啓の好きな麻雀から生まれたギャグらしい。いい牌をつもってきた時や大きな手を打ち込んでしまった時、心境を音にしてガチョーンとやっていたと書く。ある時、テレビのコントで魚釣りの話、「でかいのを釣りあげたのにガチョーンと逃げられて」と言うと、横に居た放送作家の塚田茂が「いいね、面白い。使おうよ、すぐ」。弱い人間が追いつめられ尻をまくった時に使おうと決められたと書いてある。塚田は私の師だった。（高）

カッチカチやぞ
／ザブングル（加藤歩）

お笑いコンビザブングルの加藤歩のギャグ。ポパイのように二の腕の力こぶを誇示し「カッチカチやぞ、カッチカチやぞ、ぞくぞくするやろ」とアピールしてみせる。他に、顔面に力を込めて「悔しいです！」と言い切るギャグもある。いずれも過剰なまでに力んだ肉体と顔が特徴。これが相方の松尾陽介のふわっとした感触と好対照なのだ。2019年6月、不祥事で数ヶ月の謹慎。事務所社長のたっての希望で『ビバリー昼ズ』から仕事復帰した。（尚）

勝ってもかぶっても
かってもかぶっても／藤猛

1967年プロボクシング世界ジュニアウェルター級のタイトルマッチで藤猛がKO勝ちで世界チャンピオンに。藤はハワイ生まれの日系三世。そのカタコトの日本語が大うけした。試合後のインタビューで「やまとだましいネ」「勝ってもかぶってもオヲシメよ」（勝ってカブトの緒を締めよ）。後年、たけしと高田がハワイへ行ってタクシーをひろったら偶然その運転手が藤猛だった。「OH!! やまとだましい」。（高）

活動写真弁士 かつどうしゃしんべんし

19世紀末にフランスで発明された「映画」は、はじめ映像だけを見せるサイレントであっ

た。それだけでは寂しいので、この時代には映画館で楽団の生伴奏や専門のナレーターによる映画説明が付けられた。特に日本では、映画にあわせて様々に工夫を凝らした「活弁」がひとつの芸として発達。徳川夢声、大辻司郎などの名がよく知られる。1920年代後半、トーキーの発明、移行によって弁士たちは一般の映画館から退場するほかなかったが、しかしそれ以降も独自の活動をしてきた活動写真弁士がいる。現役では澤登翠門下で正統的な語りを聴かせる片岡一郎、映画に突っ込みを入れたりと、独自の趣向で笑わせる坂本頼光の二人が突出した存在。片岡は研究家の一面もあり大著『活動写真弁史』（共和国）を刊行。頼光の、既存の映画の音声を消し、自由な台詞を画面に当てて「別の話」にしてしまう芸は、時と場所を選んで披露されるが抱腹絶倒の毒である。（尚）

ガッペむかつく／江頭2:50

「がっぺ」とは九州・佐賀地方の方言で「とても」「かなり」「凄く」といった意味。片方の手を後頭部に持っていき、もう一方の手でむしり取った脇毛を相手に投げつける時の常套句。九州の中でも地味な佐賀であるが、エガちゃんの「がっぺ」といい、島田洋七の「がばいばあちゃん」といい方言が全国的に注目を集める傾向がある。なお2020年、江頭は大川興業を円満退所、YouTuberとしての活躍も期待されている。（松）

加藤家家訓
かとうけかくん／加藤浩次

『めちゃ2イケてるッ！』（フジテレビ1996年〜2018年）の「爆烈お父さん」は、東京都練馬区の「加藤家」を舞台とするホームドラマ風のゲストトークコーナーであった。会話の途中、些細なことで激昂した加藤家のお父さん（**極楽とんぼ**加藤浩次）が、「加藤家家訓！ひとーつ！」と言いながら、大半が意味不明の家訓を発表したあと、ゲストにプロレス技のジャイアントスイングをかけてお仕置きをするという過激なものだった。AKB48の渡辺麻友がゲストの回は「やりすぎだ！」と猛抗議も受けたが、おそらく「よしもとの狂犬」加藤だけに「アイドルにも手加減なし」が家訓だと思われる。（松）

角野卓造じゃねえよ
かどのたくぞうじゃねえよ
／近藤春菜

ハリセンボンの近藤春菜のギャグ。トークの流れで、「これはどうでしょう角野さん」などと振られたときに「誰が角野卓造だよ！ 角野卓造じゃねえよ！」とキレてみせる。そもそもは春菜自身の「角野卓造に似てると言われる」という自己紹介から派生したフレーズ。2005年頃、それを聞いていた**ロンドンブーツ1号2号**の田村淳が、トーク番組で「角野さんはどう？」と春菜に初めて振ったという。角野卓造本人曰く「よく名前の読み方を間違われていたけど、彼女のおかげで正しい読みが浸透し、とてもありがたい」。（尚）

Q. 何と言っているでしょう？（答えはp.78）

悲しいダジャレ
かなしいだじゃれ／さまぁ〜ず

さまぁ〜ずのネタ。漫才スタイルで、大竹一樹が「ミカンがみっかんないよ」などと呟く。これは普通のダジャレだが、そこに「ミカンなんて最初から無いのに」という台詞を付け加えることで「悲しみ」が噴出。三村マサカズが「付け加えないでいいよ！」と突っ込むのが定型である。俳句的な〈日常の作品化〉とも言えよう。2000年に「バカルディ」から「さまぁ〜ず」に改名。明るいコンビ名とのコントラストも効いていた。『さまぁ〜ずの悲しいダジャレ』（宝島社）として書籍にまとまり、25万部を超すグッドセラーに。(尚)

金も要らなきゃ 女も要らぬ
かねもいらなきゃ おんなもいらぬ
／玉川カルテット

ボーイズスタイルの四人組の浪曲漫才グループ**玉川カルテット**。リーダーの玉川ゆたかのドスのきいた声とツッコミ用の小さな扇子で、もっと小さな（145cm）二葉しげるのおでこをパシッと叩くのが小気味よく、1960年代に喝采を浴びる。浪曲にのせたお約束のフレーズが、"金も要らなきゃ 女も要らぬ 私ゃもすこし 背が欲しい"。(高)

壁は迂回せよ
かべはうかいせよ／月亭八方

月亭八方の座右の銘は「壁は乗り越えるな 迂回せよ」というもの。サラリとすべてを流す芸風で芸歴50余年、古稀を超えた芸人の処世である。2012年、吉本百周年記念で『さんまの駐在さん』をなんばグランド花月にて一夜限り復活上演した時、大車輪のさんまの隣にいて、すっかり場を降りてニヤニヤしている凄味。その力を抜いたスタンスの奥に、吉本にいながら、しかし会社には消耗されないタフさがある。可朝・八方の師弟はある時期からずっと共演しなかったが、「やっぱり東京は凄い、スカイツリーのあの高さ」と微塵も心にないトークの題材がそっくり同じで、微笑ましかった。門弟に文都、八光、方正他。(尚)

カマキリ拳法
かまきりけんぽう／ラビット関根（現・関根勤）

ラビット関根（現・関根勤）が『カックラキン大放送!!』で、野口五郎扮するゴロンボ刑事を相手に繰り出した格闘技。両手を胸の前で激しく交差させながら「カ〜マ〜キ〜リ〜」と叫んだ後、両手をカマキリの刃のように頭上に掲げて威嚇する。本人によれば深作欣二監督の映画『県警対組織暴力』（東映）での菅原文太と川谷拓三のやりとりと、梶原一騎原作の漫画『空手バカ一代』（講談社）に登場したバリ島のカマキリ拳法の遣い手にインスピレーションを受けたという。クビを覚悟しながら撮影本番でアドリブ披露したのが功を奏して、本人も番組もブレイクした。(松)

蒲田行進曲
かまたこうしんきょく／つかこうへい

つかこうへいの戯曲（1980年）。撮影所で生きる男二人の物語。大詰の「階段落ち」は様々にパロディ化された。(尚)

髪切った？ かみきった？／タモリ

タモリのモノマネに「髪切った？」というフレーズを使うワザは今世紀に入って広まったが、ここにはじめに着目したのはコージー冨田であったと思う。従来、タモリのモノマネは難しく、たけし、鶴瓶、**とんねるず**などに比べてモチーフにする芸人は少なかったが、コージー冨田が一人開拓し、高い技芸を見せた。「髪切った？」は『笑っていいとも！』のテレフォンショッキングで、話題のつなぎにタモリが発する。単なる雑談で15分ほどを見せてしまうタモリの話術も改めて凄い。(尚)

カモーン！／山田花子

1990年代より吉本新喜劇に出演していた山田花子が、横座りをして共演男優に流し目をしつつ、片手を差し出して怪しい指の動きをしたり、うなじをかきあげたりする

など、いわゆるセクシーポーズで男を誘う仕草を見せる時のひと言。山田花子が口にするからギャグになるというのがけしからん！とクレームをつけるような人物は、新喜劇に足を運ばないでもらいたい。とみんなが思っている。(松)

〜かよ！／さまぁ〜ず（三村マサカズ）

さまぁ〜ず三村マサカズのツッコミフレーズ。かつて『ロンドンハーツ』（テレビ朝日）で本人が出演した際、「もともと口癖でもあるんだよね。関東の人は当たり前のように使っていたし、相方の大竹（一樹）も使っていたのにオレだけ際立っちゃって、"三村のもん"みたいになった。爆笑問題の田中（裕二）さんも使っていたのに、オレが使いづれぇじゃねぇかよ！と文句を言われたことがある」というようなことを言っていた。三村のこのツッコミを思う存分浴びたい人には「リーチかよ！」「確変かよ！」と予告リーチが楽しい『ＣＲさまぁ〜ず』（エース電研）というパチンコ機が人気。ちなみに大当たり確定は、なぜか大竹の寒いギャグが展開される「悲しいダジャレリーチ」である。(松)

73

カラスの勝手でしょ！
からすのかってでしょ！／志村けん

作詞・野口雨情、作曲・本居長世の童謡『七つの子』の替え歌。なぜカラスは鳴くのかという問いかけに対して『8時だョ！全員集合』で志村けんは、「カラスの勝手でしょ！」と明快かつ納得の答えを導き出した。元歌の情緒豊かなイメージをぶち壊したとPTAからは猛抗議を受けたが、全国の子供たちからは猛烈に支持された。当ネタのオリジナルは『笑福亭鶴光のオールナイトニッポン』という説もある。数々の名ドラマを産み出したプロデューサー久世光彦がかつてTBSの社員で『全員集合』を担当。「うちの子供の学校でこんな歌が流行っている」といかりや長介に紹介したところ、すぐに番組に取り入れたのがきっかけで広まったという。(松)

カランカランカラーン
／ウッチャンナンチャン

コントで喫茶店の出入りにドアを開閉するさまを表現した台詞。マイムに合わせて演者が口で言う。厳密な発明者は不明だが、**ウッチャンナンチャン**が使ったことで広まった。ドアが開く時と閉まる時の音が微妙に違うところが芸である。(尚)

ガルルル〜／春風こうた・ふくた

漫才協会所属の漫才コンビ、春風こうた・ふくたといえば「噛みつき漫才」でおなじみ。といっても世相や社会に噛みつくのではなく相方の肩に噛みつくスタイル。かつて後輩の**ナイツ**が、師匠からまだ新しいステージ衣装をゆずり受けたが、肩のところにがっつり歯型がついていて使い物にならなかったという。もちろん師匠に噛みつくことはできなかった。(松)

川口浩探検隊
かわぐちひろしたんけんたい／川口浩

1970年代から80年代にかけて『水曜スペシャル』(テレビ朝日)で全43回ものシリーズが放送されたのが『川口浩探検隊シリーズ』。俳優・川口浩を隊長とするチームが、アマゾンなど前人未踏の奥地で原始猿人バーゴンや巨大怪蛇ゴーグに遭遇する。日本中の子供たちが固唾を呑んで見守りつつ、心の奥にひっかかっていたトゲのような疑念を見事に歌で表現したのが若き日の嘉門達夫。「初めて洞窟に入るはずなのに先に照明がいる」とか「探検隊に襲いかかってくるサソリが、全然動かない」とか「大発見をしても決して学会に発表しない奥ゆかしさ」といった不思議を『ゆけ！ゆけ！川口浩!!』(コロンビア)で歌い上げ、こちらも大ヒットした。(松)

関係ないから
かんけいないから／山崎邦正

月亭方正が山崎邦正の名前で活動していた頃のギャグ。「関係ないから、関係ないから」と言いながら、両腕をあげ、リズミカルに体をゆする。これは小島よしおのギャグ「そんなの関係ねえ」(→p.107)と、永井佑一郎の「問題ないから」というリズムネタをないまぜにして頂いたもの。**ダウンタウン**などから「パクリ」と指摘された邦正が「ネタを融合させただけ」と弁明するところまで含めての笑いであった。(尚)

元旦や餅で押し出す二年糞
がんたんやもちでおしだすにねんぐそ／ビートたけし

『ビートたけしのオールナイトニッポン』、記念すべきたけしの第一声。1981年1月1日深夜のことである。たけしがこの一句を

詠んだあと私が書き、たけしはそれを一気に読んだ。「この番組はナウでヤングな君たちの番組ではなく完全に私の番組です」。この一行の宣言で、その後40年間に渡るたけしの芸能界での生き方が決まった、とは理屈っぽい評論家たちの説。たけしも私もただただ、作り生み出していくだけ。最初から3ヶ月で終了すると局から言われていたし……。(高)

ガンバレ ツオイゾ 僕ラノナマカ
がんばれ つおいぞ ぼくらのなまか／東八郎

アニメ『赤銅鈴之助』(フジテレビ系)の主題歌を東八郎が歌うと、江戸っ子なのに訛ってこうなる。昭和40年代の演芸ブームの時、**トリオスカイライン**のリーダーとしてマスコミに出た。他に原田健二、小島三児（その前に青空球児が居たこともある）。根っからの浅草の喜劇人で、萩本欽一の師匠筋にあたる。東の葬儀の時、東の息子で当時高校生だった東MAXは、欽ちゃんに「オレの所くるか？　東さんに教わったものを全部お前に教えるから」と言われ弟子入り。東八郎は晩年志村けんもフォローし、『バカ殿』では家老として活躍。(高)

気合いだ！気合いだ！気合いだ！
きあいだ！きあいだ！きあいだ！／アニマル浜口

元プロレスラー・アニマル浜口が誰かを激励する時に、両手拳を強く握りしめ全身全霊で発する言霊。1980年代半ばに、新日本プロレスにて長州力とタッグマッチが決定。異様なボルテージの会場で自分を鼓舞するために大声を出しスイッチオンをしたのがきっかけと本人が語っている。一躍有名にしたのはアテネオリンピックへ向かう娘・浜口京子へ送った「気合い10連発」。いつの日か「京子さんを下さい」という男性が現れた時に、フィアンセは何千回気合いを入れさせられるのか愉しみでもある。(松)

キター！／山本高広

モノマネ芸人・山本高広のネタ。山本の十八番が織田裕二のモノマネで、映画『踊る大捜査線シリーズ』(東宝)の真似では、台詞を言っているところだけではなく、無線の返答を待っている間合い、斜め上を見る目遣いまでもがソックリである。「キター！」は目薬のCMを模したもの。山本高広の代名詞と言ってもいいフレーズ。この他、「世界陸上」のリポーターをつとめた織田裕二がタイソン・ゲイの走りに興奮し「ゲイ、ゲイー！」と叫ぶ真似も笑わせる。(尚)

北は北千住から、南は南千住まで
きたはきたせんじゅから、
みなみはみなみせんじゅまで

日本全国を網羅している表現「北は北海道から、南は九州・沖縄まで」を逆手にとったひと言。主に漫才協会の師匠たちが使うギャグ。(松)

きてます！／Mr.マリック

1980年代後半、彗星のごとく登場し、人間の持つ不思議な力、「サイキック現象」と「エスパー現象」を駆使した超魔術を披露したMr.マリックが、波動を感じたと言い張る時の決め台詞。彼の力は本物か偽物かハンドパワー論争も巻き起こったが、彼の名前自体が「マジック」と「トリック」の造語なのに、その後「騙された」という世間から猛バッシングを浴びたのが可哀想すぎる。(松)

「君」と「僕」
「きみ」と「ぼく」／横山エンタツ・花菱アチャコ

まだプロ野球がない時代、大衆が熱狂したのは学生野球。特に1933年、水原茂の「リンゴ事件」などで知られる"早慶戦"は大盛りあがり。早速これをネタにスターダムにのしあがったのが横山エンタツ・花菱アチャコの漫才。「君」と「僕」で呼び合う新しいやりとりが、門付けの芸である「萬歳」を「漫才」に変えた。"しゃべくり漫才"の原型といわれる。(高)

君の名は　きみのなは

終戦直後のラジオドラマ『君の名は』(NHKラジオ)。放送時間には銭湯の女湯が空っぽになったといわれる。映画も作られて佐田啓二と岸恵子が演じ大ヒット。余談ですが「君の縄？」と聞いたSMの大御所は団鬼六。近年『君の名は。』(東宝)というアニメも大ヒット。"ヘイ　ユー　ホワット　ユア　ネーム"と歌う「ヘイ・ユウ・ブルース」をヒットさせたのは左とん平。左とん平の盟友は、加藤茶と小野ヤスシ。(高)

金正日万歳
きむじょんいるまんせー／立川談志

晩年の立川談志が高座で叫んだフレーズ。2001年にラジオ番組（『立川談志　最後のラジオ』　文化放送）を一緒につくった時、すでにおなじみのフレーズだったので、1990年代から使っていたのだろう。もともとは、朝鮮民主主義人民共和国の国民が、最高指導者たる金正日を讃えるときに発する言葉。文脈上の意味を持たない「ギャグ」であり、どちらかというと、観客にショックを与え、その日の観客層を探るために発していた。2006年、檜舞台の新橋演舞場の高座にあがった談志は、お上品な観客を前にして「金正日万歳！　おまんこー！」と叫んだ。(尚)

キャイ〜ン／キャイ〜ン

浅井企画所属の漫才コンビ**キャイ〜ン**の天野ひろゆきとウド鈴木が登場する時、向かい合って腕を下に伸ばしお尻を少し引きながら、顔は客席に向かって発する挨拶でもおなじみ。「キャイ〜ンポーズ」ともいう。ベテランになればなるほど、また忙しくなるほど、次第に別行動をするようになるコンビも多い中、結成から30年を超えた今も、デビュー当時と変わらぬコンビ愛を見せる、**逆おぼん・こぼん**的な存在である。(松)

キャット空中三回転

きゃっとくうちゅうさんかいてん／ニャンコ先生

1970年からフジテレビで放映された川崎のぼる原作のアニメ『いなかっぺ大将』は青森から上京し、一流の柔道家を目指す大左ェ門の成長を描いた作品。そして彼の師匠がなぜか二足歩行し言葉をしゃべるトラ猫のニャンコ先生で、「とってんぱーの にゃん ぱらりっ」と言いつつ空中で三回転して

着地する必殺技を伝授した。「ドボジテ〜」(どうしての意味)というギャグもこの番組から生まれた。ちなみにニャンコ先生を演じていたのはキンキンこと愛川欽也であるぞなもし。(松)

キュッキュキュー／昔昔亭桃太郎

落語家の桃太郎が高座で歌う『ブンガチャ節』(1962年)の一節。この歌、北島三郎の歌唱で男の片思いを描いたもの(作詞・星野哲郎)なのだが、間にキュッキュキューという不思議な文句が入る(この音が「ベットの軋む音」を連想させるとNHKが放送を自粛したという逸話もある)。桃太郎は"キュッキュキュー"とメロディだけを残し、歌詞は自作のものに改めて『ぜんざい公社』などに無理やり入れ込んで歌っている。もともとは歌手になりたかった落語家で、他にも裕次郎を歌ったりもする。野放図なのだが無表情、一つも面白くない、といった放り投げた風情が捨てがたい。(尚)

今日はこれぐらいにしといたるわ

きょうはこれぐらいにしといたるわ／池乃めだか

身長は公称149cm、道頓堀の食いだおれ太郎より小っちゃな吉本新喜劇の巨人・池乃めだかがボコボコにやられた後で立ち上がっていう捨て台詞。「口ほどにもないやっちゃ」というパターンもある。カラオケの十八番はチェッカーズの『ギザギザハートの子守歌』。"小っちゃな頃から悪ガキで 15で身長止まったよ〜"と、背丈と違ってよく伸びる声で歌うという。喜寿を超えてなお、精力的に舞台に立ち続けている。(松)

Q. 何と言っているでしょう？(答えはp.84)

麒麟です きりんです／麒麟（川島明）

お笑いコンビ麒麟の川島明の挨拶。昔から
コメディアン、噺家など「笑いの芸」は高
音のほうが売れると言われている。志ん生、
ビートたけし、**とんねるず**、**ダウンタウン**
浜田雅功でも華丸・大吉でもみな甲高い声
が出せる。しかし、なかには低音で面白い
という人もいて、川島明はその一人。「麒
麟です」というのは文字通りの挨拶だが、
川島は自分の「いい声」を自覚して、この
ひと言で客を引き込む。(尚)

ギルガメッシュ／イジリー岡田

メソポタミア神話の英雄。その遍歴の叙事
詩がシュメール語で伝えられる──という
のが正式な語義だが、多くの日本人には
『ギルガメッシュないと』で記憶される。
テレビ東京で放送（1991年～98年）され
ていたお色気深夜番組で、ここでブレイク
したのがイジリー岡田。AV女優を親密に
問診する「ギルガメ治療院」など、笑いと
エッチをまぶした進行で人気を集めた。
CMに行くときの合言葉が「ギルガメッシ
ュ！」。それにあわせて飯島
愛がTバック姿を見せるな
ど、今では考えられない。
青島利幸（幸男の子息）が
台本を書いていた。(尚)

キレてないですよ／長州小力

長州小力がプロレスラー長州力のマネを
する時に必ず言う台詞。1995年10月9日、
東京ドームで新日本プロレスとUWFイン
ターの対抗試合が行われた。当時、両団体
は主にUWF側の挑発によって緊張状態に
あり、プロレスファンは団体を越えたマッ
チに熱狂した。当日、長州力は「210％勝
てる」と豪語していたUWF安生洋二をサ

ソリ固めで撃沈。圧倒的な力量とボルテー
ジを見せつけ、伝説の一夜となる。試合後
のインタビューで「キレていた
のか？」という質問に答えた
のがこのフレーズ。実際には
（聞き取りにくいのだが）
「キレちゃいないよ」とい
う言葉遣いに近い。ファ
ンに知られた「名語録」
なのだ。(尚)

ギロッポン／中山秀征

六本木のこと。1980年代に、何でも逆さ
言葉にするのが好きなジャズミュージシャ
ンあがりのテレビマンたちから広まったの
が、いわゆる「業界用語」。さすがに最近
はあまり耳にしない。今や正統派のギョー
カイ用語を使えるのは、小さな頃から芸能
界に憧れ、群馬から東京の劇団に通い14
歳でドラマデビュー、その後渡辺プロダク
ションに所属しアイドルを目指すも、お笑
い部門に回され**ABブラザーズ**として活動、
なんだかんだで約40年の芸歴を誇るチャ
ンヒデこと中山秀征くらいのものである。
(松)

ぎんざNOW！ きんざなう！

人気爆発のせんだみつお共々、何しろにぎ
やかでNOWかったTBSの夕方の番組。銀
座テレサのサテライトスタジオから生放送
（1972年スタート）。CMに行く時「NOW
コマーシャル！」。人気コーナーは「素人
コメディアン道場」。ラビット関根（今の
関根勤）、小堺一機、柳沢慎吾、竹中直人ら。
「男の美学」コーナーでリーゼントで歌っ
ていたのが清水健太郎。**ザ・ハンダース**も
この番組でブレイク。6人だからハンダー
ス、清水アキラが居た。(高)

欽ちゃん走り
きんちゃんばしり／萩本欽一

萩本欽一の独特な走り方の呼称。1960年代、もともとはコント55号の寸劇で舞台を走り廻る時、真横を向かず、半身を客席に開きながら走っていたのがフォームになったのだと思う。また、欽ちゃんに影響を与えたジェリー・ルイスの動画を見ると、かかとに支点を置いた独特の歩き方をしている。こうした動きや、浅草での先輩・東八郎の芸を取り込んだものか。欽ちゃんは新人に「欽ちゃん走り」をやらせることが多い。かつて浜田雅功がやったのも面白かったし、近頃では有働由美子の走り方もユーモラスだった。（尚）

緊張の緩和
きんちょうのかんわ／桂枝雀

枝雀が生涯を通して見出した定理。「笑いとはキンチョーのカンワ」。座布団一枚の宇宙で身ぶり、手ぶり、動き、表情で大爆笑をとる上方のカリスマ。動いて喋る漫画である。枝雀に影響を受けた芸人は多数。枝雀の師匠が人間国宝・桂米朝。枝雀の弟が奇術のマジカルたけし。素人時代に二人で漫才をやり数々の優勝。若き日、「SR」（ショートらくご）を発明し大人気。東京の歌舞伎座での独演会も恒例となった。「ズビバゼンネ」、そして「ダッファンダー」は志村けんに受け継がれ「だっふんだ」。（高）

グー／エドはるみ

劇団女優などを経て吉本興業に入ったエドはるみのギャグ。両手の親指を客席（視聴者）のほうに突き出し、「グー！」と言う。「Good」という意味だが、相手を威嚇するニュアンスもある。マナー講座の先生のようなきっちりした雰囲気からの落差が特徴。近年はダイエットのCMでも注目された。高校生の頃からの女優志願で、スクリーンデビューは森田芳光監督『の・ようなもの』（→p.143）の落研部役。（尚）

クセがすごい……／千鳥（ノブ）

漫才コンビ千鳥のフレーズ。はじめに大悟が「俺は歌が巧く歌えない」と言い出し、ここで歌ってみるから音程のヘンなところなどを指摘して欲しいとノブに頼む。選んだ曲は童謡『森のくまさん』。大悟はおそろしく独特のテンポと節回しで歌い出すが、すぐさまノブに「クセが強いわ」と突っ込まれる。節回しには長渕剛の影響が見られるが、他にも平井堅など「アーティスト」が童謡など本来軽い曲を、重くたっぷり歌ってしまう現象も想起させる。（尚）

グラッチェ！／ケーシー高峰

ケーシー先生の決め技「グラッチェ！」。ネタが見事に決まるとVサインをして「グラッチェ」と言った。他にも「セニョール、セニョリータ」などを多用する偽医者。医学漫談家。元祖「ディアドクター」。「ニセ医者！」と客席から声が掛かると「インターンからUターンしてこうなった」と言った。いついかなる所でも超爆笑をとった白衣と黒板。私が誇る"日芸三大先輩"の一人。それは三木のり平、毒蝮三太夫、ケーシー高峰である。あの談志でさえ「ケーシーのあとは絶対出たくない」と言った。『ビートたけしのオールナイトニッポン』では医療ダジャレネタの「ケーシー高峰コーナー」が人気を集めた。(高)

クルクルミラクル／篠原ともえ

1990年代後半に、奇抜な髪型で派手なファッション、天然キャラでブレイクした篠原ともえが、くねくねした動きと共に発したフレーズ。石野卓球作詞・作曲で同名のシングルCDも発売された。若い女性の間でファッションリーダーとなり、彼女の独特な世界観を模倣するシノラーも出現。「クルクル！」「プリプリ！」「ぐふふ～」などの独特な言葉遣いをする若者が街にあふれた。現在はデザイナーとして活躍。元祖フワちゃんといってもいいかもしれない。(松)

芸は人柄、ラーメンは鶏ガラ
げいはひとがら、らーめんはとりがら／林家木久扇

落語界きっての知恵者、林家木久扇の名言。自身がプロデュースした「木久蔵ラーメン」は東京駅などでも売っているが、これまで広告を出したことがないという。いつも『笑点』でメンバーがいじるので、それが宣伝になっているのだ。各地の独演会では開演前にロビーで自ら物販。これを完売しないと、独演会の幕が開かない。実際のスープは魚介ベース。(尚)

ゲージュツは爆発だ！
げーじゅつはばくはつだ／岡本太郎

1970年大阪で開催された日本万国博覧会でシンボルとなった「太陽の塔」の製作者でも知られる、芸術家の岡本太郎の座右の銘。80年代に放映された「マクセル」のビデオカセットのCMでピアノを弾きながらこの台詞を叫んだのも懐かしい。その後『鶴太郎のテレもんじゃ』(中京テレビ)にもレギュラー出演。鶴太郎の絵の才能を認めたことで鶴太郎の中でナニかが爆発！その後の画伯活動やヨガ活動の導火線となったのかもしれない。(松)

結果発表～
けっかはっぴょう～／浜田雅功

とにかく声を張る浜田雅功のMC芸の一つ。ゲームやコンクールの番組で、ひときわ声高に「結果発表～」と空気を締める。2020年の「キングオブコント」では、「結果発表～……の前にコマーシャル」とやって視聴者をずっこけさせた。（尚）

ゲッツ／ダンディ坂野

「ゲッツ」はダンディ坂野が両の手でピストルのような形をつくり人差し指を客席側に向けて放つ決めフレーズ。開口一番にキメたり、ジョークのオチのあとに「してやったり」みたいなニュアンスで言う。2000年代前半から、イエローのスーツに身を包み、アメリカのショー番組風のアタックで登場し「ダンディ、この間……」とアメリカンジョークを披露する芸風を確立していた。ブレイク前夜にスタジオで会った

時は生真面目な風貌で、収録が終わると中央線沿線のマックでバイトに入ると言っていた。（尚）

月曜から夜ふかし
げつようからよふかし／マツコ・デラックス

2010年代以降の〈テレビの笑い〉を、ある意味で最も体現している巨人である。『月曜から夜ふかし』（日本テレビ系）、『マツコの知らない世界』（TBS系）、『夜の巷を徘徊する』（テレビ朝日系）と、マツコがメインをつとめる番組に出演するのは素人（市井の人）ばかり。街に暮らす人々のマニアックな研究や、静かな夜の暮らしが、マツコというフィルターを介することで、輝き出す。これを可能にするのはマツコの該博な知識と、自らを徹底して外部に置く、クールな距離感である。平穏に暮らす人々にコミットし、やがて立ち去る（スタジオにゲストを招く場合でも、本質的構造は同じ）マツコは、放浪芸の末裔とも言える。何かのインタビューで「私の居場所はここ（テレビ）」と語っていたのが印象的だった。活字でもラジオでもなく、テレビ画面の中だけで花開く水中花。（尚）

ゲベロッチョ！／小堺一機、関根勤

1980年代から2000年代にかけてTBSラジオで放送された『コサキンDEワァオ！』で、小堺一機と関根勤が丁々発止のトークを繰り広げる中で、飛び出すフレーズ。「ケレル！」「トーケーー！」と同様、全く深い意味はないが番組タイトルにも使われるなど、一番浸透した言葉。ちなみに、番組スタート当初は、コサキンではなくコサラビと呼ばれていた。関根勤がラビット関根だったのを知る人が少なくなっている……ワァオ！（松）

ゲロゲーロ／青空球児・好児

漫才協会会長の球児、世田谷の区議会議員好児のずいぶん長いことやっている「ふるさと」ネタのヒットフレーズ。「故郷の山々。いいねぇ　蛙が鳴くんだよ」「どうやって？オスガエルは？」「ゲロゲーロ」「メスガエルは？」聞かれた球児が科を作って「ゲロゲ〜ロ」「メスは鳴かないんだよ！」（オチ）。他にこのコンビには"逆さ言葉"のネタがあって「よもくぼ！（僕もよ）」「よきスガタなあ（貴方が好きよ）」なんてネタが東洋館で見られる。（高）

こ

後頭部深川
こうとうぶふかがわ／立川左談次

落語の『権兵衛狸』で、夜更けに狸が権兵衛宅の扉をトントンと叩く。けっこうシッカリとした音なので、どうやって叩いたのだろう。じつは狸のやつ、扉に背中をつけて後頭部でノックをしていたのだ。これをひと呼んで後頭部深川──という左談次のジョーク。後頭部と江東区が掛かっている。談志が高座で「左談次という、うちに30年いるけど、考えたのはこれひとつっきり」。（尚）

興奮してきたな
こうふんしてきたな／サンドウィッチマン

サンドウィッチマンが漫才の導入部でよく使っていたフレーズ。例えば伊達みきおが「世の中に興奮することっていっぱいあるけど、ハンバーガーを買いに行く時くらい興奮することはないね」と切り出し、富澤たけしが「間違いないね」と受ける。そこからコントになり、通行人の伊達が「あ、こんなところにハンバーガー屋がある。新しくできたんだ。興奮してきたな」という感じでネタに入る。シチュエーションはネタによって変わるが、これが基本形。サンドウィッチマンは漫才もコントも演じる。コントの場合ははじめから作中人物として登場するが、漫才の場合はトークがあってから役になる。ネタに至る導入を効率よくするための、完成されたパターンである。2007年の「M-1グランプリ」では、敗者復活枠からグランプリを獲得。この逆転劇で見事にブレイクした。（尚）

ココアここ／林家こぶ平（現・林家正蔵）

ジョーク。ハワイに行った日本人が、海辺のレストランへ。同行者と別勘定にしたいので、ボーイに「ここはここ、ここはここ」と懸命に説明する。うなずいたボーイが、やがてココア十人前を運んできた。1988年、真打披露興行の高座でこぶ平（現・正蔵）のトリネタは何とこの小咄、客を唖然とさせたっけ。（尚）

ここは警察じゃないよ

ここはけいさつじゃないよ／スネークマン・ショー

1980年にリリースされたYMOのアルバム『増殖』（アルファレコード）は、彼らの楽曲とスネークマン・ショーによるコントがサンドイッチになっている構成だった。最新のテクノとしゃれたスケッチが一緒になっているのが面白く、若者が全面支持。立項したのは、警察が薬物中毒らしき人物の家に捜査に来るが、男は「ここは警察じゃないよ」などと応答し、らちがあかないというスケッチ。他に初代・林家三平が中国公演を行うというネタもあった。スネークマン・ショーの声の出演は、ラジオDJの小林克也、伊武雅刀、桑原茂一。お笑い芸人でもボードヴィリアンでもない才能による「笑い」。このアルバムがオリコンでLPチャートの1位になったのだから80年代はいい時代だった。（尚）

ここWi-Fi飛んでんな

ここわいふぁいとんでんな

／メイプル超合金（カズレーザー）

メイプル超合金のカズレーザーが漫才の中で放つ台詞。空中を見て何かを振り払う仕草を見せるカズレーザーに、相方の安藤なつが「何やってんの？」と問う。それに対してカズがこう答え、「Wi-Fi見えんのかよ！ 怖っ！」となつが突っ込む。寺沢武一のSF漫画『コブラ』のイメージ（金髪に全身真っ赤な服装）そのままのカズに、メガネでぽっちゃりしたなつの男女コンビはインパクト十分。2015年の「M-1グランプリ」決勝進出をきっかけに知名度が急上昇した。漫才のおしまいに、**ドリフ**のコントでおなじみの「ブパパブパパブパパ」という効果音を口で言い、「……というやつなんですけど」とそれまでの漫才をフィクションに押し込めて素に返る構成も、ありそうでなかった。（尚）

児嶋だよ！
こじまだよ！／児嶋一哉

アンジャッシュのグルメじゃないほう、仕事が少ないほう、しゃべりが上手じゃないほう、奥さんが佐々木希じゃないほう……という扱いだった児嶋一哉が「大島さん」などと間違われた際、若干キレながら口にするお約束。最近は個性派俳優としても活躍中だが、多目的芸人と呼ばれるのは嫌らしい。(松)

ゴチになります／ナインティナイン

ゴチとは「ご馳走」という意味の略。一般に広まるにあたり、日本テレビ『ぐるぐるナインティナイン』の人気企画「グルメチキンレース・ゴチになります！」も一役買っている。高級レストランで注文した至福の料理を実食しつつ、値段を予想。設定金額と注文の合計金額の差が最もズレた人が全員分のお勘定を自腹で負担。さらに年間自腹額が最高となったメンバーはレギュラーを剥奪、という天国と地獄のグルメ企画。一番美味しいのは誰が払おうが儲かるお店のオーナーである。(松)

ゴッホより、普通に、ラッセンが好き
ごっほより、ふつうに、らっせんがすき／永野

芸人・永野の歌ネタ。はじめ謙虚な雰囲気で「ゴッホとピカソに捧げる歌を歌います」と言い、音楽が流れはじめると、アブないテンションで踊り出す。歌詞は「ゴッホより普通にラッセンが好き　ピカソより普通にラッセンが好き」という内容で、「ラッセンが好き」というところでは声の限りに絶叫。終わるとまた静かに挨拶をする。2016年頃によく見せたネタ。ラッセンは、泳ぐイルカや月光、海などのモチーフを組み合わせた写実タッチの画家。東京にはラッセンのリトグラフを高額で販売する店が多くあり、そのイメージも含めて微妙な固有人名のチョイスが受けたのだ。(尚)

コトコトコットン コトコトコットン／阿佐ヶ谷姉妹

阿佐ヶ谷姉妹は決まったフレーズで売り出したわけではないが、テレビ露出の初期は由紀さおり・安田祥子姉妹の真似をすることが多く、童謡やロシア民謡を抑揚たっぷりに歌う「細かすぎるモノマネ」で笑わせた。立項したのは童謡『森の水車』の一節。渡辺江里子(右)と木村美穂(左)の二人は「劇団東京乾電池」の研究所で知り合い、2007年にコンビ結成。市井の「おばさん」をトレースしたキャラで注目される。しかし、年齢や見た目を卑下した古い笑いとは無縁で、普通の「おばさん」を肯定しているところが新しい。歌が上手く、単独ライブでは欧陽菲菲の名曲『ラヴ・イズ・オーヴァー』などを堂々と熱唱した。(尚)

子供がまだ
食ってる途中でしょうが
こどもがまだくってるとちゅうでしょうが
／黒板五郎(田中邦衛) 他

倉本聰脚本のドラマ『北の国から'84夏』（フジテレビ系）で、閉店間際のラーメン店で自宅の丸太小屋が焼けた真相をポツリポツリと語りはじめた純（吉岡秀隆）。早く店を閉めたい女店員（伊佐山ひろ子）が手をつけないどんぶりを下げようとした瞬間、父親である黒板五郎（田中邦衛）が叫んだひと言。小堺一機、ホリをはじめ黒板七郎、ＢＢゴローなど多くの芸人が再現している。なお、富良野土産として、その名も「子供がまだ食ってる途中でしょうがラーメン」もあるというが、しょうが味ではなく醤油味である。(松)

この件について何かご質問はございませんか？
このけんについてなにかごしつもんはございませんか？／伊藤一葉

奇術師の伊藤一葉が、手品を披露したあと、客席に向かって呟く台詞。演芸評論界のレジェンド、矢野誠一が「客を『あっ』と言わせようとするさもし気な料簡を、はなから捨ててしまっている（中略）洒脱を通りこしたふてぶてしさが、まず私をゾクゾクッとさせた」と『酒と博奕と喝采の日日』（文春文庫）で絶賛している。立川談志が「滑稽手妻」と命名したこともあって人気が出てきた矢先に病に倒れ、45歳の若さで見事にこの世から消えてしまった。(松)

このバカチンがぁ〜／武田鉄矢 他

1979年、金曜夜8時という放送時間を強調しようと名付けられたドラマ『3年Ｂ組金八先生』(TBS系)。武田鉄矢演じる主人公の坂本金八先生が、ロン毛をかきあげながら、愛情を込めて教え子を叱る時のフレーズ。気が付けば32年も続く学園ドラマの金字塔となったことで金八先生のモノマネは昭和の鉄板ネタとなり、コロッケ、内村光良、三又又三、ホリ、松村邦洋に、最近ではりんごちゃんと、バカチンを披露するバカチンは枚挙に暇がない。(松)

コマネチ！/ビートたけし

もはや何の説明も不要、不急。日本の喜劇人史上最大のヒットギャグにして最長のヒットフレーズ。中年の日本人で「シェー」（→p.96）と「コマネチ」をやった事がないという人はいないらしい。左右の手のひらを股間に添えるように当ててVの字を作ってから（この角度が難しい）一気に「コマネチ！」と叫ぶ手前に引く足立区に伝わる技法。母、北野さきからそっと教えられたという噂もある。名誉のために書いておくと〈コマネチ〉はルーマニアの女子体操選手で1976年のモントリオール五輪に出場。大会史上最年少（14歳）で金メダル3個獲得。「白い妖精」と呼ばれた。早い話、おっさんが女子五輪選手の名前を連呼しただけなのだが、Vのあの角度、くい込みが良かったのだろう。男子選手でポ〇チンの形を作りながら「アンドリアノフ！」というのもあったが、これはダメだった。コマネチ誕生の瞬間は呑んでいたが、ルーツは「オシャマンベ」（→p.59）の気がする。（高）

コーマン/ビートたけし

1984年、『オールナイトニッポン』と『オールナイトフジ』（フジテレビ系）がコラボ放送をした際、新人アイドルだった松本明子が笑福亭鶴光や片岡鶴太郎にそそのかされ「お××こ」と口走り謹慎させられたように、長年業界ではタブーだった性的ワード。それをギョーカイ風に軽く「コーマン」と変換したのが、ビートたけし。たけしが言うなら仕方ないか……と黙認されているうちに市民権を得てしまった。（松）

ごめんクサイ～/チャーリー浜

吉本新喜劇で「アメリカかぶれのキザな男」という役どころが多かった浜裕二が、誰かの家を訪ねる時の挨拶。一発「ごめんクサイ」とかました後で「もひとつクサイ」「これまたクサイ」「ああクサイ」と連発する場合もある。1989年、吉本の東京進出を機にアメリカのテレビドラマ『チャーリーズ・エンジェル』にちなんでチャーリー浜と改名。テレビCMで使われた「～じゃ、あ～りませんか」が流行語大賞に選出されるなど、吉本興業が全国区になった立役者。他に有名な「いずこへ～」は、嫁はんに逃げられたところから生まれた実話ギャグだという。（松）

ごめんねごめんね～/U字工事

向かって右の丸刈りが益子卓郎。左が福田薫。漫才のやりとりの中で、叱られたボケの益子が、福田をばかにしたように謝る「ごめんねごめんね～」のギャグでブレイクした。東京漫才のボケには、しばしば北

関東弁が使われる。松鶴家千代若・千代菊（しょかくやちよわか・ちよぎく）（千代若が栃木県）、新山ひでや・やすこ（ひでやが栃木県、やすこが茨城県）。**U字工事**は二人とも栃木県出身で、この系譜に連なる。2018年にムード歌謡『ビギン・ザ・ギンザ』（作詞・高田文夫、作曲・佐瀬寿一　徳間ジャパン）を発売。たまにラジオから流れてくる。(尚)

みにバカボンのパパ、設定では昭和元年クリスマス生まれ。瀬戸わんや、マリリン・モンローと同じ年なのだ。赤塚不二夫は晩年、病気に見舞われても大好きな酒は止めることなく飲み続け、立川談志には"立川不二身"の名前をもらい励まされた。(松)

こりゃ、どうも／ドン川上（現・DON）

ドン川上が、打撃の神様と呼ばれた元巨人の名選手・川上哲治を真似るときのつかみワード。『笑っていいとも！』では、長嶋茂雄の形態模写をしていたプリティ長嶋とコンビを結成して「きたかチョーさん待ってたドン」コーナーを担当。当時はまだ日本旅行の社員という肩書きがあったがその後、タレントに転身。現在は北海道を中心に細々と活動中らしい。ちなみに「北か朝鮮、待ってたホイ」は立川談志の『大笑点』シリーズ（竹書房）第一弾のサブタイトルで、『いわゆるひとつのチョーさん主義』は高橋春男が週刊文春で連載していた四コマ漫画である（松）

これでいいのだ！／バカボンのパパ

1967年から「週刊少年サンデー」（小学館）で連載された赤塚不二夫原作のギャグ漫画『天才バカボン』で「コニャニャチワ」と登場したバカボンの父親が締めくくる時の口癖。西から昇った太陽が東に沈もうが、究極の自由人であるパパがこれを言うと不思議と大丈夫なような気がしてくる。ちな

これでインスタントかい？
／五代目・柳家小さん

永谷園のインスタントみそ汁「あさげ」のCMでこれを言うと、全国に広まる。人間国宝となった五代目・柳家小さんである。談志の師匠であり、馬風、小三治、市馬ら、のちに落語協会会長になった人たちの師匠でもある。墓石のCMで「ボチボチ（墓地）行きますか」なんてのもやっていて、このCM、現在は孫の柳家花緑が受け継いでいる。二・二六事件の反乱軍の一兵士としても知られ、目白に道場を持つ剣道の達人としても有名。隠し芸として「蛸のゆであがり」が爆笑。古典落語の中でも長屋ものを得意とし、『粗忽長屋』『大工調べ』『長短』『かぼちゃ屋』『ろくろっ首』『うどん屋』『親子酒』などは絶品。(高)が谷中で芸人たちのアート展「やなか高田堂」をやっていた時代があって花緑が祖父の小さんを連れてやってきた。花緑の作品やらたけしの絵、談志の書など見て「ケッコーです」と私あてに祝儀袋を置いてってくれた。武骨そうだが粋な人であった。(高)

Q. 何と言っているでしょう？（答えはp.94）

今度失敗したら潰すわよ

こんどしっぱいしたらつぶすわよ
／黒崎駿一（片岡愛之助）

テレビドラマ『半沢直樹』（TBS系 2013年）の中で、片岡愛之助が演じる国税局査察部統括官の黒崎駿一が部下を吊るしあげて脅す台詞。黒崎は主人公の半沢直樹に相対する「敵役」で、つねにオネエ口調で「お久しぶりねぇ」などと低く語るところに不気味なユーモアがある。2020年の新シリーズでも物語の大詰近くに登場し、「潰すわよ」を披露した。愛之助は上方歌舞伎の松嶋屋（仁左衛門家）の跡取りで、舞台で活躍をしていたが『半沢直樹』のヒットで一気にメジャーに。そういえば叔父にあたる仁左衛門も、片岡孝夫時代はテレビドラマでよく二枚目を演じていた。(尚)

今晩は俵孝太郎です

こんばんはたわらこうたろうです／俵孝太郎

1980年代前半、フジテレビで23時からの『FNNニュースレポート』でキャスターをつとめた俵孝太郎の挨拶の言葉。別におかしなことはなく、普通に挨拶をしているだけなのだが、これをビートたけしが真似したため、ギャグになってしまった。すると、アナウンサーではなく、新聞記者出身の堅い俵孝太郎の雰囲気も、どこか面白く見えてしまう。23時台（当時としては深夜）のニュースキャスターをモノマネの対象にするというのも画期的。まったく、当時のビートたけしは指に触れたものを、片っ端から「笑い」に変えてしまう魔法使いであった。少しあと、幸田シャーミンのモノマネが成立したのも、この前例があったためだろう。(尚)

コーンフレークやないかい

／ミルクボーイ

2019年の「M-1グランプリ」で優勝した**ミルクボーイ**のネタ。駒場孝が「おかんが好きな朝御飯」の名前が思い出せず、内海崇に「甘くてカリカリして、ミルクをかけて食べる」などと特徴をあげて説明する。内海は「コーンフレークやないかい！」と特定するが、次に出される情報が「修行中のお坊さんも食べる」と微妙な内容であるため内海は「ほなコーンフレークと違うか」と首をひねる。こうした会話を繰り返すうち、一度確定したイメージが次の瞬間に壊される、奇妙なグルーヴ感が横溢する。同じ構成のネタ「もなか」などもある。(尚)

M-1グランプリ 歴代チャンピオン
（2001〜2010年）

2001年	中川家
2002年	ますだおかだ
2003年	フットボールアワー
2004年	アンタッチャブル
2005年	ブラックマヨネーズ
2006年	チュートリアル
2007年	サンドウィッチマン
2008年	NON STYLE
2009年	パンクブーブー
2010年	笑い飯

2015〜2020年チャンピオンはp.155

高田文夫 × ナイツ塙宣之 対談

『笑いを知る』
前編

ラジオでからむ機会の多いお二人に、視聴者として、出演者として、作り手として、様々な視点から笑いについて語っていただきました。まずは塙さんがたどった笑いの系譜を振り返ります。

志村けん、ダウンタウンに笑いの洗礼を受ける

高田文夫（以下、高） 塙くんはいくつ？

塙宣之（以下、塙） 42です。1978年生まれですね。

高 ちょうど30歳違うんだな。俺は72。バイデン氏の5つ下。覚えやすいだろ？

塙 覚えにくいっすよ！ 同い年でもない……世代としてもちょっとズレてるし。

高 子供の時に最初に笑った、コメディアンとかギャグは、どのへん？

塙 最初に笑ったのは志村けんさんです。

高 やっぱりドリフか。『全員集合』？

塙 『全員集合』ですね。剣道のコントが好きでした。兄が二人いて、長男は「『ひょうきん族』が見たい」って言うので、は

じめの20分は『全員集合』見て、それから『ひょうきん族』にチャンネルを変えて、タケちゃんマン（→p.110）とか見てました。

高 俺たちも『ひょうきん族』を作るほうとしては、頭の20分とかは別のコントで、『全員集合』のメインのコントが終わった頃を見計らって「タケちゃんマン」を出す、っていう構成にしてたよね。

塙 いや、まあ、今考えるとそうなんだろうなって思います。

高 その頃はどこにいたの？

塙 千葉です。我孫子です。

高 お兄さんも、お笑い好きだった？

塙 次男（はなわ）も長男も僕もお笑いが好きでしたね。男三人で。

高 『全員集合』は面白かったよね。俺も若い頃少し居たけど。それから『ひょうきん族』もわかるようになってくるんだ？ 楽屋オチの話とかもわかるようになって、だんだんマセてきて（笑）。

塙 そうです。あとは青空球児・好児師匠。

高　「ゲロゲーロ」（→p.82）だ。俺のお師匠さんにあたる塚田茂っていうクレージーキャッツとかドリフの番組を書いてた人が、日劇の演出家だったんだ。それで球児・好児が面白いからって日劇に出すことになって。で、漫才師だと立ってるだけなんだけど、日劇の舞台がでかいから、塚田さんが動き回れって言ったんだよ。それでもの凄く走り回って「ゲロゲーロ」っていう大きい芸になったんだよな。

塙　いまだにハンドマイクでやりますもんね。

高　そうそう。スタンドマイクじゃできない芸だから。どこでやるかで芸が変わってくるって、面白いなあ。

塙　面白いっすねー！　僕が芸人になって初めて見た時は衝撃でしたね。舞台の使い方が凄いなと思って、勉強になりました。

高　上手から下手、舞台全部使うからな。コント55号と同じ。他に見てたのは？

塙　そのあとはやっぱりダウンタウンさんとか。『ごっつええ感じ』とかですね。

高　その世代は、笑いに関して一番影響受けたのは、やっぱ

りダウンタウンだよな。

塙　僕らはそうですね。

高　ダウンタウンを面白いなと意識したのはどのへんから？

塙　たぶん東京で放送されたクイズ番組にダウンタウンさんが出た時に、松本人志さんが間違えちゃいけない場面でずーっとボケてて。それを見て面白いなーと思ったんですよね。

高　当時から只者じゃない感じはあったよね。他に、はやり言葉って覚えてる？

塙　「同情するなら金をくれ」とか。あれは高校くらいですね。

高　ドラマの人気フレーズだな。

塙　ダウンタウンさんにしても『ボキャブラ』とか出てた爆笑問題さんにしても、ギャグの印象ってないですよね。芸人になってからしばらくすると、一発屋……じゃないですけど、「そんなの関係ねえ」（→p.107）とかいっぱい出てきましたけど。『エンタの神様』とかでうけそうなフレーズを作らなきゃいけないっていうので、まわりの芸人もみんな考えてましたね。

高　そうだろうな、一発当てたいってな。

塙　僕らは全然作れなかったですねー。

塙家のギャグと浅草ギャグを振り返る

高　塙くんて、キャリア何年だっけ？

塙　20年ですね。2000年デビューです。

高　そっか。『ボキャブラ』はその前か。

塙　うちの次男が芸人になりはじめた頃、『ボキャブラ』に出たんですけど、その時はすっごい嬉しかったです。まだ『佐賀県の歌』が出る前ですね。そのあと番組がすぐ終わっちゃったんですよ。

高　お兄さんのヒットフレーズは何？　本編に載せとくから。

塙　兄貴は「覚えといてね♪」とか……。

高　え、なんだって（笑）？

塙　「姓は塙 名は尚輝 覚えといてね♪」って、誰も覚えてない（笑）。載せてもらえるわけないじゃないですか！　まぁ「SAGA佐賀」とか。

高　「SAGA」は有名だな。それは載せてる。（→p.54）

塙　載ってます!?　ま、「SAGA」でしょうね。あのおかげでいまだに僕が佐賀出身だって思ってる人多いですから。「あ、佐賀じゃないんですか？」って何回聞かれたか。

高　佐賀の印象は強烈だったからな。でも佐賀にも少し居たんだよな？

塙　10歳から18歳まで佐賀に住んでました。そのあと千葉に戻ってきたんですよ。

高　結構長い間、居たね。

塙　青春時代は完全に佐賀ですね（笑）。

高　2000年にデビューして、浅草に出はじめてさ、先輩の漫才師たちに囲まれてるじゃん？　その人たちのフレーズ、教えて。

塙　あー「最高最幸！」（→p.92）とか。

高　いいね、「最高最幸！」（笑）！　それ誰だっけ？

塙　新山ひでや・やすこ師匠で、他にもずーっと流行らなかったですけど「その言い方って好きだなぁ」とか。おぼん・こぼん

師匠とかは「コエガタカイ」とかっていうネタはあるんですけど、ギャグみたいなのはあんまりなくて。佐藤かんじさんているじゃないですか？

高　放送作家で『笑点』やってる人な。

塙　あの人が宮田陽・昇っていう芸人に、「絶対フレーズがあったほうがいいから」って言って、10年ぐらい前から「わかんねえんだよ」（→p.190）っていうのを言わせてますね。

高　桂子師匠は？

塙　「銘鳥銘木」（→p.172）とか。漫才協会の「ギャグ総選挙」で1位になったのは「奴さんだよ」（→p.177）。

高　「奴さんだよ」って（笑）！　お座敷の踊りだよ。

塙　全然ギャグじゃないですもん（笑）。他にも、すす風にゃん子・金魚師匠の「ハタチでーす」とか。ぜんぜん、流行ってないですよ。

高　絶対流行んない（笑）！　塙くん自身は「ヤホー」（→p.178）と「肛門見えても」と？

塙　いや、「肛門見えても」はギャグでもなんでもないんですけど。

高　この二つを推してるんでしょ？

塙　ま、そうですね。

高　言ってる人見たことないわ（笑）。

塙　見たことないっすね。

高　そんな流行ってねえわ。

塙　全然流行ってないです（笑）。

高　でも面白いよな。もう少し「肛門」推したほうがいいよ（笑）。

後編（→p.131）へ
続く！

最高最幸！

91

最高最幸！
さいこうさいこう！／新山ひでや・やすこ

相方の新山えつやが病に倒れた後、妻と即席コンビを結成したところ、夫婦ならではの息の合った漫才で人気を博した新山ひでや・やすこの鉄板ギャグ。2019年にひでやが死去した今となっては、手を胸の前でクロスしてヒラヒラさせながらの「最高最幸！」のフレーズと、毎年年末に開催されていた漫才協会主催の「漫才大会」で、剥ぎ取られていたひでやのカツラが懐かしい。（松）

サイざんす／トニー谷

コールマン髭にキツネメガネ。「レディス アンド ジェントルマン アンド おとっつぁん おっかさん」。戦後、日本中の神経を逆なでにした怪ボードヴィリアン。「サイざんす」やら「オコンバンワ」「ネチョリンコでハベレケ」。芸も邪道なら生き方も邪道。当時の評論家、あの大宅壮一をして「植民地ニッポンの縮図」と言わしめた。一時人気凋落も『アベック歌合戦』（日本テレビ系）で復活。赤塚不二夫『おそ松くん』の「イヤミ」の原型。「シェー」。（高）

斎藤さんだぞ さいとうさんだぞ
／トレンディエンジェル（斎藤司）

若いのに（1979年生まれ）頭髪が薄い**トレンディエンジェル**の斎藤司が、なぜか自信たっぷりに両手でジャケットをはだけさせて言う決め台詞。もとは相方のたかしに、本当に強がって言ったひと言がネタになったという。斎藤司は見た目がわびしいのに自意識は「デキる男」という落差がおかしい。実生活では二児の父、奥さんにはディズニーランドのシンデレラ城で求婚をしたと聞く。（尚）

さいな／やしきたかじん

標準語で「そうです」、英語では「yes」という意味になるが、やしきたかじんが「さいな」というと、もっと強いニュアンスになった。相手の投げた球（言葉）が、ストライクゾーンぎりぎりにぴしゃりと決まった時に言っていた。（尚）

サウナ浪曲 さうなろうきょく／玉川太福

浪曲師・玉川太福のネタ。2007年、二代目・玉川福太郎に入門してキャリアをスタートさせた太福は、10年代に入り、オリジナルの浪曲を発表しはじめる。芸能としては浄瑠璃など〈語り物〉の系譜にある浪曲は、普通、長大な「物語」の一節をドラマチックに聴かせるという内容をもつ。太福はそこを逆手に取り、徹底して物語を排除。近隣の銭湯での光景や、サウナの中で

ロウリュ（熱風）を起こすアルバイトなどを材料にする。サウナを今出るべきかどうかなど、どうでもいい「葛藤」が三味線に乗せて語られるずっこけ感。当世流の仕掛けは観客にハマり、近年は落語の寄席でも活躍をしている。（尚）

ザキヤマが来るー！
ざきやまがくるー！
／アンタッチャブル（山崎弘也）

アンタッチャブル山崎弘也のギャグ。2009年頃からやっている。織田裕二のマネをする山本高広の「キター！」（→p.75）を現在形にして、「来るー！」というフレーズにしたと言われる。拳を握りしめて「くぅるぅー」みたいな発音をするのが特徴。何かをしでかしそうなザキヤマのキャラクターによく合っている。（尚）

さくらんぼ／にゃんこスター
男女コンビの**にゃんこスター**が2017年の「キングオブコント」で披露したネタ。男性のスーパー3助が登場し「あ、こんなところでリズム縄跳びの発表会がある。見ていこう」と呟くと、大塚愛の『さくらんぼ』が流れ、女性のアンゴラ村長が出てきて縄跳びをはじめる。3助はその様子を逐一実況するが、なぜか女性はサビの部分で縄跳びをやめ、体操風の動きをする。3助は「なんで飛ばないのー、飛んで！ 1番終わっちゃうよ！」と哀願するが、アンゴラ村長

はどこ吹く風。このネタは、「キングオブコント」で披露され、インパクトを与えた。緊張の高いコンテストで、一組だけが徹底したナンセンスの笑いを提供する。それを見て松本人志や**バナナマン**が笑う。こうした文脈込みの面白さで、にゃんこスターはブレイクした。（尚）

ざけんなよ／宮沢りえ
今の「女優・宮沢りえ」しか知らない若い人に、1980年代の末、彼女がどんなに素晴らしい「コントの名手」であったかを説明するのは難しい。当時の宮沢りえはCMで注目されたアイドルの一人であったが、『とんねるずのみなさんのおかげです』に起用され、コントを演じた。なかでも傑作が、白鳥麗子（宮沢りえ）とノリ子（木梨憲武）が教室でバトルする学園物で、美少女の麗子がノリ子をひたすら攻撃するが、教師（石橋貴明）の前では一転、被害者ぶってノリ子を悪者にしてしまう。当時16歳くらいの美少女が「ざけんなよ」とか「ぶっとばすぞ」とか暴走するのが最高に面白く、アイドルが演じるコントならではの魅力だった。（尚）

さだ／佐久間宣行
アーティストがコンサートにおいて、それを望んでいる観客に対して完パケのトークを提供し、歌を歌わない状態。この項、テレビ東京のプロデューサー佐久間宣行の発言（『佐久間宣行のオールナイトニッポン0』2019年〜）をそのまま引用したものなり。（尚）

サヨナラ サヨナラ サヨナラ
／淀川長治、小松政夫

黒縁メガネに太い眉毛を上下に動かしながら『日曜洋画劇場』(テレビ朝日系)のエンディングで、淀川長治がお茶の間に向かって告げたお別れの挨拶。1960～63年に同局で放送された西部劇のテレビ映画シリーズ『ララミー牧場』を放送する際に、どうしても尺が余ってしまうと、時間調整のために解説コーナーが設けられたのがきっかけという。子供たちから小松政夫まで多くの人に、淀川節が真似された。ちなみに、**爆笑問題**太田光は『広告批評の別冊　淀川長治の遺言』(マドラ出版)で「いつか映画を創って淀川さんに褒めてもらう。というのが学生時代からの私の目標だった」と追悼文を寄せている。(松)

さりとて／月亭八方

「しかしながら」というニュアンスで「さりとて」と口語で言うのは、もはや月亭八方だけである。(尚)

３５億 さんじゅうごおく／ブルゾンちえみ

ブルゾンちえみの決め台詞。前髪を揃え、長袖のシャツにタイトなスカート、黒いハイヒールを履いたキャリアウーマンが『Dirty Work』(オースティン・マホーン)という曲に乗せてステージを闊歩する。後ろには二人の男性(お笑いコンビ**ブリリアン**)を従えて。彼女は自信たっぷりにキャリアウーマンとしての処世術を語り、いい女は男を追いかける必要などない、男にこちらを発見させるのだ、と観客を煽動する。「地球上に男は何人いると思ってるの。……35億」という台詞を音楽や所作も含めてキメるのが格好いい。男性が引き立て役で半裸になったりするのも、従来にないスタイル。大人気だったが、5年に満たない活動で2020年3月に所属事務所を退社。以降、「藤原史織」名義で活動をしている。ブリリアンも解散。(尚)

さんちゃん、来ちゃった
さんちゃん、きちゃった／島田紳助

『オレたちひょうきん族』で、島田紳助扮する謎の女が、明石家さんまの自宅マンションの前で待っているという設定で恨めしげに繰り出す爆弾フレーズ。かつて付き合っていた彼女と、自宅で紳助が鉢合わせた際、さんまが「彼女じゃなくてクリーニング屋だ」と言い張り、洗濯物を持たせて帰らせたエピソードが元になっているという。またの名を「白いブーツの女」、「回転女」とも呼ばれていた(松)

サンデー志ん朝は これから放送でーす
さんでーしんちょうはこれからほうそうでーす
／古今亭志ん朝

1962年（昭和37年）、古今亭朝太が志ん朝を襲名し真打昇進。その年にスタートしたのがこの番組『サンデー志ん朝』（フジテレビ系）。オープニングで「サンデー志ん朝はこれから放送でーす」と叫んでいた。当時、水曜日になると「週刊新潮は明日発売でーす」とテレビからCMが流れたのでそのパロディ。志ん朝は志ん生の息子ということもあり、お洒落で芸も明るくスマートで元祖若旦那、大人気。真打を抜かれてふてくされた談志は翌63年に真打。この番組は日曜の午後1時からの15分。コントと今週の有名人株式市況など。出演者は他に谷幹一、熊倉一雄、藤村俊二ら。（高）

残念！ ざんねん！／波田陽区

ギターを持った着流しの侍が登場し「拙者、ギター侍」と名乗る。そしてギターをかき鳴らしはじめると、有名人（例えば石原良純）をサカナにして、いかにもその人が言いそうなフレーズ（「おれの親父は都知事だぜ。気象予報もできるんだ。明日は晴れだ」）を紹介し「〜って言うじゃない？」と続ける。しかし、次の段でその人を一刀に斬り捨て（「でもアンタ、明日は晴れでもあなたの目の上に雨雲が乗ってますから！」）、「残念！」「○○斬り」と叫んでギターを振り下ろす。2004年頃にブレイク。有古弘行のような有名人ディスリネタの走りであった。（尚）

3の倍数と3がつく 数字のときだけアホになります
さんのばいすうとさんがつくすうじのときだけ
あほになります／世界のナベアツ

タレントの「渡辺あつむ」が「世界のナベアツ」名義で披露したネタ。文字通り、1から数字を数えていき、3、6、9、12、13……と条件が揃った時のみ、「さぁーん」と甲高い声をあげ、アホの顔をしてみせる。素の状態では、コールマン髭を生やし、髪をポマードで固めた「ちょい悪」風の雰囲気なので、アホになったときの落差が大きい。小学生が大いに真似をした。2011年、桂文枝に入門。桂三度の名前をもらい、現在は落語家である。（尚）

さんぺーです／三瓶

ピン芸人の三瓶が、丸顔を両手で片手ずつ引っ張るような仕草とともに「さんぺーです」と自己紹介する。それだけ。2010年代はじめ、二代目・林家三平が「よく混同される」と言っていたが、三瓶の本名は三瓶友敬。名字なのだ。（尚）

シェー／イヤミ

1964年、ギャグ界にとって衝撃的な「シェー」が誕生した。赤塚不二夫の漫画『おそ松くん』は「週刊少年サンデー」（小学館）62年4月からはじまっているが、初めて64年5月に釣り堀の主人を演じたイヤミが、おどろいて飛び跳ねながら歴史的な初シェーを叫んでいる。この、自称おフランス帰りのキザな紳士に当時の子供たちは熱狂した。結婚式でも法事でも集合写真の時、子供たちは全員「シェー」のポーズをとった。(高)

ジェネリック！／清水ミチコ

ジェネリックとは先発医薬品の独占的販売期間の終了後に発売される、成分、効能・効果、用法・用量が原則同じで低価格な後発医薬品のこと。東和薬品のジェネリック商品を紹介するCMで黒柳徹子の決め台詞。黒柳は2004年から同社のCMに出演しており、これを気に入った清水ミチコが、徹子の真似をする時には必ず「ジェネリック！」で締めている。『ザ・ベストテン』（TBS系）の頃と違い、歯のかみ合わせが悪い滑舌まで完コピをするところが、ジェネリックタレントらしい芸の細やかさである。(松)

鹿のドドくんです！
しかのどどくんです！／太田光

『高田文夫のラジオビバリー昼ズ』を日本一話題にする番組としてもおなじみなのがTBSラジオの『爆笑カーボーイ』（火曜深夜）。日曜日に生放送でやってるのが『爆笑問題の日曜サンデー』。その中の「都々逸コーナー」に登場するゆるキャラが、「鹿のドドくん」。正体はもちろん太田光。スタジオではツノが生えた「ドドくん帽」をかぶっているが、ラジオなのであまり知られていない。(松)

地獄に堕ちるわよ
じごくにおちるわよ／細木数子

六星占術の占い師である細木数子の決め台詞。細木は2000年代の前半にはテレビに数多く出演し、芸人相手に一歩も引かぬトークを聞かせた。占星術によってその人の行く末を見通し、アドバイスを聞かないと地獄に堕ちると断言する。毒もありドスも効き、女性の枠を越えたキャラクターであった。小沢昭一はテレビに出てきた当初の細木数子を「芸」として面白がっていた。細木を話術たくみに客を引き込む香具師（かぐし）や家相見の末裔として見ていたのだろうか。(尚)

自宅ック玉ちゃん
じたっくたまちゃん／玉袋筋太郎

古き良きスナック文化の普及を目指し、全日本スナック連盟の会長もつとめ、飲みイベント「スナック玉ちゃん」も開いていた**浅草キッド**の玉袋筋太郎が、新型コロナウイルスの影響を受け自宅でただただ飲む様子を配信したYouTube飲み会のこと。終電の心配も、からまれる心配もない究極のソーシャルディスタンスを守ったスナッカーズたちが、画面越しにカンパイした。(松)

ジッとガマンの子であった
じっとがまんのこであった／笑福亭仁鶴

大塚食品"ボンカレー"のCM（1972年）。『子連れ狼』の主人公、拝一刀となった仁鶴、子供の大五郎に「3分間 待つのだぞ」。そこにナレーションがかぶって「ジッとガマンの子であった」。仁鶴は吉本が生んだその時代の大阪の若者たちのトップスター。すぐにアイドル人気とも言える桂三枝が出て、それを追った形で『嘆きのボイン』（→p.134）で月亭可朝が現れた。（高）

しもしもー／平野ノラ

1980年代、ギョーカイ言葉が**とんねるず**などを経由し、世間一般に流出。テレビ関係者、代理店風のもの言いが、露悪的な特権意識のニュアンスも含めて面白がられた。最も流行ったのはビールのことをルービー、でかいをカイデーなどという「逆さ言葉」。その当時の空気感を、ボディコンに身を包んだ平野ノラがネタにしている。ワンレングスの髪形をかきあげて、コード付きの携帯電話で「しもしもー」と話すのだ。平野ノラ自身は78年生まれ。子供の頃にバブルの時代を観察していたのだろう。（尚）

ジャスティース！
／サンシャイン池崎

バンダナに袖無しシャツという扮装のサンシャイン池崎は、超大声で自己紹介をはじめるが「サンシャイン池……袋の近くでアルバイトしている」とか「笑いを愛し笑いに愛された男」とか、延々と前口上が続き、肝心の名前を言わない。数分後にようやく「サンシャイン池崎！」と名乗るとポーズを決めて「ジャスティース！」と叫ぶ。鹿児島の実家が崩壊寸前（元の家が火災で焼失し、父親が自分で建てた小屋）であることがテレビで紹介され、視聴者に衝撃を与えた。池崎は2018年に500万円を投じて新築一軒家を両親にプレゼントした。（尚）

じゃっどん／西田敏行

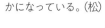

薩摩弁（鹿児島弁）で「しかし」とか「ではあるけれど」と、前の言葉を打ち消す逆接の接続詞。語尾の「ごわす」と共に薩摩弁を広めたのがNHK大河ドラマ『翔ぶが如く』（1990年）。西田敏行が演じた西郷隆盛の口癖がお茶の間に浸透していった。実は西田は薩長と激しく敵対した会津（福島）出身。西郷さんのオファーを受け躊躇したというが、のちに同局の『ファミリーヒストリー』に出演した際、ルーツが薩摩藩の武士だったという運命的な事実も明らかになっている。（松）

シャープでホットなハイ・ヤング ／中津川弦

マセキ芸能の芸人・中津川弦の自己紹介フレーズ。蝶ネクタイ姿で、町でみかけた光景や、身の回りの出来事をモチーフにした漫談を披露する中津川。「おいら〜なんだぜ」などと昔の日本映画のような言葉遣いがおかしい。小咄の前に「面白いですよー」とわざと言ったりもする、悪い子。**ナイツ**独演会の司会をしたり、晩年の内海桂子の高座ではアシスタントになったり、マセキ芸能の執事役。夫人であるおカヨ坊は『ビバリー昼ズ』の投稿常連である。(尚)

ジャンガジャンガ ／アンガールズ

アンガールズがショートコントのブリッジとして見せる、決まった動きと音楽のこと。山根良顕と田中卓志が見せるショートコントは、日常の些細なボタンの掛け違いをくったようなものが多く、その淡泊さに味がある。そしてネタが終わると同時に二人の「ジャンガジャンガ……」という口ギターにのせて、田中が前、山根が後ろという配置で両手をクロスさせる動きを見せる。それ自体に意味は無いが、これをやることでネタに「額縁」が付き、完結した感じになる効果がある。2004年放送の『爆笑問題のバク天!』(TBS系)あたりからよく知られるようになった。(尚)

ジャングルハウス ／初代・林家三平

他愛のない小咄を連発した初代・林家三平。「あたしだって英語くらいできるンすから、もう。この間、外人さんから『WHAT'S YOUR NAME?』って聞かれたから考えて『林家だから……ジャングル　ハウス!』『OH　ジャングル　ハウス!?』『三平だから……スリー……平はおならだと思ったからスリーガス!』」この程度のことで小学生の私は笑っていたのである。(高)

ジュリー!! ／樹木希林

テレビドラマ『寺内貫太郎一家』(TBS系 1974年)で樹木希林が演じる石屋の「きん」婆さんが、自室に貼った沢田研二のポスターに呼び掛けながら身もだえるギャグ。この時、樹木希林はまだ30代前半だったというのがスゴい。単にふけ役を演じたというだけでなく、コメディアンの女方がそうであるように、自分自身のマテリアルである「女」を使わず、外側からお婆さんにアプローチしている頭の良さ。脚本が向田邦子、演出が久世光彦。ただしこのギャグは台本にはなかったという。樹木希林は晩年の『万引き家族』(ギャガ)でもしたたかな一家の老婆を魅力的に演じていた。(尚)

じゅんじゅわー ／堀内健

まもなく結成30年を迎える**ネプチューン**の堀内健のギャグ。「じゅんじゅわー」と言いながら、つぼめた両手を上向きに広げ、下の方から何かが沸き上がってくるさまを表

現する。ニュアンスとしては「緊張してお
しっこをちびるイメージ」とも「感動があ
ふれ出るさま」とも、もっとエッチな描写
ともとれる。マジメに解釈してもしょうが
ない。他に「1ドル2ドルくい込んドル」
というギャグもある。だから真面目に解釈
してもしょうがないんだって。(尚)

純情詩集
じゅんじょうししゅう／三遊亭歌笑

終戦直後の暗い世の中に、自作の落語『歌
笑純情詩集』で爆発的人気。早い話が七五
調の小咄なのだが、その怪異な容貌がどこ
か面白かったのだろう。「豚の夫婦がのん
びりと、畑で昼寝をしてたとさ　夫の豚が
目を覚まし　女房の豚に言ったとさ……」
てな調子で続きバカうけしたときく。昭和
22年歌笑を襲名して真打、25年銀座にて
米軍ジープにはねられて即死。戦後の日本
を明るくして32歳で死んでしまった。後年、
映画『おかしな奴』(東映)で渥美清が歌
笑を演じた。(高)

冗談じゃないよ～～
じょうだんじゃないよ～～
／ビートたけし

「アルプス工業」
の刺繍入りジャ
ンパーを羽織り、
ニッカポッカ姿でヒ
ゲ面の「鬼瓦権造」に
扮したビートたけしが、カメラに向かって
片手を差し出してつぶやく口癖。かつて浅
草のフランス座で修行していた頃にビート
たけしが遭遇した実在の人物がモデルとい
う。『オレたちひょうきん族』の「タケちゃ
んマン」のコントから生まれたキャラだと
思っている人も多いが、初登場は1983年か

らフジテレビで不定期に放送された『タケ
ちゃんの思わず笑ってしまいました』。ちな
みに鬼瓦権蔵の©は高田文夫である。(松)

しょうゆうこと／村上ショージ

村上ショージが醤油の瓶を手にして言うギャ
グ。「そういうこと」の地口。愛媛県今
治市出身の村上昭二は、広島県因島の定時
制高校に通いながら、昼間は日立造船因島
工場で溶接工をしていた。テレビで『ヤン
グおー！おー！』(毎日放送)の明石家さ
んまを見て「この人になりたい」と大阪に
出たのが1977年。以来、ピン芸人として
吉本の小屋に出演、近年は「憧れの
人」明石家さんまの側近として多
くの番組に一緒に出演している。
2008年の『FNS27時間テレビ』
(フジテレビ系)のラスト、さ
んまがカメラ目線で決めたの
が「しょうゆうこと」のひと
言だった！(尚)

女子あるある
じょしあるある／丸山礼

丸山礼が面白い。とりあえず「女子ある
ある」という言葉で立項してみ
たが、彼女の場合、決めフレ
ーズや定番ギャグは特にない。
テレビにも出るが、現在、充実
しているのはYouTubeのネタ。「さ
まざまな国のASMR女子」という
ネタでは、韓国、中国、インドネシア、アメ
リカ、日本のYouTube女子を見事に真似
る。真似るというか、韓国女子ってこうい
う感じだろうなあと思わせるところが巧い。
他、女優の土屋太鳳や大阪のギャルの真似、
美術部部長井上の主張とか、どこか病んで
いる感じが当世流でもある。(尚)

Q. 何と言っているでしょう？(答えはp.104)

ジョージ／いっこく堂

パ行(無声両唇破裂音)を出すことは不可能とされてきた腹話術界に革命を起こしたレジェンド・いっこく堂の相棒（人形）の名前。カタカナ表記で外国人かと思いきや、実は本名は「吉助氏」（きちじょうじ）。吉祥寺出身、恥ずかしがり屋の中年男性という設定。その他、師匠やカルロス・セニョール・田play作や、通称"サトル"ことサトル・シアトル・トンデールなど30体以上の一味を引き連れ、国内外を飛び回り活躍中。(松)

しらけ鳥音頭
しらけどりおんど／小松政夫

"しらけ鳥 飛んで行く 南の空へ みじめ みじめ～～ッ" ひたすらギャグを量産した小松の代表的な作品。『みごろ！たべごろ！笑いごろ!!』で大ヒット。レコードもたくさん売れた。その前にTBSの土曜昼の枠で渡辺プロが制作した『笑って！笑って！60分』(昭和50年～56年)、ここで伊東四朗と小松政夫のコンビが通人うけして、そのままナベプロは『みごろ！』へと最強コンビを持ってきた。この二つの番組から小松ギャグはたくさん披露され、「小松の親分さん」やら、『春の海』をツンツクツクツクツーンと歌う伊東と小松の「ツンツク親子」、「ニンドスハッカッカマー ヒジリキホッキョッキョ」、「わりーねわりーね ワリーネデートリッヒ」、「どーか ひとつ」、「どーして どーして こうなの おせーて」(p.43参照)、「もーイヤ こんな生活」、「長ーい目で見てほしい」。まだ芸能プロが番組制作にたずさわっていない時代、これらの番組をプロデュースしたナベプロの前原雅勝プロデューサーの手腕が凄い。(高)

しれ～とこ～の岬に～～ッ
しれ～とこ～のみさきに～～っ／森繁久彌

1960年、森繁は映画の撮影で知床に長期居て、ロケの終わる時にこの地で作詞作曲をした『しれとこ旅情』(日本コロムビア)を現地の人たち、撮影隊の前で披露。感動的な夜になったときく。70年、加藤登紀子がこれを歌って大ヒット。芸も詩も文章も森繁は何もかも超一級品だった。全て"森繁節"である。飲むと談志は私に言った。「いいか 間違えるなよ。戦後のあらゆる芸能・芸術においてその頂点、トップにいるのが森繁だということだ。歌舞伎だ、映画だ、流行歌だ、落語だと……あらゆるジャンルの上に居るのが森繁だ」。99年、三木のり平の葬儀（護国寺）に談志と出掛けた。中へ入ると一番前の席にポツンと老人がのり平の写真を見上げていた。私はすぐに気付いたので談志に「森繁先生、もういらしてますよ」と教えると、談志は子供のように思い切り一番前まで走って行き、もうこれ以上曲がらないというくらい、30度くらい頭を下げて、「ご無沙汰しております。」あんなに頭を下げる談志は見たことがなかった。人並はずれた森繁信奉者だった。私は少年期、森繁の家のすぐそばに住んでいたので、いつも庭に忍び込み柿や栗を盗んでは棒を持った森繁に追いかけられていた。(高)

新御三家
しんごさんけ／野口五郎・西城秀樹・郷ひろみ

『カックラキン大放送!!』などバラエティ番組でもコントのセンスを見せた野口五郎、西城秀樹、郷ひろみ。三人のアイドルを"新御三家"と呼んだ。野口五郎のダジャレ（今

で言うおやじギャグ）は1970年代のテレビの名物だった。「野口さん、何時頃いらっしゃいます？」「六時ゴロー」。「西城さん、今おいくつ？」「ヒデキ カンレキ！」。そして郷ひろみには若人あきらという"動くパロディ"が居た。ちなみに「新」の前の旧「御三家」は橋幸夫、舟木一夫、西郷輝彦である。語源の"徳川御三家"は尾張、紀州、水戸。またまたちなみに"花の中三トリオ"と呼ばれた超アイドルが森昌子、桜田淳子、山口百恵。いつも多忙すぎる百恵をハイヤーで目黒の日出学園まで迎えに行き車中で台本を渡し、コントの読み合わせをし麹町の日本テレビのスタジオへ送り込み衣装に換えて即本番。この迎えと自分の書いた台本読みをさせてたのが私。(高)

死んでもらいます
しんでもらいます／高倉健

昭和40年代前半（ここはまさに昭和と表記）、熱狂的に支持された東映の任侠映画。高倉健は『昭和残侠伝』（唐獅子牡丹が有名）、『日本侠客伝』、『網走番外地』と人気シリーズを量産し続けた。中でも唐獅子牡丹の刺青も鮮やかに長ドス一本、敵地に殴り込み、ドスのきいた声で「死んでもらいます」。これには、池袋の文芸坐で土曜日オールナイトで5本立てを見ている学生運動の闘士たちも一斉にスクリーンに向かい「異議なーーーし!!」。朝、映画館を出る時には皆、口々に"義理と人情秤にかけりゃ　義理が重たい男の世界〜〜ッ"と歌っていた。(高)

心配ないさぁー
しんぱいないさぁー／大西ライオン

吉本興業所属、大西ライオンのフレーズ。ミュージカル『ライオンキング』の再現ネタを得意とする大西は、上半身裸でライオンのかぶりものを頭に乗せ、「心配ないさぁー」とミュージカル調に叫ぶ。劇団四季の舞台にインスパイアされたフレーズ。このギャグで2008年頃に知られるようになった。(尚)

新聞によりますと
しんぶんによりますと／桂ざこば

日本テレビの『ウイークエンダー』（1975年〜84年）は、新聞の片隅に載った市井の事件を、番組リポーターが取材して視聴者に報告するという番組。なかで、強烈な印象を残したのが桂朝丸（のち二代目・桂ざこば）のリポートで、毎度「新聞によりますと……」という語り出しで、地方都市での三角関係のもつれの犯罪とか、しょうもない事件の顛末をアツく語った。犯人のフリップを叩いて「こいつが悪い奴っちゃ！」はバカうけ。この番組の特徴は、事件を野次馬的な視点で扱うところと、再現フィルムや取材映像に頼らず、あくまでもリポーターの「語り」で全容を伝えるという点にあった。その意味で落語的であり、「訥弁の雄弁」とでも言うべき、ざこば落語の形成に寄与した。(尚)

Q. 何と言っているでしょう？（答えはp.106）

し

芸人が書いた本 ベストセレクション

20世紀編

無類の芸好き、本好きの執筆陣が、芸人が書いた本の中で
特にお気に入りのものをチョイス。まずは20世紀に発行された本を見てみよう。
（21世紀編はp.166） 文：和田尚久

そもそも——日本語の言文一致の文章は、明治20年代に二葉亭四迷の『浮雲』によってはじまった。執筆前、現代の文言をどう書くべきかと悩んでいた四迷に「圓朝の噺を知っているだろう。あの調子で書いてみたら」と助言したのが坪内逍遙博士。つまり近代の散文と落語はそれくらい密接な関係にあった。

噺家の随筆では三遊亭圓生『寄席育ち』（青蛙房）、三代目・三遊亭金馬の『浮世だんご』（つり人社）もいい。特に金馬の文章は高座と同じく明晰で巧い。

ビートたけしはトーク本の他に小説も多く、1980年代の『あのひと』（新潮社）や『やじろべえ』（『あのひと』に収録）など、実にいい。当時「山口瞳に50万くらい渡して直木賞取れないかな」とジョークを飛ばしていたっけ。

執筆陣お気に入りの芸人本

家元が落語の
核心を説く
『現代落語論』
立川談志 三一書房 1965年

天衣無縫な
天才の自伝
『まいど！横山やすしです』
横山やすし ブック館 1976年

ツービートの毒が
てんこ盛り！
『わッ毒ガスだ！』
ツービート ベストセラーズ 1980年

憎まれっ子は
世にはばかった
『遺書』
松本人志 朝日新聞社 1994年

抱腹絶倒の
紙上漫才
『爆笑問題の日本原論』
爆笑問題 宝島社 1997年

異色喜劇役者の
真摯な生き様
『この顔で悪いか！』
伊東四朗 集英社 1997年

当世の講談師を
解説
『講談師ただいま24人』
一竜斎貞鳳 朝日新聞社 1968年

文楽師匠の半生を
聞き語り
『あばらかべっそん』
桂文楽 青蛙房 1957年

戦後日本を生き抜いた
壮絶な半生
『びんぼう自慢』
古今亭志ん生 立風書房 1969年

戦前から戦後の
昭和史でありロッパの業
『古川ロッパ昭和日記』
古川緑波 晶文社 1987年

隙があったらかかってこんかい
すきがあったらかかってこんかい／岡八朗

吉本新喜劇は、毎回、一応のスジは違うのだが（原則的に再演はナシで、過去の台本はすべて捨てていたと作者の檀上茂氏に聞いた）似たような人物が登場し、おなじみのギャグを見せる。1966年〜72年に座長をつとめた岡八朗は、もの凄く腰の引けた格好でヤクザに「隙があったらかかってこんかい」と凄み「こう見えて空手やってたんや……通信教育やけどな」。花紀京は同じ状況でビール瓶をヤクザに突きつけ、「この角度で行け」と隣の原哲夫にすっと渡してしまう。他にも木村進の婆さん役など、名演はとても書き切れない。今日はこのくらいにしといたるわ！（尚）

好きんなっちゃう
すきんなっちゃう／シソンヌ（じろう）

長谷川忍とじろうの二人組シソンヌのネタ。気弱な女に扮したじろうが不動産屋を訪れ、物件を紹介されるたびに「ダメ、好きんなっちゃう」と、見せられたノートパソコンを閉じてしまう。じろうの女装ネタは誇張よりも、町の片隅にいそうな人間をスケッチしている。他に「産みたいじゃない、女だもん」というキャラクターもある。シソンヌは2014年、「キングオブコント」優勝。（尚）

す・ご・い・で・す・ネッ／所ジョージ

所ジョージが、何かにおどろいたり褒める時の口癖。『笑っていいとも！』に高田純次と共に出演した「J＆Jのスゴいですネェ！」コーナーで「すんごいですね〜！」を連発したことで話題となり1984年の第一回新語・流行語大賞で大衆賞を受賞している。現在は数多くの人気番組の司会者として活躍しているが、もともとは「所沢の柳ジョージ」を自称したシンガーソングコメディアンだったのを知ってる人は少なくなりつつある。（松）

すんのかい せんのかい
／すっちー＆吉田裕

吉本新喜劇の女方・すっちーと、吉田裕によるギャグ。まず、吉田がチンピラやヤクザといった役柄で飲食店などに乗り込んでくる。気丈なすっちー扮するすち子は、薪雑把を片手に「出ていきなさい」と一喝。二人は対立する。吉田はすち子を威嚇するが、彼女はたくみに薪雑把を操り、男をしばき、やがて乳首を棒の先でぐりぐりする。吉田は「乳首ドリルすな！」と怒るが、すち子は聞かない。彼女はドリルをするような素振りを見せるが直前でやめるなどのフェイントを繰り返し、吉田は「すんのかい……せんのかい……すんのかい」と苦悶。ラストに「すんのかーい！」と大きく叫ぶまでが定型になっている。2010年頃に初披露。今では月亭八方が落語のギャグに使ったりと、すっかり定着している。（尚）

声帯模写
せいたいもしゃ／古川ロッパ

エノケンと並び称された戦前から戦後の東京喜劇の御大。そもそも男爵の息子だから家柄も良く、なにしろインテリであった。タレントの時は「ロッパ」、原稿を書く時は「緑波」と使い分けていた。それまで"声色"と呼ばれていた芸を"声帯模写"と名付けた。今は"モノマネ"と呼ばれているジャンルである。絶頂を極めたロッパだが、エノケン同様、晩年は寂しいものがあった。(高)

性欲が高まった
せいよくがたかまった／大久保佳代子

オアシズの大久保佳代子の言葉。近年の彼女はトーク番組などで自分自身のバイオリズムを客観視し、今は「性欲が高まってきている」とか、逆に「性欲が落ち気味」などとごく平静に語る。広義の下ネタだが、湿った感じはなく、むしろ「乾きつつある自分」を材料にしているのが特徴。かつての女芸人は「不細工」「モテない」といじら

れるパターンがあった（つまり、いじるほうもいじられるほうも「器量がいい」「モテる」を最上とする前提に立っている）が、大久保の場合は「ま、独りでいいか」というスタンスで、そこが時代を映している。(尚)

咳 声 喉にアサダアメ
せき こえ のどにあさだあめ／永六輔

放送作家のCMは「浅田飴」の永六輔、万年筆の大橋巨泉などが有名だが、お笑いマニアしか知らない所で高田文夫と小遊三の「居酒屋村さ来」。高田とたけしの「アサヒビール」。高田と志ん朝の「ニチレイの焼きおにぎり」などがある。何でもやるのが電波芸者。永六輔は残している。「職業に貴賤はないと思うけど生き方には貴賤がありますねェ」。(高)

責任者出てこーい
せきにんしゃでてこーい／人生幸朗・生恵幸子

1970年代に"ぼやき漫才"で人気を集めた大阪の師匠。晩年は歌謡曲ばかりに難クセをつけてボヤいていたがその前は色んなものにボヤいていたと『米朝・上岡が語る昭和上方漫才』(朝日新聞社)で語っている。「ただ今ヒット中の〇〇って曲ですけど……」と相当古い歌を出してきて、客はそのズレを面白がったりもした。「リンゴの唄……リンゴは何にも言わないけれど──当

たり前や　リンゴがいちいち言うたら八百屋のおっさん、やかましうて寝てられへん！責任者出てこーい」。難クセである。(高)

説明会はもうはじまっているんですよ
せつめいかいはもうはじまっているんですよ
／イッセー尾形

一人芝居の名人・イッセー尾形の作品には、すぐれたフレーズが散りばめられていた。サングラスで、マイクを指三本で持った「指導員」による怪しい「説明会」では、独特のトークで静かに参加者をアブない世界（マルチ商法か、カルト入会か）に巻き込んでいく。または、ナイフとフォークで食事をしながら息子に語りかける「キヨト」というネーミングの説明抜きの不穏さ。あるいは、家族旅行に出かけた父親が、旅館の和室で自分を説得するように繰り返す「幸せだなぁ」。1981年『お笑いスター誕生』（日本テレビ系）を機に広く知られるようになったが、寄席演芸でも映画やテレビでもなく、「一人芝居」でしか表現しえない世界を、イッセーと森田雄三（演出家）はつくり続けた。(尚)

ゼロカロリー理論　ぜろかろりーりろん
／サンドウィッチマン（伊達みきお）

サンドウィッチマンの伊達みきおが提唱す

る画期的な熱量の法則。2017年に『アメトーーク』（テレビ朝日系）の「ついつい食べすぎちゃう芸人」特集で「カロリーは真ん中に集まる。ドーナツは真ん中が空いている。だからカロリーゼロ」という常識外れの三段論法を展開。ドーナツ以外にも「アイスクリームはカロリーが凍っているからゼロ」など多くの食品のカロリーを限りなく消滅させる技術を有している。ただし本人が痩せたという話は聞いたことがない。(松)

僭越ながら
せんえつながら／博多華丸・大吉

福岡の吉本から上京、やがて「THE MANZAI 2014」で優勝という出世魚コンビである博多華丸・大吉のヒットネタ。宴会やパーティーという状況で、乾杯の音頭をとることになった華丸がグラスを手にして「僭越ながら」と語り出すが、どうでもいいベタな話題が延々と続くというもの。課長クラスの男が本人だけは〈ユーモアたっぷり〉のつもりで「スピーチとスカートは短い方がいい……なんてことを言われますが」とか「私とＸＸさんの絆はアスファルトよりも固い」などと喋り続ける、サラリーマン社会のスケッチである。そして、いきなり「カンパーイ！」と杯をあげ、「できるか！」と大吉に突っ込まれる。同じ構成で「中締めの挨拶」をするバージョンもある。(尚)

全集中！　○○の呼吸！
ぜんしゅうちゅう！　○○のこきゅう！／『鬼滅の刃』

記録的大ヒットアニメ『鬼滅の刃』から生まれた言葉。鬼殺隊士たちが習得する特殊な呼吸法。幼児から芸人はもちろん、菅総理も答弁で引用し失笑を買った。(松)

Q. 何と言っているでしょう？（答えはp.110）

そだねー／LS北見

平昌オリンピック冬季大会（2018年）で、カーリング女子の銅メダルを獲得したLS北見の選手たちが使うフレーズ。北海道北見市を本拠に活動する彼女たちは「どさんこ言葉」のネイティブである。チームを引っ張る藤澤五月に至っては親の代からのカーリング一家で、生まれも北見市。次の一投をどうするか、相談し互いに「そだねー」と同意する姿が、真剣な表情と対照的でいかにもかわいい。休憩時間に作戦会議をしながら甘い物を食べる「もぐもぐタイム」もほのぼのとする。一方、帰国後に東京での記者会見でリポーターがむりやり「そだねー」と言わせたのはマズかった。日常の言葉、とくに方言は自然に出るからいいのに。(尚)

そっくり！ 姉の江里子です 妹の美穂です

そっくり！ あねのえりこです いもうとのみほです／阿佐ヶ谷姉妹

阿佐ヶ谷に在住の漫才コンビ**阿佐ヶ谷姉妹**がステージに上がった時、小ネタのあとで行う、つかみの挨拶。見た目も似ているうえに、以前は同じアパートの一室で共同生活を送るほどの仲良しで、実の姉妹と勘違いする人も少なくないが、本名は、渡辺（江里子）と木村（美穂）。叶姉妹と同じく血縁もなければ戸籍上でも赤の他人。「桃太郎がおばさんだったら」などオバサンネタも多く、生活感あふれるゆるキャラで、愛されている。(松)

その手でお釈迦の団子こねろ

そのてでおしゃかのだんごこねろ／中村勘三郎

平成以降の喜劇人十選を選ぶとしたら、十八代目中村勘三郎を外すわけにはいかないと思う。こう言っても、中村屋のファンは ── 本当のファンであればあるほど ── 怒らないだろう。勘三郎は歌舞伎の正統な後継者であるとともに、抜群の喜劇センスを併せ持つ名優であった。見出しの語は、繰り返し演じた『法界坊』の台詞の一つ。『白浪五人男』の神輿ヶ嶽の場でも、すーっと決めた「いい形」をふっと緩めて歩き出すだけで笑いになる。古典も新作も『雁のたより』の若旦那も、『狐狸狐狸ばなし』の伊之助も、野田版の鼠小僧もどれも巧くて面白かった。2012年に57歳で早世。六段目（『仮名手本忠臣蔵』）の勘平も含めて、そういえば、あっけなく死んでいく役が多かった。(尚)

それを言っちゃおしまいよ

それをいっちゃおしまいよ／車寅次郎（渥美清）

国民的映画『男はつらいよ』は1969年に誕生。フーテンの寅を演じる渥美清、本名・田所康雄。俳句も好きで俳号は「風天」。「それを言っちゃおしまいよ」は、「どんなに心の中で思っていても、口に出して良い事と悪い事がある」という場面で使われた台詞。寅さんはテキ屋なので様々な口上を聞かせてくれた。「四谷・赤坂・麹町、チャラチャラ流れる御茶ノ水、粋な姐ちゃん立小便」「結構毛だらけ 猫灰だらけ 尻のまわりは糞

だらけ」「見上げたもんだよ 屋根屋のふんどし」。映画の中で寅さん、こんな台詞も呟く。「思ってるだけで、何もしないじゃな、愛してないのと同じなんだよ」「貧しいなぁ うちのメニューは。もうちょっと何かこう 心の豊かになるおかずはないかい、例えば厚揚げだとか、筍の煮たのだとか」。(高)

渥美清（俳号・風天）作で
私の好きな句は、

「赤とんぼじっとしたまま明日どうする」
「ゆうべの台風どこに居たちょうちょ」
「お遍路が一列に行く虹の中」

(高)

有名すぎる！ 寅さんの仁義

数々のコントなどでパロディ化された、寅さんの挨拶フレーズをおさらいしておこう。

「私、生まれも育ちも
　葛飾柴又です。
　帝釈天で産湯を使い、
　姓は車名は寅次郎、
　人呼んでフーテンの寅と発します」

なお、映画第一作のポスターには「私、生れも育ちも葛飾柴又です 帝釈天で産湯使いました 根っからの江戸っ〔 姓名の儀は車寅次郎 人呼んでフーテンの寅と発します」とある。

そんなの関係ねぇ！
そんなのかんけぇねぇ／小島よしお

海水パンツ一丁で登場すると、BGMに乗せて短いネタを語り出す。「今度の営業決まったよ！ 北海道の雪まつり！ ヘタすりゃ死んじゃうよ」と自虐ネタでオチをつけると、左拳を下に向かって激しく上下させ、足はストンピングで「でもそんなの関係ねぇ！ そんなの関係ねぇ！」と続ける。ここで一気に緊張を高め、一転「はい、おっぱっぴー」と阿呆顔でブレイク、「チントンシャンテントン、チントンシャンテントン」と踊り出す。2005年頃に大流行。子供にウケのよかったネタで、特に幼い男子が真似をした。名門小学校にお受験させられた子が、面接の時、教師の質問に対して「そんなの関係ねぇ！」と踊り出し、不合格。怒った母親がマジで小島に抗議したという逸話も残る。2020年現在、東京メトロの「オフピーク通勤」の広告に出ている。1980年生まれ、40歳になった小島がおだやかで実にいい感じだ。(尚)

Q. 何と言っているでしょう？（答えはp.112）

モノマネレパートリー
清水ミチコ＆松村邦洋
ウソ（声）八百

芸を磨きに磨いた二人の、モノマネレパートリーを独占入手。
ラジオ等でリクエストする際の参考にしてほしい。

- 哀川 翔（俳優）
- 秋川 リサ（モデル、俳優）
- 秋吉 久美子（俳優）
- アグネス・チャン（歌手）
- 浅田 美代子（俳優）
- 浅野 ゆう子（俳優）
- 安部 譲二（作家、タレント）
- 天地 真理（歌手）
- アマビエ（妖怪）
- 綾戸 智絵（歌手）
- 淡路 恵子（俳優）
- 淡谷 のり子（歌手）
- 市原 悦子（俳優）
- 井上 陽水（歌手）
- 忌野 清志郎（歌手）
- 宇多田 ヒカル（歌手）
- うつみ 宮土理（俳優、タレント）
- 永 六輔（放送作家）
- えなり かずき（俳優）
- 大竹 しのぶ（俳優）
- 大原 麗子（俳優）
- 欧陽 菲菲（歌手）
- 蚊（昆虫）
- 加賀美 幸子（アナウンサー）
- 叶 恭子・美香（モデル、タレント）
- カラス（鳥）
- 川合 絵音（歌手）
- 樹木 希林（俳優）
- 菊川 怜（俳優、タレント）
- 菊池 桃子（俳優、歌手）
- 岸田 今日子（俳優）
- 北林 谷栄（俳優）

- 来宮 良子（声優、ナレーター）
- きんさん・ぎんさん（タレント）
- 楠田 枝里子（アナウンサー）
- 熊田 曜子（タレント）
- くまのプーさん（キャラクター）
- 黒木 香（元AV女優、タレント）
- 黒柳 徹子（俳優、タレント）
- 小池 百合子（政治家）
- 倖田 來未（歌手）
- 幸田 シャーミン（ジャーナリスト）
- 小宮 悦子（アナウンサー）
- 櫻井 よしこ（ジャーナリスト）
- 桜田 淳子（歌手、俳優）
- サグラダ・ファミリア（歴史的建造物）
- サザエさん（キャラクター）
- しずかちゃん（キャラクター・野村道子版）
- ジュディ・オング（歌手、俳優）
- 笑福亭 鶴瓶（落語家、タレント）
- 杉本 彩（俳優、タレント）
- スプレー（製品）
- 瀬川 瑛子（歌手）
- 高畑 淳子（俳優、タレント）
- 滝口 順平（声優、ナレーター）
- 田中 眞紀子（政治家）
- デヴィ夫人（タレント）
- 出川 哲朗（芸人、タレント）
- 天龍 源一郎（元プロレスラー）
- 土井 たか子（政治家）
- 戸川 純（俳優、歌手）
- ドナルドダック（キャラクター）
- ドラえもん（キャラクター・大山のぶ代版）
- 鳥山 あかね（歌手・鈴与グループCMソング）

- 中島 みゆき（歌手）
- 仲間 由紀恵（俳優）
- 中森 明菜（歌手、俳優）
- 那須 恵理子（ニッポン放送アナウンサー）
- 朴 槿恵（元政治家）
- 元 ちとせ（歌手）
- 浜崎 あゆみ（歌手）
- 平野 レミ（料理愛好家）
- ピンクの電話（芸人、タレント）
- ファックス（通信機器）
- 福島 みずほ（政治家）
- フジ子・ヘミング（ピアニスト）
- 松田 聖子（歌手、俳優）
- 松任谷 由実（歌手）
- ミッキーマウス（キャラクター）
- 美輪 明宏（歌手、俳優）
- 桃井 かおり（俳優）
- 森山 良子（歌手、タレント）
- 山口 美江（タレント）
- 山口 もえ（タレント）
- 山口 百恵（元歌手）
- 薬師丸 ひろ子（俳優、歌手）
- 矢野 顕子（歌手）
- 山瀬 まみ（タレント）
- 山田 邦子（芸人、タレント）
- 山根 明（日本ボクシング連盟元会長）
- 山根 基世（アナウンサー）
- YOU（タレント、俳優）
- 由紀 さおり（歌手、タレント）
- 吉田 日出子（俳優）

清水 ミチコ（しみず みちこ）

1月27日生まれ。岐阜県高山市出身。ラジオ番組の構成作家を経て、1986年に渋谷ジァンジァンにてライブ。得意のモノマネ芸などを披露し、永六輔氏の目に留まる。1987年から『笑っていいとも！』、1988年から『夢で逢えたら』にレギュラー出演。以降、数々のバラエティ番組をはじめ、女優としてもドラマ、映画などでも活躍。2013年からの年末年始の武道館ライブは、毎年恒例の"福笑い行事"。

- 浅香 光代（俳優）
- 浅野 忠信（俳優）
- 麻生 太郎（政治家）
- 安倍 晋三（政治家）
- 阿部 寛（俳優）
- 生島 ヒロシ（アナウンサー、タレント）
- 石井 光三（芸能プロ社長）
- 石破 茂（政治家）
- 石橋 貴明（芸人、タレント）
- 上島 竜兵（芸人、タレント）
- ウド鈴木（芸人、タレント）
- 枝野 幸男（政治家）
- 江夏 豊（元プロ野球選手）
- 王 貞治（元プロ野球選手）
- 大泉 洋（俳優）
- 大沢 啓二（元プロ球選手）
- 大杉 漣（俳優）
- 大滝 秀治（俳優）
- 岡田 彰布（元プロ野球選手）
- 掛布 雅之（元プロ野球選手）
- 片岡 愛之助（歌舞伎役者、俳優）
- 片岡 鶴太郎（タレント）
- 桂 小枝（落語家）
- 加藤 一二三（元棋士）
- 上岡 龍太郎（元芸人）
- 川藤 幸三（元プロ野球選手）
- 北野 大（化学者、タレント）
- 木村 拓哉（アイドル）
- 木村 匡也（ナレーター）
- 草刈 正雄（俳優）
- 国広 富之（俳優）
- 桑田 佳祐（歌手）
- 小泉 純一郎（元政治家）
- 小日向 文世（俳優）
- 近藤 正臣（俳優）
- 近藤 真彦（アイドル）
- 今野 浩喜（芸人、俳優）
- 堺 雅人（俳優）
- 五代目・三遊亭 圓楽（落語家）
- 清水 圭（芸人、タレント）
- 笑福亭 鶴瓶（落語家、タレント）
- 笑福亭 仁鶴（落語家、タレント）
- 須田 慎一郎（ジャーナリスト）

- 関野 浩之（アナウンサー）
- 世良 公則（歌手、俳優）
- 大平 シロー（芸人）
- 高田 純次（タレント）
- 高田 文夫（放送作家）
- 貴闘力（元力士）
- 貴乃花（元力士）
- 高野 浩和（『スクールウォーズ』イソップ）
- 高橋 克実（俳優）
- 高橋 克典（俳優）
- 高見盛（元力士）
- 滝口 順平（声優、ナレーター）
- 田中 トモロヲ（俳優）
- 武田 鉄矢（歌手、俳優）
- 竹中 直人（俳優）
- 達川 光男（元プロ野球選手）
- 辰巳 琢郎（俳優）
- 立川 談志（落語家）
- 田原 総一朗（ジャーナリスト）
- 津川 雅彦（俳優）
- 筒井 道隆（俳優）
- 出川 哲朗（タレント）
- 寺門 ジモン（芸人、タレント）
- 直江 喜一（『3年B組金八先生』加藤優）
- 中居 正広（タレント）
- 中尾 彬（俳優）
- 長嶋 茂雄（元プロ野球選手）
- 中村 梅之助（歌舞伎役者）
- 中山 秀征（タレント）
- 南原 清隆（芸人、タレント）
- 西川 のりお（芸人、タレント）
- 西田 敏行（俳優）
- 西村 まさ彦（俳優）
- 西本 幸雄（元プロ野球選手）
- 野村 克也（元プロ野球選手）
- 林家 ペー（芸人、タレント）
- 春一番（芸人）
- パンチョ伊東（元ドラフト会議司会者）
- 板東 英二（元プロ野球選手）
- 東野 幸治（芸人、タレント）
- ビートたけし
- 平泉 成（俳優）
- 福山 雅治（歌手、俳優）

- 古舘 伊知郎（アナウンサー）
- 星野 仙一（元プロ野球選手）
- ボビー・オロゴン（タレント）
- 松田 翔太（俳優）
- 松村 達雄（俳優）
- 松村 雄基（俳優）
- 松本 人志（芸人、タレント）
- 三宅 裕司（俳優、タレント）
- 宮田 恭男（元俳優）
- 森 光子（俳優）
- 森山 周一郎（俳優、声優）
- 柳沢 慎吾（タレント）
- 山下 真司（俳優）
- 山田 雅人（芸人）
- 吉川 潮（作家）
- 吉田 義男（元プロ野球選手）
- 笠 浩二（C-C-Bドラマー）
- ルー大柴（俳優、タレント）
- 渡部 篤郎（俳優）

タレント以外
- 木村 忠寛（CXものまねP）
- 〆谷 浩斗（電波少年D）
- 濱 宏（太田プロMG）
- 財津 敏郎（太田プロMG）
- 荻野 良乙（太田プロMG）
- 大竹 昇司（太田プロMG）

『ビバリー昼ズ』ネタ
- アントニオ猪木（元プロレスラー）
- ウィルフィン・オビスポ（元プロ野球選手）
- 籠池 泰典（森友学園元理事長）
- 桂 竹丸（落語家）
- シャンシャン（ジャイアントパンダ）
- 筒香 嘉智（プロ野球選手）
- ドン川上（芸人）
- 松本 秀夫（ニッポン放送アナウンサー）
- 山根 明（日本ボクシング連盟元会長）

松村 邦洋（まつむら くにひろ）

1967年8月11日生まれ。山口県出身。大学生の頃、バイト先のＴＶ局で片岡鶴太郎に認められ芸能界入りする。ビートたけしをはじめとする、従来にないものまねで一躍有名になる。特に高田文夫氏のものまねは、ものまねの域を超えた定番ギャグとしてブームに。野球・歴史の知識が豊富で、多くの人に愛されるタレントを目指しバラエティ、ドラマ、ラジオで活躍中。

だいたいやね〜／竹村健一、タモリ

政治評論家でジャーナリストの竹村健一が
パイプをくわえ、国内外の政治や国際情勢
を語ろうとする際のお約束のひと言。アク
の強い独特のキャラにいち早く注目したの
がタモリ。竹村健一に扮して、ソファーに
座りパイプを片手に「まぁ、だいたいやね〜」
と言いながら竹村健一が言いそうな筋立て
と語彙を駆使して「冷やし中華」や「アン
パン」などを語るという芸を考案。モノマ
ネの世界に、考え方や内面を真似る手法を
確立。1970年代のタモリ人気の高まりと共
に、竹村健一本人も自ら意識
して使うようになった。(松)

大どんでん返し
だいどんでんがえし／石橋貴明

フジテレビ『ねるとん紅鯨団』(1987年〜
94年)のお見合い企画で、予想を覆すよ
うな展開が起きた時に、MCの石橋貴明が
口にしたフレーズ。土曜深夜枠ながら
24.7%の最高視聴率を記録する人気番組
となり、「ねるとん」という言葉自体が、「お
見合い」の意味で使われるようになり、全
国で「ねるとんパーティー」イベントが開
催された。自己紹介の後、フリータイムを
経て、告白タイムでは「ちょっと待った〜」
の言葉と共に恋のライバルが登場するのも
お約束のパターン。(松)

抱かれとるやないかい！
だかれとるやないかい！／尼神インター(渚)

誠子(背の高いほう)と渚(ヤンキー風の
ほう)の女子コンビ尼神インターのネタ。
二人で恋愛観の話になり誠子が「わたしは
簡単に男の誘いには乗らない」と言い出す。
じゃあ、〈ナンパされる〉状況をやってみ
ようということになり、渚が男役で誘いを
掛けるが、どの状況でも簡単にキスさせた
り抱かれたりするので、「抱かれとるやな
いかい！」と突っ込む。誠子は「抱かれて
んなあ」「抱かれましたねえ」と人ごとの
ように感想を言う。「尼神インター」とい
うコンビ名、いかにも高速道路にありそう
だが、実在はせず、二人の出身地「尼崎」
と「神戸」をくっつけた造語とのこと。
2011年、「第32回ABCお笑いグランプリ」
新人賞受賞。(尚)

タケちゃんマン
／ビートたけし

『オレたちひょうきん族』
から生まれた最大・最強の
ヒーロー。ビートたけし演じるタ
ケちゃんマンと宿敵ブラックデビル
(もちろん明石家さんま)の明日なき下ら
ない闘いの歴史は、今もなおテレビ史に燦
然と輝いてはいない。ブラックデビルはナ
ンデスカマンやしっとるケなど様々なキャ
ラに姿・形を変えたが、ことごとく敗れ去
って行く。"強きを助け　弱きをくじく"と
いうタケちゃんマンのまっとうな生き方の
前にはアミダクジを使っても勝てなかった。
毎週流れる主題歌の中に「今日はヨシワラ
ホリノウチ　ナカス　ススキノ　ニューヨ
ーク」とあるが、良い子は親にどういう意
味か、絶対に尋ねなかった。誰もが「ニュ
ーヨーク」は「入浴」の洒落だと薄々気付
いていた。その時その世の中の流行りのド

ラマ・映画などを題材にパロディとして毎週読み切りで脚本を書いていたのが大岩賞介、高平哲郎、私ら優秀な脳味噌陣である。私など映画・ドラマのネタがなくなり、とうとう古典落語『芝浜』をそっくりそのまま写してたけし、さんまにやってもらったが、途中気が付かれ「オチがきれいすぎるだろ」と突っ込まれた。(高)

プレイバック!!
さんまが演じた
タケちゃんマンの敵

『オレたちひょうきん族』の「タケちゃんマン」に立ちはだかる難敵を順番に見てみよう。
文：松岡昇

ツッタカ坊や
(西川のりお)

ブラックデビル

『少年ジェット』(フジテレビ系)に登場する謎の怪人がモデル。当初は高田純次が演じていたが、おたふく風邪で休んだため明石家さんまへバトンタッチした。息子のJrと親子二代でタケちゃんマンと対決した。

アミダばばあ

あみだくじ対決がきっかけで誕生した老婆キャラ。必殺技は「あみだくじ攻撃」。衣装はコシノジュンコが担当。桑田佳祐がテーマ曲「アミダばばあの歌」を手掛けるなど番組史上最もゴージャスな怪人。

ナンデスカマン

"WHAT DO YOU SAY?"と書かれた黄色と黒の衣装で、頭部に「？」マークでおなじみ。得意技は「ナンデスカ〜？攻撃」や「ビックリ箱攻撃」。人気のなさに服毒自殺を遂げた悲運のキャラでもある。

**サラリーマン
(サラリーマンライダー)**

「世の中で一番悪いんはサラリーマンちゃいまっか」というさんまの発案で誕生。必殺技は「名刺攻撃」や「ヨイショ攻撃」。子供の心には響かず3週で引退。ライダーとして再起を図るも1回で消えた。

妖怪人間しっとるケ

青森県・知取毛村を訪れた巡礼僧の息子が変身した妖怪。山姥のような格好で、妙な身軽さが特徴。島田紳助が演じた「さんちゃん……寒い」が口癖の「カレー女」からストーカー行為を受けていた。

パーデンネン

クレオパトラ愛用の宝石"パーデンネン"の化身。頭が手のひらの形の「パーハット」をかぶり、白塗り顔にピンクのレオタード姿で活躍した怪人。決め台詞は「アホちゃいまんねん、パーでんねん」。

タコれーす！／たこ八郎

前髪の真ん中だけを長く伸ばし、あとは坊主にした独特の髪形のコメディアン・たこ八郎（本名・斎藤清作）の自己紹介フレーズ。「タコでーす」と名乗っているつもりだが、お酒とパンチを浴び続けたダブルドランカーのため語尾があやふやなのもいとおかしい。1962年日本フライ級チャンピオン。引退後はコメディアンに転身。芸名の名付け親は由利徹。その髪型からボクサー時代は「河童の清作」と呼ばれたが、44歳の若さで酔ったまま海水浴に行き亡くなったのが哀しすぎる。高倉健、山田洋次、ビートたけし、タモリ、赤塚不二夫、山本晋也といった文化人から、下町のおばちゃんまで多くの人に愛された天性の芸人であった。（松）

だっちゅうの！／パイレーツ

フジテレビの『新・ボキャブラ天国』（1997年）でブレイクした浅田好未、西本はるかの二人組ユニット**パイレーツ**が、ネタを披露したあと、揃って豊満な胸を寄せて口にするキーワード。オチがイマイチでも、見事なチチに視聴者が釘付けとなり、98年の新語・流行語大賞を受賞したが、もともとお笑い志望というより、グラビア志望だったのか、2年後には解散（浅田は宇恵さ

やかと新生パイレーツを結成。こちらも2年で解散）し、お笑いからチチ離れしていった。（松）

たまきん全力投球
たまきんぜんりょくとうきゅう／ビートたけし

田原俊彦、野村義男、近藤真彦がやっていた人気バラエティ番組が『たのきん全力投球』（TBS系）。ニッポン放送へ行く前、テレビを見ていた高田が「アッこれだ」とった一文字だけ変えて、深夜のとんでもないコーナーに。男の子が深夜一人でせっせとするあの行為のあらゆるアイディア、バージョンを募集したところ、全国から熱い"一人上手"なイラストが届いた。これにはたけしもシコシコ大喜び。（高）

玉子のおやじゃ
ピーヨコちゃんじゃ〜
たまごのおやじゃぴーよこじちゃんじゃ〜
／獅子てんや・瀬戸わんや

このあとに続いて"ピッピッピーヨコちゃんじゃ　アヒルじゃガーガー"。これを小さくてハゲのほうのわんやが歌い動く。1960年代に流行ったこのネタを、80年代『ひょうきん族』で片岡鶴太郎が爆笑に仕立てて再現したので覚えている人も多いと思う。てんや・わんやは当時"しゃべくり

p.107の答え：赤まむし〜（研ナオコ）

漫才の本格派”として私を筆頭にあの頃の
ガキたちの間では、いち目も二目も置かれ
ていた。どちらも前職がユニークでそれを
ネタにもしていた。てんやは東京は丸の内
署の警察官、わんやは大阪市役所港湾局の
お役人。二人は内海突破の弟子にあたる。
中年になってからのコンビでも呼吸はピッ
タリ。当人たち曰く「肉体関係もなくて幾
星霜」。大正13年、東京深川生まれがてんや。
大正15年、大阪の築港生まれがわんや。
芸名はちとわかりづらいが、獅子文六の新
聞小説『てんやわんや』(新潮社)からの
無断借用。てんやは獅子文六の獅子てんや、
わんやは関西出身なので
瀬戸わんや。(高)

玉ちゃん たまちゃん/玉袋筋太郎

「たま」がつく芸能人はいろいろいるが「た
まちゃん」といえば、中村玉緒、赤江珠緒、
ポカスカジャンのタマ伸也でもなく、浪曲
界の玉川一門も差し置いて、**浅草キッド**の
玉袋筋太郎のことである。師匠・ビート
たけしに付けられた名前のせいで、長いこと、
NHKに出る際は、主に「玉ちゃん」と呼
ばれていた。新型コロナウイルス感染拡大
で趣味と実益を兼ねていた「スナック」業
が大打撃を受けたが、しぶとくオンライン
飲み会「自宅ック玉ちゃん」(→p.96)で
がんばっているという。(松)

たまらんぜラップ/ビックボーイズ

『オレたちひょうきん族』の「ナンデスカマ
ン・コンテスト」に出演したのをきっかけに、
浅草フランス座で修行したという、なべか
ずおが、羽生愁平と結成した漫才ユニット
が**ビックボーイズ**。ラップ調で、“お金が
欲しくてたまらんぜ! 彼女が欲しくてたま
らんぜ! 貯金が全く貯まらんぜ! 年金問
題たまらんぜ〜”と歌う。**ナイツ**曰く「『エ
ンタの神様』に出たい一心でラップを作っ
た」というが、その機会もなく『エンタ』
が終了したのは、たまらんはずだぜ。(松)

ダメー/トムブラウン

漫才コンビ**トムブラウン**のネタ。みちおの
ボケに対して、布川ひろきが右手でみちお
の頭をぺしっと叩き、「ダメー」と突っ込む。
頭をはたくのではなく、岩をつかむように
手をしっかりと頭に乗せ、動かさないとい
うところが新味。みちおが髪を短く刈って
いるというところも効果的。漫才のヒット
作は「合体」ネタ。アニメのキャラや複数
の歌手を合体させたら「最強」の人間がで
きるんじゃないかと考えて実験するが、結
果、DNAの負の部分を合体させたキャラ
が誕生してしまう。結成11年目にして、
「M-1グランプリ2018」の決勝に進出した。
２０２０年には、ソーシャルディスタンス
を確保しつつ、２mの長さがある腕の模型
や、頭にテグスを巻いて手形を飛ばすなど
のツッコミ用小道具を使って笑いを取って
いた。(尚)

だめだこりゃ／いかりや長介

TBSで『8時だョ!全員集合』が大当たりしている時、フジテレビのスタジオ収録ではじまったのが『ドリフ大爆笑』。構成作家は前川宏司。前川はこの時、NHKの『お笑いオンステージ』の「てんぷく笑劇場」の台本をずっと書いていた。前川は色紙にいつも「生きて喜劇の鬼となる」と書いていた。いかりやの名著『だめだこりゃ』(新潮社)より「何よりも、『全員集合』と内容が重複することだけは避けたかった。(中略)私は彼のホンを直さなかったし、彼も気合を入れて、いいものを書いてくれた。時には録画の現場(トリ)にまで姿を見せてくれた。『もしもこんな○○がいたら……』という、『もしも』のコーナーのコントなどは、随分と傑作があったのではないか。『だめだこりゃ！』という私のフレーズも、このコーナーから生まれている。あれは、コントにオチをつけるためのキーワードとして、毎回、使っているうちにすっかりお馴染みに……」。その前川は1982年白血病のため40代の若さで早逝。通夜・葬儀と私はバタバタだった。翌週には盟友・三波伸介も逝った。(高)

ダメよ〜ダメダメ
／日本エレキテル連合

中野聡子と橋本小雪によるお笑いコンビ日

本エレキテル連合のネタで、細貝という男(中野)が購入した、真っ白な顔で目を見開いた人形(橋本)が、男に迫られた時に繰り返すフレーズ。2014年頃、テレビでよく見られた。人形には「未亡人朱美」という名前があり、ハッキリ言えばダッチワイフである。中野の演じる細貝が「いいじゃあ〜ないの〜」とひたすらキモく人形を口説き続けるのと一対になったやりとりがヴィジュアルも含めて申し分なく、グロテスクである。(尚)

だるまさんが
ダンシントゥナイ！
／ドランクドラゴン(塚地武雅)

2001年からなんだかんだで2012年までフジテレビで放送された『はねるのトびら』で、ドランクドラゴンの塚地武雅が披露していた一発ギャグ。壁を向いて「だるまさんが」……と呟き「転んだ」というのかと思いきや、いきなり振り返って「ダンシントゥナイ！」と踊り出すというパターン。その他「イエイ！イエイ！」と言いながら両手でピースサインを出して「チョキとチョキ〜ひし形のはじまり〜」、「ココはこうこうこう」など数多くの一発ネタをまだ痩せていた身体で披露していた。(松)

ダンソン！ /バンビーノ

お笑いコンビ**バンビーノ**のネタ。「キングオブコント2014」で広く知られるようになった。石山タオルが演じるジャングルの先住民族風の男が、ブッシュの中で鹿などの獲物（藤田ユウキ）を見つける。彼は「ダンソン！フィーザキー　トゥーザティーサーザ　コンサ」などと呪文風のダンスを踊り、獲物をおびきよせると、素手でつかまえる。捕獲の瞬間、神秘的な音楽が流れる。実演家本人とは違う人種をネタにするのがどんどん難しくなる昨今、貴重なネタ。(尚)

ダンドリします /友近

友近の扮するピザ屋のアルバイトスタッフ西尾一男の口癖。西尾は電話口で注文を取ると、昭和の関西弁でチキンを「カシワ」、コーンを「とうきび」、Lサイズを「L寸」と言い直し、「了解しました、ダンドリします！」と決める。西尾がドキュメント番組で「わしはイチローにはなりたくない」と中高年プロアルバイターの矜持を語ったり、なぜか葬儀屋でバイトするバージョンもある。友近の数多いネタの中で、珍しい男性キャラであり、コメディエンヌの男装として最も成功したケースの一つ。『エンカメ』(朝日放送　2009年～18年)には西尾一男コーナーもあった。(尚)

小さなことからコツコツと

ちいさなことからこつこつと／西川きよし

吉本興業の重鎮にして、国民的漫才コンビ「横山やすし・西川きよし」の捕まらないほう、西川きよしが1986年、参議院議員選挙に大阪選挙区から無所属で立候補した時のキャッチフレーズ。義母の介護経験から福祉関連に力を入れたいとアピールし、見事当選。18年に渡る議員生活を展開し、現在はこの言葉を座右の銘にしている。多忙な議員生活を送る相方を見て寂しかったのか、横山やすしの酒量が小さな瓶からガブガブと増えていったというのが残念である。(松)

地下鉄はどこから入れたんでしょうね

ちかてつはどこからいれたんでしょうね

／春日三球・照代

このフレーズに続いて「それを考えると夜も寝られなくなっちゃう」。"地下鉄漫才"はテレビ、ラジオ、寄席で一世を風靡した。漫才ブーム（昭和55年）が来る直前まで三球・照代が東京漫才を引っ張った。本当に仲の良い東京では珍しい"夫婦漫才"であった。悲しいかな美人の照代さんは51歳という若さで亡くなった。その後の三球さんを見るのが辛かった。(高)

地球の上に朝がくる
ちきゅうのうえにあさがくる／あきれたぼういず

吉本興業は昭和10年東京に進出し浅草花月を開場。そこのスターが**あきれたぼういず**。4人組のお笑いバンドで川田義雄（後に晴久）、坊屋三郎、増田喜頓（きいとん）、芝利英。洋楽器を演奏しながらのコミックバンドは非常に新しかった。あきれたぼういずが起源となりその後音楽と笑いをやるチームは"ボーイズ"と呼ばれるようになった。有名なフレーズは"地球の上に朝がくる　そのウラ側は夜だろう　西の国ならヨーロッパ"と続く。川田は美空ひばりの芸ごとの師匠筋にあたる。（高）

チクショー／コウメ太夫

コウメ太夫の決めフレーズ。白塗りで日本髪を結った花魁の姿形。口三味線に乗せ、扇を広げて踊りながらネタを披露するのがお決まりのパターン。「焼肉食べ放題の店だと思って入ったら、食べ放題はご飯だけでした」というようなネタのあとに「チクショー！」と叫んで悔しさを見せる。テレビに出はじめた今世紀はじめは、このようなわかりやすいネタだったが、近年は「スリッパかと思ったら、猫でした」というような、わかりにくい方向に移行している。しかし芸のスタイルは変わらない。チクショー！（尚）

乳もめ！
ちちもめ！／マギー・ミネンコ

『うわさのチャンネル』（日本テレビ系）で和田アキ子やせんだみつおらにコントの中、かわいかったミネンコがいい間で胸をつき出しこう叫ぶからおかしかった。今のロー

ラ、滝沢カレンの大師匠筋にあたる芸風。歌手として『燃えるブンブン』（キングレコード）などのヒット曲がある。私は個人的に「乳もめ！」と可朝の「嘆きのボイン」（→p.134）と鶴光の「乳頭の色は？」、そして橋達也の「千葉の女が乳しぼり」（→p.117）、すっちー＆吉田裕の「乳首ドリル」（p.103参照）これを「ギャグ界5大パイオツ」とひっそり呼んでいる。（高）

チッチキチー／大木こだま

大木こだまひびきのこだまが「チ」のシールを貼った親指を立てて叫ぶ、意味があるようで全くないひと言。関西のテレビ番組で食リポをした際にコメントに詰まり、苦しまぎれに発したのがはじまり。その時は共演者にスルーされたが、なぜか気に入った**ナインティナイン**の岡村隆史が『めちゃ²イケてるッ！』（フジテレビ系）で2ヶ月連呼。「チッチキチー」も本人たちもブレイクした。ちなみに指のシールは当初、マジックで書いていたが明石家さんまが「汗で流れるし汚い。タトゥー入れるかシールにせい」とアドバイスし、タトゥーは痛そうだったのでシールにしたという。このシールはグッズとして10枚250円で販売もされた。（松）

ちっちゃいことは気にすんな、それワカチコワカチコ

ちっちゃいことはきにすんな、それわかちこわかちこ／ゆってぃ

ピン芸人・ゆってぃのフレーズ。アイドルを目指して苦節十数年、という設定のゆってぃは、1980年代の男子アイドルのような衣装で登場し、短い自虐ネタを聞かせる。オチのあとに、「キョーレツー」と受け「ちっちゃいことは気にすんな〜」のフレーズを接続する。2009年頃にテレビでよく見せていた。「ワカチコ」というフレーズは少年隊のヒット曲『デカメロン伝説』からの引用とされ、たしかに同曲のイントロダクションには錦織一清の「ワカチコ！」というシャウトが入っている。（尚）

千葉テレビ　ちばてれび

千葉県にあるローカルテレビ局。昔はUHFの電波で送信をしていて、東京でもうっすらと映ったので、例えば、1980年代に小学生だったマニアックな東京っ子は『サンダーバード』を見たりしていた。2004年から『浅草お茶の間寄席』を放送開始。浅草演芸ホールの録画中継で、昔昔亭桃太郎、桂歌春の落語、**ホンキートンク**の漫才、ぴろきの漫談などを放送。マニアを喜ばせる。もう一つ、**ナイツ**が2011年から司会をつとめるビジネス番組『ナイツのHIT 商品会議室』が今も放送中。千葉テレビに通うのが遠く（千葉市内穴川の渋滞に必ず引っかかる）、塙が「早く辞めたい」とボヤくのがお約束。（尚）

千葉の女が乳しぼり

ちばのおんながちちしぼり／橋達也

ある意味（どんな意味だ）浅草の顔とも言われた橋達也が**ストレートコンビ時代**に発した意味不明なフレーズ。これを言いながら相方とおかしなアクションで大いに笑わせた。時代的にいえば、**コント55号**と**ツービート**の間に現れた浅草のコンビで、**コント・ラッキー7**（ポール牧、関武志）と小さな小さなライバルであった。もう一つのヒットギャグフレーズに両手をあげて揺れながら「ダメなのね〜 ダメなのよ〜ッ」がある。本当にダメだった。2010年だったか『ビバリー昼ズ』のビッグイベントで高田と東MAXがコントをやり、その中で「千葉の女が乳しぼり」を見せたら、1000人以上入っている有楽町よみうりホールが揺れに揺れた。50〜70代にはドストライク。乳しぼりをしている千葉の女を私は三人しか知らない。（高）

智弁和歌山高校野球部80名様ですね

ちべんわかやまこうこうやきゅうぶはちじゅうめいさまですね／千鳥

千鳥の漫才のネタ。家族三人で旅行をしようと旅館「亀水館」に予約の電話をするノブ。ところが予約の確認の段になると、電話の向こうの女将（大悟）が「ご予約のほう確認させていただきます。智弁和歌山高校野球部80名様でございますね」と言い出す。何度やりとりをしても、確認のたびに「智弁和歌山高校」になってしまうという繰り返しの笑い。晩年の志村けんは大悟をコントの相方に起用した。漫才における彼のしぶといキャラに注目したのだろう。（尚）

Q. 何と言っているでしょう？（答えはp.120）

ちまたでは……／三遊亭小圓遊

キザに小指を立てて『笑点』の挨拶では「ちまたでは……」と言った。歌丸との「バケモノ！」「ハゲ」の犬猿の仲で売ったが、早逝した。『笑点』では「チャラーン」（→p.118）の林家こん平、「いや〜ん ばかーん」（→p.48）の林家木久扇が有名。小遊三の"大月"とたい平の"秩父"という目クソ鼻クソの争いも面白い。(高)

チャチャンチャチャン チャンチャン／東京丸・京平

東京丸・京平の二人が、登場した時だけでなく場面転換や、オチのあとなどでも、踊りながら「チャチャンチャチャン……」と言いつつその場で一周するお約束芸。昭和53年NHK漫才コンクールで**ツービート**を破り最優秀賞を獲得した実力者。ただし**ナイツ**塙によれば、その翌日から天狗になってしまったためいまだに天下は取れていないとのこと。京丸師匠はマスコミを警戒して、東京ではなく栃木・宇都宮の風俗に通っているとか。(松)

チャッピー／春風亭昇太

落語芸術協会会長として、『笑点』の大喜利司会者として落語界に君臨する春風亭昇太が若手時代に創作した十八番の新作落語『愛犬チャッピー』の主人公の犬の名前。

洋犬チックな名前だが実は柴犬で、飼い主から過剰ともいえる溺愛を受ける日常を犬目線でボヤく一席。2018年に昇太が電撃結婚したお相手が元タカラジェンヌで、ドッグサロンの経営をはじめペット業界では有名な一族のご令嬢

だったため、この噺を聴けるのは徐々に減ってくるかも。(松)

チャラーン／林家こん平

1958年に新潟県のチャーザー村（千谷沢村・現在の長岡市）から米一俵をかついで初代・林家三平に弟子入りした林家こん平が、『笑点』の大喜利で自己紹介する際のお約束で、両手をあげて発する。日本卓球協会から名誉五段を贈られるなど卓球が得意で、三遊亭小遊三と共に「らくご卓球クラブ」を旗揚げし、東京・阿佐ヶ谷のバタフライ卓球道場で汗を流していた。小遊三は頭が大きいのでヘッドコーチだった。2020年、逝去。(松)

ちゃんリンシャン／薬師丸ひろ子

1989年、薬師丸ひろ子がシャンプーのCMで聞かせたフレーズ。商品はライオンのリンス入りシャンプーというもので「ちゃんとリンスしてくれるシャンプー」を略したもの。このCMが若者たちにヒット（朝、出かける前にシャワーを浴びたりシャンプーをしたりする"朝シャン"は80年代からの様式で、当時とてもオシャレな感じがしたのです）して、山田邦子など何人もの芸人が真似した。この頃、顔の造作、雰囲気も含めて最も薬師丸ひろ子に似ていたのが、あめくみちこ。『オレたちひょうきん族』でもよく真似をしていた。のち、あめく自身も立派な女優になり、2013年には読売演劇大賞を受賞。一歳違いの女優二人である。(尚)

中途半端やなー
ちゅうとはんぱやなー／ちゃらんぽらん

漫才コンビ**ちゃらんぽらん**のギャグ。大西浩仁（メガネ、ちょびひげ）が、冨好真（小さいほう）の顔の造作、年齢、誕生日、血液型などがことごとく「中途半端やなー」とこきおろすネタで使われる。冨好が昼飯にカレーうどんを食べてきたと言えば、大西が「カレーライスならカレーライス、うどんならうどん、中途半端やなー」とのけぞって嘆く。と、ここでは言葉のギャグを紹介したが、ちゃらんぽらんで最も破壊力が凄かったのが大西の昭和天皇の真似であった。戯画ではなく、目を細めて手を振る姿が実にそれらしく、NGKが爆笑で揺れた。すぐれたコンビだったが、なぜか全国区でのブレイクをせず、大西の引退で2008年にコンビ解散。冨好はピンのタレント活動を続けている。（尚）

中年御三家 ちゅうねんごさんけ
／永六輔・野坂昭如・小沢昭一

芸能界は三人組ブーム。「新御三家」（→p.100）やら「花の中三トリオ」。そこで中年も立ちあがり作家の永六輔、野坂昭如、俳優の小沢昭一が1974年、武道館でコンサート。私も駆け付けた。野坂には酔って歌う『マリリンモンロー ノーリターン』『黒の舟唄』（以上日本コロムビア）などヒット曲がある。CMでは"ソッソッソクラテスかプラトンか……みんな悩んで大きくなった"（→p.172）がある。小沢昭一はハーモニカに味。（高）

ちょうどいいブス
／相席スタート（山﨑ケイ）

お笑いコンビ**相席スタート**の初期ネタ。山﨑ケイと山添寛の男女コンビである相席スタートは、「男女の恋愛」や「デート」をモチーフにしたネタを得意にしている。漫才のやりとりで、ケイが「自慢していい？ 私この頃、ちょうどいいブスだなって言われるの」と切り出す。山添が「それは自慢なの？」と首をかしげると、ケイは「酔ったらいけそうだなと思われるのが、ちょうどいいブス」「男の人は脈がなさそうな美人と、押したらいけそうなブス、どっちを選ぶ？」と持論を展開する。完成度の高いネタで、ケイは2018年に『ちょうどいいブスのススメ』（主婦の友社）というエッセイ集も上梓。実生活では、2020年に噺家・立川談洲とめでたく結婚。（尚）

ちょこざいな小僧め
ちょこざいなこぞうめ／赤銅鈴之助

人気ラジオドラマのオープニングで「ちょこざいな小僧め 名を 名を名乗れーー」「赤銅鈴之助だ」が1950年代後半、子供たちの心をときめかせた。「ちょこざい」とは"猪口才"と書き「こざかしい」「こりこう」の意。今はあまり使われない。原作は、雑誌「少年画報」（少年画報社）で連載された熱血時代劇漫画。福井英一の作ではじまったが急逝のため、第2回から武内つなよしが引き継ぎ大人気となった。漫画からラジオそして映画化、テレビ化と続いた。"剣をとっては日本一に夢は大きな少年剣士〜〜ッ"と、皆歌った。（高）

ちょっとだけよ／加藤茶

悩ましい曲『タブー』に乗って突如ストリップの踊り子さんのように体をくねらし、あおむけになって足をあげ「ちょっとだけよ　あんたも好きねぇ」とやって、ギャグの大ホームラン。いいタイミングでいかりやが止めに入り「やめなさい、バカ」。このタイミングが一番難しかったといかりやも自著で書いている。主に『全員集合』の後半のコーナーでやっていた。どの設定でどのきっかけで『タブー』に入るかが知恵の使いどころだった。いかに設定から『タブー』に入るか、植木等の「お呼びでない」（→p.64）と同じスピリッツだ。(高)

ちょっと、ちょっとちょっと
／ザ・たっち

一卵性双生児のコンビ、**ザ・たっち**のギャグ。顔立ちも身長体重も瓜二つどころか瓜割らずそのまんまの「たくや」と「かずや」は双子の生態をスケッチしたネタが多い。幽体離脱というショートコントは、重なって寝ている二人の片方が起き上がるだけだが、本当にそう見えるのが双子ならでは。「ちょっと、ちょっとちょっと」も普通の突っ込みフレーズだが、この二人がやると

まったく同じ声質のステレオになり、どこか面白い。2008年頃に流行。(尚)

ちょっと何言ってるのかわかんない
ちょっとなにいってるのかわかんない
／サンドウィッチマン

サンドウィッチマンの富澤たけしがコントの中で発するフレーズ。2008年頃から大衆に広まり、一般人も使うようになっている。ストーリーの中で、富澤のボケに対し、伊達みきおが突っ込む。例えばボケた建築士に対し、施主の伊達がやや強い台詞で家を建てる作業とはこういうことだろう、と指摘する。普通ならここで一回、ボケの世界が補正され、会話がノーマルに戻るのだが、富澤が「ちょっと何言ってるのかわからない」と言うことで狂気が持続してしまう。富澤の主観では「理解不能なことを言う伊達」ということになり、その断絶が笑いを誘う。富澤が微笑みながら言うところがミソである。(尚)

ちょ、待てよ
ちょ、まてよ／木村拓哉、ホリ、松村邦洋 他

1997年に放送され平均視聴率30％越えを記録したフジテレビ系の月9ドラマ『ラブジェネレーション』。木村拓哉が演じた片

桐哲平が、同じ広告代理店につとめるヒロイン、上杉理子（松たか子）に向かって言った台詞。みんなが見逃した１シーンに食いついたのがモノマネのホリ。木村拓哉の真似をする際は、「ぶっちゃけ」と共に欠かせないフレーズとなった。（松）

珍芸四天王
ちんげいしてんのう
／三代目・三遊亭圓遊、初代・三遊亭萬橘、
四代目・橘家圓太郎、四代目・立川談志

江戸から明治、"落語中興の祖"といわれる三遊亭圓朝が大人気（のちに落語の神様と呼ばれる）。しかし明治も10年代になると寄席も客層が変わってくる。江戸の美、洒脱さよりも、わかりやすく面白いものを求める地方出身者がどんどん増えてきたのだ。派手で見た目ですぐにどんな人にも理解できるものがうけた。これが1880年頃の、今で言う「一発芸の元祖」であろう。三遊亭圓遊（三代目）の「ステテコ踊り」（尻っぱしょりで股引きを見せた）、三遊亭萬橘（初代）の「ヘラヘラ踊り」（真っ赤な衣装）、橘家圓太郎（四代目）は「ラッパの圓太郎」（圓太郎馬車までできた）、立川談志（四代目）は「釜掘り踊り」（パントマイムや意味不明の歌）。バカバカしく手軽なところがこの時代はうけたのだろうが（圓遊など一日に30軒の寄席を掛け持ちしたと記録にある）、2年もしない内にブームは冷えていった。この反動からキチンとした古典落語を聴かせていこうという気運が高まってきた（まぁ古典とは当時は呼ばれてなかったけどネ）。（高）

チンチロリンのカックン／由利徹

1950〜60年代、テレビの草創期から活躍した**脱線トリオ**のリーダー的存在だった由利徹。由利そして八波むと志、南利明という子供心に胸ときめいた爆笑トリオのテレビをなめきったコントの数々。下世話、下品、下ネタ、そのくせしっかり舞台で基礎を叩き込んできた至芸を次々繰り出した。由利がガッカリした時、発したのが"チンチロリンのカックン"。これが茶の間にもうけ、続いて出してきたのが、股を開くと同時に叫ぶ「オシャマンベ」（→p.59）。あまりの下らないバカバカしさをオマージュして後にビートたけしが少しアレンジも加え「コマネチ」（→p.86）。私は個人的には、ひっそりと"ガチョーン（→p.70）、コマネチ、オシャマンベ"を日本三大ギャグと認定している。仲間の放送作家・高平哲郎はひたすら由利を愛し、81年には『由利徹が行く』（白水社）、2019年には由利をメインに『喜劇役者の時代』（ワニブックス）を書いている。晩年は久世光彦演出のドラマの常連。最後までバカバカしかったといういさぎよさと喜劇人としての美しさがある。（高）

チンピラの立ち話
ちんぴらのたちばなし／横山やすし

あの**ダウンタウン**がまだ「ライト兄弟」と名乗っていた頃、テレビ朝日系列の『ザ・テレビ演芸』に挑戦。彼ら独特の世界観のネタが終わるか終わらないかの時、司会の横山やすしが「こらっ、もうええ、お前らがやってるのはテレビでやるような漫才とちゃうやん。ネタが悪質や！　親を殺すとかどうとか、チンピラの立ち話やないんやからな。だいたい、ライト兄弟ゆうたら飛行機好きの皆さんから尊敬されてる人たちや。航空ファンに迷惑がかかる」。これが伝説のやすしの小言。（高）

Q. 何と言っているでしょう？（答えはp.134）

Twitterアゲイン

ついったーあげいん／久保ミツロウ・能町みね子

久保ミツロウ（漫画家。『モテキ』の作者）と能町みね子（自称漫画家。『結婚の奴』他エッセイ集多数）は2010年代に登場し、新しい笑いを提供したコンビである。紙媒体で活動をしている二人は仕事抜きで意気投合し、トークライブを不定期開催、その流れでニッポン放送のオーディションを受けて合格。2012年春に『オールナイトニッポン0』がはじまる。トークの内容は主に「自意識の取り扱い」と「妄想」。Twitterでの呟きをネタにして、近過去の自分の意識をネタにするのが立項したコーナー名。Twitterをラジオに引用した先駆だったと思う。異性に対する偏見を考察する「ブスは性格がいい」コーナーも面白かったが、今だったら問題になるかも。久保がロマンチストな一面を見せて『レ・ミゼラブル』の楽曲をかけたりするちぐはぐさ。女子二人が提供する笑いとして空前の品質であり、放送とサブカルを見事に媒介してみせた。二人はその後、フジテレビに起用され、ヒャダインを加えた『くぼみねヒャダ こじらせナイト』が今も続く深夜テレビのコンテンツだが、身辺雑記をそのまま面白く聴かせてしまうラジオの楽しさは無類だった。（尚）

『アゲイン』
©久保ミツロウ／講談社

『久保ミツロウと能町みね子がオールナイトニッポンやってみた』
©久保ミツロウ・能町みね子／久保ミツロウ・能町みね子のオールナイトニッポン編／宝島社

爪かわいい〜

つめかわいい〜／フワちゃん

フワちゃんのフレーズ。いわゆるギャグではなく、凝ったネイルアートをして、気分があがったときに出る言葉。そもそも決まったギャグを繰り出す人ではなく、「マジハンドリング」とか「得意こそ好きなれ」とか、その場その場の言葉が妙に耳に残る。注目されたのはYouTubeでの活動がきっかけ。言葉の短さ、刹那的な感じがネット媒体ならではの感覚である。

2020年、正月のテレビの外廻り生中継では、根岸の林家正蔵家で大暴れ。海老名香葉子に睨まれていた。（尚）

TT兄弟

てぃーてぃーきょうだい／チョコレートプラネット

チョコレートプラネットの演じるキャラクター。「T」と書かれた白Tシャツを着た

兄弟が、両手を水平に伸ばし「T、TT、TTTT」とリズムをとりながら登場。生活のあちこちに隠された「T」の文字を発見していく。大当たりしたキャラクターだが、実はテレビ番組『有吉の壁』(日本テレビ系)で有吉弘行に見せるために10分ほどで考案したネタ。子供たちに人気で、2020年にはTT兄弟が手を広げ「人に近付きすぎないようにしよう」とソーシャルディスタンスを教えるTT体操動画も配信された。(尚)

ディラン・マッケイだ/なだぎ武

なだぎ武のネタ。アメリカの青春ドラマで、日本でも長く放送されていた『ビバリーヒルズ高校白書』(FOX-NHK)の登場人物、ディラン・マッケイに扮し、すべて翻訳調の台詞で一人コントを演じる。リーゼントに赤地のチェックのシャツ、水色のジーンズという扮装はドラマのディランそのもの。いつも自転車に乗って登場し、「ディラン・マッケイだ」と観客に語りかける。なだぎはこのネタで「R-1ぐらんぷり2007」の優勝を獲得。友近扮するアメリカの女子高生キャサリンとコントを見せるバリエーションもあった。(尚)

デタラメな〜人
でたらめな〜ひと/爆チュー問題

爆笑問題の太田光が天才ねずみの「おおたぴかり」、田中裕二がバツツーのねずみ「/-なチュー」に扮した二匹のねずみ「爆チュー問題」が歌った『でたらめな歌』(ポニーキャニオン 1999年)の歌詞で連発す

るでたらめなフレーズ。フジテレビ『ポンキッキーズ』から生まれた異色キャラに、子供たちは戸惑いつつも夢チューになり、CDは20万枚のヒットを飛ばした。(松)

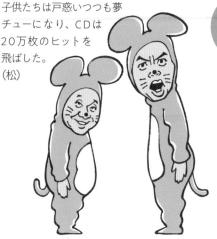

ディラン・マッケイだ↓田園調布に家が建つ

田園調布に家が建つ
でんえんちょうふにいえがたつ/星セント・ルイス

まさにこのフレーズのみで時代の寵児となった。**ツービート**のライバルなどと言われた時もあった若手東京漫才の星。「俺たちに明日はない。キャッシュカードに残はない」、「お言葉返すな 借金返せ」(→p.58)、「近づくな 火事と喧嘩と和田アキ子」などとも言った。出世する法はと問われて「義理と人情とお中元」。ツービートは二人ともまだ生きているのにセント・ルイスは二人とも早逝した。なぜかセントがいつも穿いていた革のパンツが印象的。(高)

電線音頭 でんせんおんど
／ベンジャミン伊東とデンセン軍団

言わずと知れた、"チュチュンがチュン 電線にスズメが三羽とまってたーッ" "ギャグ史"に燦然と輝く"デンセンマン"である。半年しか放送のなかった『ドカンと一発60分』（NET 現・テレビ朝日系）で誕生し、『みごろ！たべごろ！笑いごろ!!』でインパクトのあるリメイクをして大爆発。電線軍団を率いるのが、我らが狂気のベンジャミン伊東。あのボサボサ頭は感電したあとで、伸びたヒゲにリボン。ダリを意識した。伊東四朗だと誰にもバレぬようにメイクにも凝った。コタツの上で叫び踊るあの時の伊東は美しすぎた。マイクを持った狂乱の司会者、小松与太八左衛門（小松政夫）もアブナすぎた。「歌は流れるあなたの胸にいま歌謡界の王者にサーンゼンと光り輝く」と訳のわからぬ事を言っていた。気がつくとコタツの上でキャンディーズや東八郎が大盛りあがりで踊っていた。完全にどうかしていた。『笑って！笑って！60分』（TBS系）の時代から"伊東＆小松番組"は当時の売れっ子構成作家・田村隆がそのほとんどを構成していた。（高）

天誅！
てんちゅう！／越前屋俵太

1980年代〜90年代にかけて破天荒なキャラと芸風で存在感をまき散らし芸能界を駆け抜けていった謎の怪人・越前屋俵太。彼が関西大学在学中に出演した関西の深夜放送『ＴＶ-ＪＡＣＫ』（朝日放送 1983年〜85年）での、街を歩く人の前に「天誅！」と叫びながら立ちふさがり、いきなりシャンプーをするなど、身体を張った天誅芸が伝説となっている。（松）

店長！店長！
てんちょう！てんちょう！／相馬ひろみ

コントで登場する職業で最も一般的なキャラクターが店員。様々な職種の店員を多くの芸人が演じている。本書では、京成ストアの店員がマイクで店内連絡するネタで知られる相馬ひろみを推したい。現在は三味線漫談の藤本芝裕として活躍中の彼女は、「高田文夫杯争奪ＯＷＡＲＡＩゴールドラッシュ」四代目チャンピオンでもある。（松）

天然 てんねん／ジミー大西、萩本欽一

作り物ではない、持って生まれたおかしみの事をテレビ業界で「天然」という。この表現の誕生は伝説とも化しているが、萩本欽一の楽屋へ明石家さんまが初めてジミー大西を紹介がてら連れて行った。用事があったので席をはずしたさんま。戻ってきて「おかしな奴でしょ」に萩本しみじみ、ポツリひと言。「天然だね」。この系譜にウド鈴木、松村邦洋、みやぞん、今で言えば**エイトブリッジ**のベップちゃん等が居る。（高）

トゥース
／オードリー（春日俊彰）

オードリーの春日俊彰が左手を顔の真横に置き、人差し指をピンと立て、なぜか自身たっぷりに放つフレーズ。挨拶の一種。春日によれば「闘う雄」という意味で、高校時代に所属していたアメフト部のかけ声であったという。「オードリーといえばトゥース」というくらいに浸透し、『オードリーのオールナイトニッポン』（2009年〜）の聴視者は「リトルトゥース」と呼ばれる。春日のもう一つのギャグ、「鬼瓦」は両手を顔の横に持っていき、親指と人差し指でＬ字をつくり、鬼瓦の顔マネをするもの。いずれも若林正恭の「気持ち悪いな！」の突っ込みで補強される。（尚）

どうも、蒼井優です
どうも、あおいゆうです／南海キャンディーズ

南海キャンディーズのしずちゃんが、相方の山里亮太と女優の蒼井優が結婚したことに引っかけて放つ自己紹介ギャグ。出演映画『エリカ38』（KATSU-do 2019年）の舞台挨拶でこう言った。お笑いの男女コンビは、長期間のバランス維持が難しいが、南海キャンディーズに関しては、しずちゃんが女優業、山里亮太は司会やラジオパーソナリティーとそれぞれに活躍を見せている。つかず離れずの自由な感じがとてもい

い。世間をおどろかせた山里の結婚も、しずちゃんが単独で映画『フラガール』（シネカノン 2006年）に出演したことがきっかけ。共演した蒼井優と友達になり、山里を紹介したという経緯なのだ。（尚）

どうもすいません／初代・林家三平

初代・林家三平といえば、「昭和の爆笑王」と呼ばれ「神風タレント第一号」とも呼ばれるほど、とにかく売れに売れた"立体落語家"。いつも決まって出るフレーズがこの「どうもすいません」と「もう大変なんすから」「体だけは大事にして下さい」。そのくせ売れすぎて体を大事にせず54歳という若さで亡くなった。父は"彦六になった正蔵"の前の七代目・林家正蔵。この父の代から「どうもすいません」を使っていた。七代目は55歳で逝去、早死にの家系。この売れた三平の長男が今の正蔵（こぶ平だった）、次男が『笑点』で非常につまらない二代目・三平。故三平は住まいから幕内では通称"根岸"と呼ばれる。立体落語とはスタンドマイクでアコーディオンの伴奏をつけ「よし子さーん」と歌うこと。ニコリともしないアコーディオンは小倉義雄。この対比が面白い。小倉は若き日、北島三郎と渋谷の"のんべい横丁"で流しをしていた。この人が「よし子さん」のネタの作曲者。ちなみに三平夫人、有名な香葉子さんはまだ元気。（高）

どうも すんずれいしました
／加藤茶

ド近眼メガネの加藤のドジなおまわりさん。“私が〜〜 ささげたァ〜〜ッ”──**ぴんからトリオ**の『女のみち』を歌いながら自転車に乗って出てきては、何かにぶつかったりしながら右手を額にかざして「どうもすんずれいしました」。加藤らしい福島訛りがみんなから愛された。志村けんが加入する前、1971年から72年「ちょっとだけよ」（→p.120）と「すんずれい〜」で**ドリフターズ**の『8時だョ！全員集合』は快進撃を続けた。（高）

時を戻そう　ときをもどそう／ぺこぱ

漫才コンビぺこぱのフレーズ。例えば「電車の中で席をゆずる時」というシチュエーションの漫才で、ボケのシュウペイが席をゆずってもらうと、なぜかゆずった男（松陰寺太勇）をヒザの上に座らせてしまう。従来の漫才だとそこに突っ込みが入り、また本筋に戻るのだが、ぺこぱの場合、突っ込み役の松陰寺が「おじいちゃんの膝の上は懐かしい！」と状況を肯定する。突っ込まない突っ込みである。そして改めて「時を戻そう」というフレーズで漫才はリセットされ、次のボケがはじまる。この趣向で「M-1グランプリ2019」ファイナルステージにまで進んだ。昔、ビートたけしが「漫才でボケた時にきよしさんが突っ込まず、そうそうと頷いちゃって困った」というギャグを言っていたが、それを意図的に設計したネタ。（尚）

毒ガス、七月、八月
どくがす、しちがつ、はちがつ
／九代目・鈴々舎馬風

落語家のダジャレとして金字塔と言えるのがこれ。「鬼」とあだ名された先代の鈴々舎馬風の名フレーズ。志ん生が「ヘビから血が出てヘービーチーデー（ABCD）」と言ったのと双璧。志ん生には「お地蔵さんが電話をかけていて地蔵電話」という傑作もあるのだが、残念ながら「自動電話（交換手ナシでつながる電話）」がもう通じにくい。馬風はラジオ東京の仕事で刑務所に慰問に行き、開口一番「満場の悪漢どもよ、今日はよく来た……来たのはおれのほうなんだけど。まあいいよ、みんな仲良くしなよ。お揃いの服を着てんだから……」。（尚）

毒蝮三太夫
どくまむしさんだゆう／立川談志

仲の良かった役者の石井伊吉（TBS系『ウルトラマン』でおなじみ）を『笑点』の座布団運びに抜擢した談志。番組の中でいきなりこう命名し、当人もびっくり。この名前のおかげでラジオの外まわりでも「おいっババァ 死にそこなったのか」など下町独特の愛情交換が可能になった。談志曰く「俺の最高傑作」。名付け親で有名なのは、たけし命名ではやはり「玉袋筋太郎」だろう。高田命名では「なべやかん」、そしてあのキャラ「鬼瓦権造」である。（高）

どげんかせんといかん／東国原英夫

2007年、東国原英夫が宮崎県知事選挙に立候補した際のキャッチフレーズ。「宮崎をどうにかしないとダメ」という意味。当初は泡沫候補だという声もあったが26万を超える得票を得て当選。「どげんかせんといかん」は「ハニカミ王子」（高校生

ゴルファー石川遼選手）と共にこの年の流行語大賞に選ばれた。なお、事務所を退所した時に師匠ビートたけしに返上した芸名は、その後、ゾマホン・ルフィンにゆずられることになり、一時期、ゾマホンが「二代目そのまんま東」と名乗っていた。（松）

どこ見てんのよ！
どこみてんのよ！／青木さやか

青木さやかのギャグ。トークの最中などに、相手の男性の視線が胸元にそそがれていることに気が付き、ハッとして「どこ見てんのよー！」と怒鳴る。男性は青木の胸を注視などしていないのだが、彼女の自意識過剰と被害妄想によって叱られるハメになってしまう。このギャグがきっかけで「女性キレキャラ」として2003年頃からテレビに多数出演した。近年は女優にシフトし、三谷幸喜演出の舞台劇『桜の園』（2012年）ではロシア人・シャルロッタを演じている。（尚）

どーする どーする／ドースル連

明治20〜30年代"女義太夫"が大変な人気を呼んだ。なかでも有名なのが竹本綾之助。少女が男装をし義太夫を語るのだからもうたまらない。男だらけの寄席の客席はパニックである。現代で言えば秋葉原のアイドルのようなもの。ファンの多くは学生、書生。女義太夫が高座にあがると「どーするどーする」と掛け声をかけ、彼女たちが寄席の掛け持ちをする人力車のあとを追っかけた。これを"ドースル連"と呼んだ。"堂摺連"とも書かれ親衛隊のこと。夏目漱石

や正岡子規も学生時代はこの"娘義太夫"に熱中していたとはものの本に書いてある。NHKの『ファミリーヒストリー』でもやっていたが、ビートたけしの何代か前のお祖母ちゃんがこの"娘義太夫"のスターだったらしい。そのせいなのか、軍団には"グレート義太夫"が居る。義太夫をネタにした落語の名作は『寝床』。桂文楽のものが有名。（高）

ちなみに娘義太夫は通人の間では"タレギダ"と呼ばれた。"タレ"とは寄席隠語で「女性」あるいは「アソコ」を指す言葉。（高）

トツギーノ／バカリズム

バカリズムのネタ。「R-1ぐらんぷり2006」の決勝で披露し、話題になった。イラストレーションの描かれたフリップを自分でめくっていく、いわゆる「フリップネタ」形式の一つである。ものものしい声音で「トツギーノ」と題名を述べたバカリズムがフリップをめくると平凡なOLがそこにいる。「朝、起きーの」「着替えーの」「時計を見ーの」「出かけーの」……と日常のスケッチが繰り返されたところで唐突に「トツギーノ」のページになり、結婚式を挙げた女性の姿を見せられる。いくつかのおはなしを披露するが、ラストはどれも急に「トツギーノ」になる。嫁ぐ姿が白無垢に高島田と古風なところに、結婚制度を批評するニュアンスも見て取れよう。（尚）

獲ったどぉー！
とったどぉー！／濱口優

『いきなり黄金伝説』（1998年〜2006年）や『よゐこの無人島0円生活』（2008年 共にテレビ朝日）で食料を確保するために海に潜った**よゐこ**の濱口優が、銛に刺さった魚や、素手で捕まえた魚を掲げ誇らしげに叫ぶひと言。きっかけは「獲ったよぉ」と言ったつもりが、シュノーケルの中で声がこもってしまったことだという。もちろん、彼がこれまでにゲットした中で一番ビッグなのは「アッキーナ」こと南明奈である。（松）

ととのいました／ねづっち

なぞかけ名人・ねづっちの決め台詞。2010年新語・流行語大賞にトップテン入りした。何々とかけて何と解く、そのココロは──という「謎かけ」は昔からあり、演芸史的には落語家の占有分野であった。この古風な「謎かけ」を、タキシードに蝶ネクタイというモダンなスタイルで再生させたのがねづっちである。服装だけでなく、ネタ構成の速さ、客あしらいの見事さなど、いずれも一級品。客に題をもらって、ほんの数秒で「ととのいました」と謎かけを披露している。彼の公式YouTubeチャンネルから引用する。「観覧車」という題で、「観覧車とかけまして優しいおまわりさんと解く、そのココロは、いい景観（警官）があるでしょう」。（尚）

隣の晩ごはんでーす！
となりのばんごはんでーす／ヨネスケ

落語家のヨネスケ（桂米助）が、1985年に日本テレビの『ルックルックこんにちは』からスタートさせた食卓リポート企画「突撃！隣の晩ごはん」で、大きなシャモジ片手に、見ず知らずの家に上がり込む時の挨拶。番組終了後もコーナーだけは続き、30年間で6000軒近くの家庭でつまみ食い。自分の家で晩ご飯を食べる暇がなかったせいか、プライベートでは熟年離婚をしているのは宿命だったといえるかもしれない。（松）

飛びます 飛びます
とびます とびます／コント55号（坂上二郎）

コント55号の爆笑コントの中の一つ。飛行機のコントで二郎さんが、両手をそれぞれ影絵のキツネのような形にして（人指し指と小指は立っている）やる気もなさそうに「飛びます」と言うと、烈火のごとく怒った欽ちゃん「お前は管制塔なんだから、ここ（中指と薬指の所）に聞こえるように声を掛けるんだよ」「飛びます」「違う」「飛びます飛びます」と左手、右手に声を掛ける。この繰り返し。死ぬほど笑った。（高）

とめてくれるな おっかさん
/橋本治

1968年"昭和元禄"と呼ばれた頃、学生たちの反乱が大爆発。どこのキャンパスもロックアウトされる学生運動。この年の東大駒場祭のポスターは、背中に東大の校章などを彫った"ヤクザ映画"さながらの若い衆。ポスターのコピーに曰く「とめてくれるな　おっかさん　背中のいちょうが泣いている　男東大どこへ行く」。のちの作家・橋本治の若き日のコピーである。私は池袋の文芸坐（1997年閉館）で、週末、オールナイトで任侠映画5本立てを朝まで毎週見ていた。高倉健・鶴田浩二・若山富三郎である。（高）

トモダチならアッタリマエ〜
/アルシンド・サルトーリ

サッカーJリーグ創生期、ジーコに誘われブラジルから鹿島アントラーズに移籍したアルシンド・サルトーリ。サッカー王国仕込みのセンスと華麗なテクニックでゴールを量産。さらに持ち前の陽気なキャラクターとカッパのような独特のヘアスタイルにも注目が集まり、カツラメーカーのCMに起用されて発したひと言がコレ。薄毛の若者に向かって「アルシンドになっちゃうよ」と心配してくれた彼のおかげで、毛が増えたかどうかはわからないが、「アデランス」社員の給料は増えたはず。（松）

友達の輪 ともだちのわ/タモリ

『笑っていいとも』の「テレフォンショッキング」は1982年の桜田淳子からスタート。私が"友達の輪"に呼ばれたのは88年の秋。秋野暢子から山田邦子へつながり内田春菊へ。そこから私に電話があり島田洋七

（B&B）へつないだらガダルカナル・タカ、そのまんま東へ。そしてついにビートたけしが登場し、石坂浩二へバトンをつないだ。翌89年にまったく同時間帯の生放送『ビバリー昼ズ』をはじめたので以後一度も呼ばれなくなった。（高）

どやさ！/今くるよ

「どやさ」は関西弁の中でも京都あたりで使われる言葉。自慢をしたい時や、疑問を抱いた時などに「どうよ！」「どうなの？」といった意味で使われる。高校時代のソフトボール部から一緒の女性漫才コンビ、今いくよ・くるよのふくよかなほうが、くるよで「いくよちゃんはピッチャーでエース、くるよちゃんはキャッチャーでロース」は持ちネタ。太鼓腹を叩いたり、手を顔の前で交差させたりして言う時はたいてい、得意気になっている時であった。2015年に相方いくよを亡くした時、今後を聞かれ「女優か歌手でもやります」と答えたくるよだが、中川家と三人でユニット「今くるよ・中川家」などで変わらずこの言葉を発している。（松）

129

寅さん帰ってきたんだって？

とらさんかえってきたんだって？

／タコ社長(太宰久雄)

国民的映画『男はつらいよ』シリーズで「とらや」(40作以降はくるま菓子舗)の裏にある朝日印刷所のタコ社長こと桂梅太郎が、寅次郎帰宅の噂を聞きつけた時のお約束フレーズ。夏は「いやぁ暑いね〜」などのひと言で季節感も出していた。独特のちょっと甲高い声と存在感が好きだった高田文夫は、タコ社長のモノマネをするだけでは飽き足らず、太宰久雄をゲストに招いて『文夫とタコ社長のラジオビバリー昼ズ』(1992年)を放送したこともある。(松)

どんだけー！＆そろりそろり

／チョコレートプラネット

チョコレートプラネットは長田庄平と松尾駿によるお笑いコンビ。様々なコントを演

じるが、2016年にテレビでブレイクしたのは「モノマネ」によるところが大きい。松尾駿の十八番はIKKO。女装して(IKKO本人が「女装」なので、「女装の模倣」をして)「どんだけー！」と人差指を振る松尾は姿形ともに本物以上に若く、ハリのあるIKKOである。長田庄平は狂言師・和泉元彌の真似がうまい。「そろりそろり」とすり足で歩いたり、エアで柿を喰ったりする仕草も面白いが、何より言葉の抑揚がちゃんと狂言風なのがいい。二人に共通しているのは、真似がきれいごとであること。だからモチーフを貶めた感じにならず、からっとした感じになっている。(尚)

笑芸協会いろいろ

現在、落語家の団体は5つある。
紆余曲折を経て生まれた団体を見てみよう。　文：編集部

落語協会

大正12年発足の「東京落語協会」を母体とする団体。古典落語を中心とした寄席を開催している。会長は柳亭市馬、副会長は林家正蔵。

〈所属〉鈴々舎馬風、柳家小三治、林家木久扇、春風亭小朝、柳家さん喬、柳家花緑、林家たい平、春風亭一之輔 他

落語芸術協会

昭和5年、六代目・春風亭柳橋と柳家金語楼が創設した「日本芸術協会」がはじまり。新作落語に積極的。会長は春風亭昇太。

〈所属〉桂米丸、昔昔亭桃太郎、桂米助、三遊亭小遊三、笑福亭鶴光、瀧川鯉昇、桂竹丸、桂文治 他

落語立川流

昭和58年、落語協会から脱会した立川談志が創設した一門。代表は土橋亭里う馬。高田文夫も立川藤志楼の名でBコース入りしている。

〈所属〉立川談四楼、立川ぜん馬、立川龍志、立川志の輔、立川談春、立川志らく、立川談笑、立川志らら 他

五代目圓楽一門会

昭和53年、六代目・三遊亭圓生らが落語協会を脱退。圓生没後は、弟子の五代目・三遊亭圓楽一門が独立を保ち、現在に至る。

〈所属〉三遊亭鳳楽、三遊亭好楽、三遊亭圓橘、三遊亭好楽、三遊亭兼好、三遊亭王楽、三遊亭萬橘 他

上方落語協会

関西の落語家たちにより、昭和32年に創立。江戸の落語の粋、色気よりもより笑いに重点をおいた噺を聴かせる。会長は笑福亭仁智。

〈所属〉笑福亭仁鶴、桂ざこば、桂春団治、桂文枝、月亭八方、桂文珍、笑福亭鶴瓶、桂米團治他

漫才協会

関東における漫才の振興のために昭和30年に発足した「漫才研究会」が母体。会長を青空球児、副会長を塙壇之、宮田陽がつとめる。

〈所属〉おぼん・こぼん、昭和のいる・こいる、東京丸・京平、ナイツ、ロケット団、U字工事、ねづっち 他

高田文夫 × ナイツ塙宣之 対談

「笑いを知る」後編

芸人・塙宣之と構成作家・高田文夫が様々な視点から笑いについて語った対談。後半は、伝説的芸の裏話と、笑いの真髄に迫ります。

"楽屋ネタ"を発明したのは、初代・三平

塙　浅草だとここ何年かで当たったのは「ととのいました」（→p.128）ですかね？

高　ねづっちな。今でも使うし。

塙　あ、「ごめんねごめんね〜」（→p.86）とかもか。U字工事。なんか謝る系のギャグっていっぱいありますね。響っていう芸人も「どうもすいませんっ」っていうギャグとかやってて。

高　あー、怖い顔してな。三平さんだって「どうもすいません」（→p.125）だからね。

塙　あれは何か流れがあったんですか？

高　いや。初代・三平のお父さんの時代からやってたんだよ。当代の正蔵がこぶ平だから先々代の正蔵。

塙　頭に手をやるのは何なんですか？

高　三平さんがお客さんに「私がこう（頭に手を）やったら笑ってくださいね」って言うんだよ。「キュー」みたいなもんだよ。

要するに楽屋ネタだな。お客さんへの合図。寄席番組のテレビ中継でこれをやると、みんなが「わーっ」と笑う。楽屋ネタを高座でしたのは、三平さんが最初だよ。

塙　なるほど！　芸ではないんですね。

高　でも、テレビというメディアを使った発明なんだよ。「頭に手をやればみんな笑う」「三平は面白い」ってテレビを見てる人に思わせる。

塙　リアルタイムじゃないから、あのポーズの何が面白いのか、わかんなかったです。

高　時代のズレだよな。

国民的歌手・三波春夫をめぐる演芸ブームと後日談

塙　僕、漫才ブームの時のことも全然わかんなくて。ツービートを見てないので。

高　そうだよなー。ツービートで稼いだんだもん、俺（笑）。初めてマンション買った。じゃ、星セント・ルイスも知らない？

塙　芸人になるぐらいから知りました。

高　若い頃のツービートとセント・ルイスはライバルだったんだよね、一応ね。

131

塙　そうみたいですね。瞬間的な人気は晴乃チック・タックが凄かったとか。

高　一番凄かった。コント55号の欽ちゃんより前の最初のアイドルだよ。女子高生が出待ちして「ギャー」って言ったんだ。演芸ブームの頃だよ。昭和40年代の前半。そこに「赤上げて白上げて」のナンセンストリオ、三波伸介のてんぷくトリオ、東MAXのおやじさんの東八郎がいたトリオスカイライン、それから「ハードボイルドだど」（→p.148）のトリオ・ザ・パンチ。〈トリオブーム〉っていうのがあった。

塙　ほんとだ、トリオブームですね！

高　同じ頃、大阪ではかしまし娘とか、レツゴー三匹とか。漫画トリオも居たしね。

塙　つかみのギャグは覚えてますね。

高　レツゴー三匹は「じゅんです」「長作です」「三波春夫でございます」って。あれは素でやってるじゃん？　そのあとにテレビでちっちゃーいモノマネブームがくるんだけど、その時に白塗りにしてキンキンの着物着て「三波春夫でございます」ってやったのが、塙くんの大好きなはたけんだよ。（笑）

塙　え!?　だからか……！　僕、はたさんがよく営業とかで「三波春夫でございます」って、何で他人のギャグやってんだろう、って思ってたんですよ。

高　『お笑い大集合』っていうフジテレビの番組で、"ものまね四天王"っていうのを作ったんだよ。2020年に亡くなったディレクターのサトちゃん（佐藤義和）が演出で。ま、俺も手伝ったんだけど。清水アキラたちの"ものまね四天王"の一世代前の四天王だよ。その時に一番売れたのが"はたけん"。真っ白な顔でキンキラの着物着て、扇子広げて、「三波春夫でございます〜」ってやるとうける。今で言うコウメ太夫みたいなもん。それよりは芸があったけどね。若人あきらとか堺すすむとか佐々木つとむとかも居たなあ。

塙　三波春夫さんて、そんなに白く塗ってたんですか？

高　ちょっとだけな。三波春夫っていうのは国民的歌手なんだよ。オリンピックと万博の主題歌を全部歌った。大スターでタブーだったわけ。それをいじった（笑）。そういえば1982年のNHK紅白で桑田佳祐が顔を真っ白にして三波春夫をやったんだよな。覚えてる？

塙　はたけんのパロディだったんすか!?

高　そうだよ。はたけんがやった三波春夫を、桑田佳祐が紅白でやったの。

塙　それは初耳中の初耳ですね！

高　何でも聞いてくれよ。俺は全て知ってるからネ（笑）。

笑いは生き物。
知れば知るほど面白い！

高 三人組がもの凄く売れてた時に55号が出てきてびっくりした。二人組で飛び回るから。これは凄いと思ったんだ。

塙 「飛びます　飛びます」（→p.128）って、流れの中のギャグなんですか？

高 そうそう、管制塔なんだよ。手を飛行機に見立てて二郎さんが管制塔。手に向かって「飛びます　飛びます」って言わないと飛行機が飛ばないよ、って欽ちゃんが言って二郎さんが「わかったよ」ってやるんだけど、欽ちゃんがダメ出しするんだよ。しつこいくらいに延々とやらせて。それを二郎さんが一生懸命汗かいて走り回ってやるからおっかしいんだよ。

塙 そういうことだったんだ。わかんなかったなあ。今聞いても斬新ですね。

高 そのあと関西の勢いが凄くなって、東京が沈滞してる時にがんばってつないだのが春日三球・照代。この二人の功績は大きいね。それで満を持して、ツービートとセント・ルイスが出てくるんだよ。

塙 やっぱりさっきの「飛びます　飛びます」みたいに流れがわかると凄く楽しいですね。「コマネチ」（→p.86）だって、きっと漫才とかで前後の流れがあったりしたんですよね？　僕ら世代はコマネチ選手を知らなくて、あとになってコマネチ選手の映

像を見た時、もっと笑ったんですよ。「これかい!!!」みたいな。レオタードのくい込みをやってたっていうのがわかったら、よけいにおっかしくて。

高 俺の好きな由利徹が「オシャマンベ」（→p.59）ってやったのよ。それでたけちゃんと「オシャマンベって面白いよなー」って言いながら呑んでたの。股間でなんかやるって異常におかしいじゃない？　そのパクリで、「コマネチ！」ってなったんだ。

塙 ルーツは「オシャマンベ」なんですね！　こんな風にこの先、僕らが「ヤホーで」とか言った時に「何が面白いんだろ？」って思う人たちが出てくるんでしょうね。

高 やっぱりオンタイムのその空気感の中でしか笑えないっていうのはあるよね。だから面白いんだよな。生き物なんだよ、笑いっていうのは。言葉と一緒で。そのためにも今こういう本で残すのが大事ってことだよ！　書き残しておく事が文化なんだよ。ほら、まとまった!!

塙 凄いまとめ（笑）！

塙 宣之（はなわ のぶゆき）

1978年3月27日生まれ。千葉県出身。2000年土屋伸之と漫才コンビ「ナイツ」を結成。漫才協会、落語芸術協会、三遊亭小遊三一門として寄席でも活躍中。ニッポン放送『ナイツ ザ・ラジオショー』（月〜木）、『高田文夫のラジオビバリー昼ズ』木曜日パーソナリティー。ほかラジオ、テレビ等出演多数。著書に『言い訳 関東芸人はなぜM-1で勝てないのか』（集英社）

公式YouTube『ナイツ塙の自由時間』
https://www.youtube.com/channel/
UCG4PIPvmm838XWIJgKFKisw

なぁ〜にぃ!?やっちまったなあ!／クールポコ。

お笑いコンビ**クールポコ。**のフレーズ。スキンヘッドに鉢巻き姿で杵を手にした小野まじめと、しゃがんで臼を支える「せんちゃん」が餅つきをしながらネタを披露する（臼と杵は本物だが、餅はエアで表現）。ネタは男女スケッチが多い。例えば「モテようとして風邪で寝込んだ女の子にお粥をつくってあげた男がいるんですよ」とせんちゃんが報告すると、まじめが「なぁ〜にぃ!?やっちまったなあ!」と叫び、続けて「男は黙ってちらし寿司!」と杵を振り下ろす。2008年頃ブレイク。臼はかさばる道具だ。浅草東洋館の廊下に臼を置いていたら、晩年の内海桂子が通りかかり、ゴミ箱だと思ってアメ玉を放り込んだ。(尚)

ナイスですね〜〜／村西とおる

1980年代、AVの帝王と呼ばれたAV監督・男優の村西とおるが、ハンディカメラ片手に女優に迫り、その肢体や反応を褒める際の決め台詞。他に「お待たせいたしました、いや、お待たせしすぎたかもしれません」などの村西ワードで一斉を風靡した。

2019年にNetflixのオリジナルドラマ『全裸監督』が大ヒット。**ジャングルポケット**の斉藤慎二の「村西監督役を演じる山田孝之のモノマネ」も話題となったが、『オレたちひょうきん族』でブリーフ姿の片岡鶴太郎がカメラ片手にゲストを追い駆け回した「村西軍団」も懐かしい。(松)

嘆きのボイン
なげきのぼいん／月亭可朝

落語家の月亭可朝がアコースティックギターにカンカン帽といういでたちで弾き語りするコミック・ソング。"ボインは赤ちゃんが吸うためにあるんやで　お父ちゃんのもんとは違うのんやで"というフレーズが知られる。晩年のインタビューによれば、ラジオで箕面のプールサイドからの中継という仕事が急に決まり、一夜で考えたネタだという。ギターを買ったのも当日だというからスゴい。子供の頃、近所の駄菓子屋の娘が『のど自慢』(NHK)で黒木曜子の『嘆きのブルー・ビギン』を歌ったのを聴き、その娘への好意から、タイトルを引用した。レコード化（1969年）すると80万枚を超えるヒット。桂米朝が亡くなったとき、可朝は弟子総代として黒紋付きにカンカン帽で「別れの挨拶」を述べている。(尚)

なぜか埼玉
なぜかさいたま／さいたまんぞう

1981年にリリースされた『なぜか埼玉』(フォーライフ・レコード)が『タモリのオールナイトニッポン』で紹介され話題になった。80年代前半「ダサイタマ」などとも言われ埼玉をバカにするのが流行。"ダサイ"は"だから埼玉"を略したとも言われる。さいたまんぞうは岡山県出身。明治神宮外苑の草野球場で審判をやっていて、昔は私も球審をやってもらった。時々浅草東洋館客席で声を掛けられる。多分まだ独身。近年の大ヒット映画『翔んで埼玉』(東映)の大ルーツ。(高)

ナナナナー
／ジョイマン

ジョイマンのリズムネタ。
定型として、池谷和志(突っ込み、踊らないほう)が舞台に出て「ああちょっと喉が痛いなあ」などと独り言を言う。すると袖から白ワイシャツの高木晋哉が「ナナナナー、ナナナナー」と上下運動をしながら登場。「いきなり出てきてゴーメーン、まことにスイマメーン」と挨拶。そのまま「人でにぎわう繁華街、家帰ったらうがい」などフリに対応したラップを披露するが、やがて「バーバリー、マーガリン」「マーガリン、マーガリン、ブルガリわさがり」とナンセンスになっていく。2019年、東京フォーラムで開催された『イエローマジックショー3』(細野晴臣の活動50周年記念イベント)で、ラストにジョイマンが登場。みんなで「ナナナナー」をやり、そのままアンコールもなく終了したので観客が紛糾した。(尚)

なにか入れておくか
なにかいれておくか／井之頭五郎(松重豊)

漫画『孤独のグルメ』(原作・久住昌之、作画・谷口ジロー　扶桑社)のフレーズ。漫画の中の台詞なのだが、松重豊が主人公・井之頭五郎を演じたテレビドラマ版(テレビ東京　2012年〜)で広まった。ストーリーは輸入雑貨商である井之頭が、おもに仕事で出かけた町でなにかを食べる、というだけのシンプルさ。特徴は、主人公の一人称の語りで状況が語られるところで、小腹が空けば「なにか入れておくか」と呟き、普通の定食にありつけば「そうそう、こういうのでいいんだよ」と安堵する。つまりハードボイルドもののパロディであり、その枠組みに、硬質な松重の演技がよくハマる。(尚)

何はなくとも
なにはなくとも／三木のり平

「何はなくとも　江戸むらさき」は、桃屋ののりの佃煮の人気アニメCMのフレーズ。日芸の美術科で学んだその才を生かした三木のり平の自画像をアニメに。1958年から放映され、「ごはんですよ」「お父さんがんばって」など40年以上続いたシリーズは膨大な数。関係者だけに配られた年度毎のすべての作品が載った貴重な『桃屋ののり平ですよ!』という本が私の書庫にある。2020年秋、息子の小林のり一が父の記憶をたどり戸田学がまとめた『何はなくとも三木のり平』(青土社)が出た。オビのコメントは私。(高)

Q. 何と言っているでしょう?(答えはp.140)

浪花名物張り扇チョップ
なにわめいぶつはりせんちょっぷ
/チャンバラトリオ

4人組だった**チャンバラトリオ**が、最後に大きな手作りの張り扇を出してバシッと突っ込む。拍手喝采だった。張り扇は発明であった。ツッコミの道具としての歴史は覚えている範囲では、**伊藤素道とリリオ・リズム・エアーズ**というコーラスチームが西部劇ドラマ『ローハイド』の同名の主題歌を歌う時、パシンとスリッパではたいた。"金も要らなきゃ女も要らぬ 私ゃもすこし 背が欲しい"（→p.72）と歌う**玉川カルテット**。リーダーが小さな小さな張り扇でパシッとおでこをはたくのが妙におかしかった。他に、いかりや長介のメガホン。ビートたけしのピコピコハンマーなどの定番がある。(高)

なにを言う 早見優
なにをゆう はやみゆう/村上ショージ

単なる名前のダジャレ（地口）であるが、タイミングよく入れると笑いがとれる。古くからあるものでは「なにを石原裕次郎」、「往生島倉千代子」、「ブランク長い（永井）」、「よっこい（横井）庄一」、「いいです いいです イーデス・ハンソン」、「いたれりつくせり 石川セリ」、「冗談は よし子さん」、「人生山あり谷あり モハメド・アリ」、「ああ言えば 上祐」（オウム事件の頃）、「談

志 一生の仕事」、「涙の圓楽船（連絡船）」、「会いたさ 見たさに 小朝（怖さ）を忘れ」、「天下たい平」、「志ん生 棒大」。そして"ファーストサマーウイカ"。ウイカは本名の初夏。ファーストサマーも「初夏」のこと。同じ言葉を重ねるこの手法は「寺門ジモン」にならった。(高)

ナハッナハッ/せんだみつお

1980年に起こった漫才ブームの直前まで、70年代後半**ずうとるび**と同じようによくテレビに出ていたせんだの必殺技。芸能史上、最も下らない男だと私は思う。この「ナハッナハッ」も、「タケちゃんマン」でビートたけしが復活キャンペーンのつもりでやり出したら本家のせんだより十magnitude倍うけまくり、そっと裏でたけしから2万円もらったと言われる。原作料らしい。プライドも何も無い男である。芸名の"せんみつ"は「千の内 三ツ」しか本当の事を言わないから。代表作は『ぎんざNOW！』（→p.78）、『金曜10時！うわさのチャンネル』（日本テレビ系）。CMは「ちびろくラーメン」。キミはチビいくつかなぁ？ 生放送中いきな

り山城新伍から（『うわさのチャンネル』の「三日月刑事」のコーナーだと思う）「このパンツは何だ？　パンツの三原則を言ってみろ」と問いつめられとっさにせんだ「見せろ、嗅がせろ、被らせろ」。天才的アドリブである。自らを「金ない　芸ない　仕事がない」などうまく三ツでまとめちゃ生きている。(高)

ナボナはお菓子の
ホームラン王です

なぼなはおかしのほーむらんおうです／王貞治

1967年から放送された亀屋万年堂の洋菓子「ナボナ」のCMに巨人の王貞治が出演して紹介したキャッチコピー。当時、自由が丘の本店をはじめ十数店舗しかなかった菓子店のコマーシャルになぜスーパースターが出演したかといえば、巨人の先輩、国松彰選手が亀屋万年堂のお嬢さんと結婚したから。当時、遠征先の宿舎で国松は、寝相が悪くいびきがうるさい王に悩まされていたとか。先輩の頼みを快諾したのは、負い目を感じていたからかもしれない。おかげでナボナはホームラン級の大ヒット商品となり「●●は□□のホームラン王です」というコピーも流行した。(松)

～なやーつ／ハライチ

漫才コンビ**ハライチ**のヒットネタ。岩井勇気が、例えば「学校で人気があったのはバスケ部のエース」とふると澤部佑が「いたいた」と受けて思い出を語る。こうしたやりとりを繰り返すうち、岩井のふりが「帰宅部のエース」「米粒のケース」「縦笛のセール」と音は似ているが、まるで無意味なものに変化していく。しかも澤部は突っ込まず、そのふりにすべて乗った話をする。のちに「ノリボケ」と呼称される漫才スタイルであり、「～なやーつ」は独特のボケを誘導するふりである。ハライチはこのスタイルで2009年の「M-1」で決勝に進出した。フレーズは「～なやーつ」に限らず様々なパターンがあり、台本はすべて岩井勇気によるもの。(尚)

なんじゃこりゃぁ～！

／松田優作 他

1972年から14年に渡って放送された刑事ドラマの金字塔『太陽にほえろ！』（日本テレビ系）で松田優作演じる七曲署のGパン刑事が自分の撃たれた腹を見て、血まみれになりながら叫んだ名言。あまりの格好よさに日本中がしびれ、多くの芸人たちが「へそ曲署」や「鼻曲り署」のパロディで殉職シーンを再現した。歴代刑事の多くが殉職するようになったのは、殉職の初代・マカロニ刑事の萩原健一が「死んで辞めたい」と降板を申し出たのがきっかけ。メインキャラだったゴリさんも、山さんも、殿下も殉職……戦場のような職場である。(松)

なんだー？／ロバート（山本博）

三人組のコメディチーム**ロバート**のコントは、山本博が謎めいたスクールや店に足を踏み入れ、その空間を支配する独自のルールに面食らい「なんだー？」と困惑するのがお約束になっている。たいていは、スクールや店のボスが秋山竜次で、馬場裕之はその助手だ。山本は不条理な展開に耐えつつ、その空間にとどまるが、しまいには「ムリー！」と叫んで幕になる。単独ライブでも大半がこのパターン、しかしそれで二時間きっちり持たせてしまうボルテージが素晴らしい。(尚)

なんだ馬鹿野郎
なんだばかやろう／荒井注

いかりや長介の三才年上だったから、**ドリフターズ**では最年長。1973年頃、50％前後という驚異の視聴率だった『8時だョ！全員集合』。荒井がいかりやに「疲れた。人生には、仕事より大切なことがある」と脱退宣言。荒井、最後の一年は輝きまくった。主に当時は加藤茶だけに頼っていた"笑い"が、開き直った荒井のカメラ目線「なんだ馬鹿野郎」がうけにうけ、爆笑。知ってる英語は、たった一つ「ディス・イズ・ア・ペン」。このひと言で全員がコケまくった。荒井のラスト近くは見習いの志村けんも入って、6人ドリフターズの時代もあ

った。最年長から最年少へのバトンタッチ、ドリフというチームプレーもこれでなかなか大変だった。最晩年の荒井注は「カラオケの機材が入らないよ、これ」事件でワイドショーでもおなじみ。ちなみに（高）の高校（日本学園）の先輩としても、ごく一部で知られる。(高)

～なんて言っちゃったりしたりして～
～なんていっちゃったりしたりして～／広川太一郎

今は声優という専業が確立したが、ある時代までテレビの「吹き替え」は、舞台俳優がアルバイトとしてつとめるものだった。野沢那智や大塚周夫（『ゲゲゲの鬼太郎』のネズミ男）なんかも、俳優出身である。広川太一郎もそうした一人で、日芸を出たあと、俳優をしていたが、いつしか吹き替えが中心になったと経歴にある。ロジャー・ムーア、ロバート・レッドフォードなどの役でおなじみだが、何と言ってもマイケル・ホイ（『Mr. BOO！』シリーズ）や『空飛ぶモンティ・パイソン』（東京12チャンネル1976年）のエリック・アイドルがめちゃくちゃに面白い。「なんて言っちゃったりしたりして～」という広川節はマイクの前のアドリブ。日本での放送初期『モンティ・パイソン』は広川太一郎の吹替芸とともに受容された。マスクのＣＭで「全国的に助かりマスク」というダジャレも、コロナ禍の現代を予見していたと言えよう (!?)。(尚)

なんでそうなるの？／コント55号

一世を風靡した萩本欽一、坂上二郎の**コント55号**。昭和48年から日本テレビの金曜夜7時30分、コント誕生の地である浅草の松竹演芸場で公開収録するコントのみ

の伝説の番組が『コント55号のなんでそうなるの？』。数ある55号のコントの中で私が爆笑した傑作は『机』『街頭帽子屋』『山びこ屋』など。2枚組のDVDを私は持っている。『小説・コント55号』（山中伊知郎著　山中企画）もあるし、珍品であり希少品でもある岩城未知男が書いた台本集『コント55号のコント』（サンワイズ・エンタープライズ）というマニアはヨダレの本もある。岩城はコントの設定を作るのがうまかった。(高)

なんでだろう／テツ and トモ

赤いジャージで動き担当のテツ、ギターと唄の担当で青いジャージのトモが"なんでだろう なんでだろう"というフレーズに乗せ、日常のあるあるネタを繰り出す。「昆布が海の中で出汁が出ないのんでだろう〜」とか「学校で教室のカーテンに巻きついて遊んでいるやつなんでだろう〜」というような間口の広いネタと、状況を漫画的に表現するテツのダンス、飽きのこないメロディで20年越しの定番曲になっている。「M-1グランプリ2002」の決勝に進出した時、審査員の立川談志が「お前らこんな

ところに出てくる芸人じゃないよ」とコメント。大半の視聴者には通じなかったが、談志は「コンテストで勝ち抜かなくても、すでに自分の世界を確立している」と言いたかったのだ。(尚)

なんて日だ！

なんてひだ！／バイきんぐ(小峠英二)

お笑いコンビバイきんぐのギャグ。本来は「帰省」というヒットネタの台詞。小峠英二扮する初老の男の家に、高校生の時に家出した子供が15年ぶりに帰ってくる。西村瑞樹演じる子供は、タンクトップに角刈りの姿だが、家出当時は「娘」で、上京後、性転換して男性になったことを告げる。小峠は衝撃を受けながらも「息子」を迎え入れる。そのうちに、つい数時間前に妻（息子にとっての母）が駆け落ちしたことを吐露し、「なんて日だ！」と嘆く。バイきんぐはこのネタで「キングオブコント2012」に優勝した。その後、「なんて日だ！」は小峠の占有フレーズとして多用されるようになる。(尚)

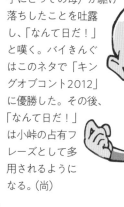

に

にゃー／猫ひろし

猫ひろしのフレーズ。短いギャグに併せて、振り向きざまに「にゃー」と猫の真似をする。マラソンが特技。2011年にカンボジア国籍を取得。2016年にはカンボジア人選手としてリオデジャネイロ五輪に出場した。身長が147cm。関西の池乃めだかといい、小柄な喜劇人はなぜか猫の真似をする。(尚)

ニャンニャンする／高部知子

"S○Xする"ということ。高校生だった"わらべ"の高部知子が「FOCUS」(新潮社)に載り、そこに「ニャンニャンしちゃったあとの一服」と書かれて広まる。わらべのヒット曲『めだかの兄妹』の中に「ニャンニャン　ニャンニャン」という一節があったことによる造語。昔は「Cまでしちゃった」などと言った。Aがキス、Bがペッティング（この言葉が懐かしい）、Cがソレ。もっと昔は「理ない仲」など言った。辞書には、へだてがない。ねんごろとある。「ねんごろ」とは情交のある関係。『ANN』でたけしは、ひたすら「コーマン」(→p.86)と叫んだ。(高)

NYに行きたいかぁ～～
にゅーよーくにいきたいかぁ～～／福留功男

まだ誰もが気軽に海外旅行には行けなかった時代、『アップダウンクイズ』(毎日放送)の賞品「ハワイ旅行」にワクワクし、優勝者にレイをかけにいくスチュワーデスさんのミニスカートにドキドキしていた。そんな中、1977年、日本テレビが放送した視聴者参加番組『アメリカ横断ウルトラクイズ』で司会の留さんこと福留功男アナが参加者に向かって叫んだあおりフレーズがコレ。予選会場の後楽園球場では、最大で2万人が○×クイズに右往左往したっけ。(松)

ニンッ／伊東四朗

"いつ どこで"という事もなく伊東がひと言つぶやく「ニンッ」がいつの時代も妙におかしい。若い時からあまり前に出る芸風ではないのに、誰とからんでもみごとにマッチしておかしみが漂う。希代の喜劇人である。三波伸介・戸塚睦夫と組んだてんぷくトリオ。リーダー・三波とからむ最若手の伊東のおかしさ。『みごろ たべごろ』で組んだ呼吸のいい小松政夫との名コンビ。伊東演じるお母たま・シロ子が、政太郎をおしゃもじでひっぱたく「このマイナー息子」パチン。いい音がする。二枚重ねのおしゃもじで作ってあるのだ。その後、慕ってくる若手の一人、三宅裕司とテレビでコント番組をやり、舞台で「伊東四朗一座」。これが伊東抜きだと、伊東の手前熱海、四朗じゃなくて五郎という訳で「熱海五郎一座」となる。伊東の喜劇界・ギャグ界に与えた影響は大である。今や東京喜劇界の座長といえる。ニンッ。『この顔で悪いか！』(集英社)の名著がある。(高)

ニンニキニキニキニニンが三蔵
にんにきにきにきににんがさんぞう
/ザ・ドリフターズ

公開生放送の『8時だョ！全員集合』、スタジオコントの『ドリフ大爆笑』で1970年代から80年代半ばまで日本の笑いを牽引した**ザ・ドリフターズ**の、この二番組に肩を並べる傑作が『飛べ！孫悟空』（TBS系　77年〜79年）である。これは『西遊記』を枠組みに借りた人形劇で、おなじみの物語に人気タレントや歌手がゲスト出演する音楽バラエティ。特筆すべきは、人形劇ゆえにドリフの面々はすべて「声の出演」であること。三蔵法師がいかりや長介、孫悟空が志村けん、猪八戒が高木ブー、沙悟浄が仲本工事。そして加藤茶は「カトちゃん」として本人の人形で一緒に旅をする。人形の造形、操作も素晴らしく子供たちが熱狂した。立項したのは主題歌『ゴーウエスト』（東芝EMI）の歌詞。作詞・下山啓・田村隆、作曲・たかしまあきひこ。(尚)

ヌンチャク

1970年代、カンフー映画『燃えよドラゴン』などに主演したブルース・リーの大人気は、日本のコメディアンたちにも影響を与えた。ごく初期にカンフーのネタをつくったのが**ザ・ドリフターズ**のボーヤだった「すわしんじ」。舞台でヌンチャクを操り、奇声を発する。間違って自分にぶつけてしまうなどのギャグで知られる。続いて、70年代後半からカンフーネタを見せたのが関根勤。あれはまだラビット関根という名前だった頃か、『カックラキン大放送!!』で拳法ネタを見せていた。もう一人、竹中直人が多摩美術大学1年生の時、素人番組に出演しブルース・リーの真似で評判をとっている。竹中によれば「テレビ界ではじめてブルース・リーの真似をした」。この三人、正確な順序はわからないが、いずれも『燃えよドラゴン』の熱心なフォロワーであり、ヌンチャクは重要な小道具。(尚)

ヌーブラヤッホー！/モエヤン

三宅裕司率いる劇団スーパー・エキセントリック・シアターに所属していた池辺愛と久保いろはによるお笑いユニット**モエヤン**の一発ギャグ。青と赤のキャップとタイツ姿に、胸に「ヌーブラ」を装着した二人が「ヌーブラヤッホー！」と叫ぶ単純な一発ギャグで2007年頃ブレイク。ただしヌーブラメーカーから抗議を受けたためその後は「ノーブラヤッホー」にプチ転換。ケチがついたせいか、ほどなくコンビ解消してしまったのが残念である。(松)

ねっ！/東京太・ゆめ子

年々少なくなる夫婦漫才界のレジェンド的存在、東京太・ゆめ子が舞台上で、顔を見合わせ言う「あ・うん」のおノロケ。結婚当初、夫は東京二・京太として活躍していたがギャラの配分をめぐって決裂しコンビ解散。専業主婦だったゆめ子が夫を支える形で結婚20年後に夫婦漫才としてスタート。師匠だった松鶴家千代若・千代菊の漫才を継承して「母ちゃん、もう帰ろうよ！」もお約束。(松)

Q. 何と言っているでしょう？（答えはp.146）

ねづっちのです！／ナイツ（塙宣之）

謎かけ芸人・ねづっちが見事な謎かけを披露したあと、両手で襟をつかみ若干胸を張りながら、アピールするひと言は「ねづっちです」。一方、**ナイツ**の塙宣之が披露した謎かけが、盗作であると悪びれずに開き直るときのひと言が「ねづっちのです」。完成度が高く思わず感動したあとのネタばらしで、さらに笑いを呼ぶというズルイ技である。謎かけの巧みさにおどろいたあとに、納得の笑いが起きるまでがワンセットとなっている。ちなみに本当に謎かけが上手なのは相方の土屋伸之で、自らねづっちの弟子、「つっちっち」を名乗り、『ラジオビバリー昼ズ』では謎かけコーナーも担当している。（松）

ネプ投げ！
ねぷなげ！／ネプチューン（原田泰造）

テレビ朝日『おネプ！』（1999年〜2001年）で**ネプチューン**の原田泰造扮する"原田大明神"が、番組に依頼してきた団体の、主に若い女性を巴投げする企画。投げられると祈願成就する、という触れ込みになっていたが、飛ばされた際に下着や肌が見える！のが人気の秘訣でもあった。けれどセクハラだ！下品だというクレームが番組に殺到。BPOの審議対象となったことで企画中止という一本負けで勝負がついた。（松）

ノーアポ／松本明子、松村邦洋

「ノーアポイントメント」の略。別称「アポなし」。一般に広まるきっかけとなったのは日本テレビの『進め！電波少年』。申請を出してもどうせNGだから最初から許可なし……と松本明子と松村邦洋が、有名人の豪邸や政治家のもとに無理矢理、突撃取材させられた。松村が渋谷のチーマーを更正させようとする企画や、松本がパレスチナ指導者アラファト議長にマイクを渡して"アラファっと私が夢の国〜"（『てんとう虫のサンバ』の替え歌）とデュエットしようとしたのは、よく放送できたというよりも、よく無事に生還できた神回であった。（松）

〜のときのおれの顔
〜のときのおれのかお／伊集院光

伊集院光は1990年代以降のラジオの笑いを代表する旗手である。80年代後半からニッポン放送で活躍していたが、平成はじめにビートたけしや**とんねるず**が深夜ラジオから退場し、それと入れ替わるように第一人者になったという印象がある。立項し

たのは1995年から続く深夜放送『伊集院光　深夜の馬鹿力』（TBSラジオ）の投稿コーナー「顔コレクション」のフレーズ。不条理な瞬間に立ちすくんでいる自分、その時の「おれの顔」を客観視して笑うという趣向だった。あるいは、目に見えている事象の裏にこんなメカニズムがあったら、と想像する「遊び」のコーナー。伊集院は、デヴィッド・リンチへの偏愛を繰り返し語るが、まさにリンチ作品のように、世界には見えない深層があるという確信を「笑い」に転化するにはラジオはうってつけの媒体だ。他に帰る場所をつくらず、ラジオを「本業」と言い切るシンプルさが、彼の「つよさ」を支えている。(尚)

ノーパン喫茶　の－ぱんきっさ

昭和53年京都誕生説があるが、最も有名な店は昭和55年大阪に誕生した「アベノスキャンダル」。ノーパン喫茶嬢出身で人気者になったのは「イヴちゃん」。ロマンポルノにも出演し『イヴちゃんの花びら』（日活）。大学生に人気で当時（高）もイヴちゃんとよく学園祭のイベントに呼ばれた。ノーパン喫茶の大進化形が「ノーパンしゃぶしゃぶ」。（高）も松村邦洋を連れ、日テレの接待で行った事がある。上を向きすぎて松村は首を痛めた。(高)

の・ようなもの／森田芳光

森田監督、1981年、劇場用映画"笑撃"のデビュー作。若き落語家のようなものであり青春のようなものであり恋愛のようなものだった。それは人生のようなものであり高田と森田の先輩と後輩のようなもの。噺の下手な志ん魚（伊藤克信）の兄さん志ん米（尾藤イサオ）は、若き日の高田そのままのようなものだった。日芸落研時代、高

田の十八番は金馬の『居酒屋』、名台詞が小僧さんの「できますものは汁、ハシラ、タラ、コブ、アンコウのようなもの……」。
(高)

『の・ようなもの』
監督：森田芳光
KADOKAWA／角川書店

乗りまーす
のりまーす／太川陽介、蛭子能収

太川陽介と蛭子能収による『ローカル路線バス乗り継ぎの旅』（テレビ東京系）は画期的な旅番組だった。例えば、大阪城を出発し金沢の兼六園を目指すという旅程が出され、ゲストのヒロインを加えた三人で旅に出るのだが、乗れるのは路線バスと徒歩のみ、スマホでの情報検索禁止――というようなルールがあり、三泊四日でゴールを目指す。タイムアウトしてしまうこともしばしばある。緻密に状況判断をする太川と、面倒くさがりでバスでは寝てしまう蛭子が名コンビ。乗り継ぎに成功し「乗りまーす」とバスに滑り込むのが毎回のこと。ときに、蛭子の直感でダイヤの乱れたバスに乗れたりすることもある。このコンビでは2007年から17年まで放送。現代の「珍道中もの」として記憶される。(尚)

は

はい、消えた！
はい、きえた！／愛川欽也

フジテレビ『なるほど！ザ・ワールド』（1981年〜96年）で司会の愛川欽也が、解答者席を回り、クイズで不正解だった際、机を叩いて×ボタンを点灯させる時のフレーズ。解答権が消失したという意味。声優としてキャリアをスタートし、ラジオパーソナリティー、役者、司会者としても活躍したキンキンは、『アド街ック天国』（テレビ東京系）では、「お待っとさんでした！」のキャッチーな挨拶も生み出している。愛川は芝居をやりたい後輩のために、劇場「中目黒キンケロ・シアター」を建てた。この劇場名は愛川の「キンキン」と、妻・うつみ宮土理の愛称「ケロンパ」から付けられた。（松）

ハイサイおじさん／喜納昌吉
きなしょうきち

沖縄出身のシンガー、喜納昌吉のデビュー作（1969年）であり、今日まで歌い継がれる傑作ソング。沖縄民謡の音階に乗せて「ハイサイおじさん」というフレーズが繰り返される。この曲は笑いのファンには特別な記憶と結びついている。ひとつは『ビートたけしのオールナイトニッポン』のエンディングソングとして。毎回、27時近くになると、この曲で2時間の熱狂は終わった。もうひとつは志村けんの「ヘンなおじさん」のオリジンとして。志村はこの曲のメロディを借りて、ハイサイおじさんならぬ「ヘ

ンなおじさん」のキャラクターを造形した。名喜劇人二人に愛された楽曲。（尚）

○倍楽しく見よう
○ばいたのしくみよう／江本孟紀
えもとたけのり

「ベンチがアホやから」の名言でおなじみ、阪神タイガースなどで活躍しながら、通算24ボークの日本記録を持ち、政界へも進出した江本孟紀が生み出したキャッチコピー。『プロ野球を10倍楽しく見る方法』（ベストセラーズ 1982年）が累計400万部を超える一大ベストセラーとなったことで、あらゆるジャンルで「○倍楽しく見よう」的なタイトルが激増。エモヤンも続編で20倍、100倍と倍率をあげていった。（松）

ハイッ！宮尾すすむです！
はいっ！みやおすすむです！
／宮尾すすむ、井手らっきょ 他

宮尾すすむが、顔の前で両手を交差させて、右手のひらを右アゴに添えながら目を大きく開いて挨拶する時の自己紹介フレーズ。高田が考案し、口伝で教えた。『スタードッキリ㊙報告』で一躍有名になったが、本人だけでなく、井手らっきょ（当時は井手ひろし）も「たけし軍団」に入るまでは、このフレーズで食いつないだという。（松）

バイナラ／斎藤清六

「バイバイ」と「さよなら」が合体。欽ちゃんファミリー、斎藤清六が「欽どこ」（『欽

ちゃんのどこまでやるの！」テレビ朝日系）の中で言い出した。斎藤清六と林家パー子は、小学校の同級生という爆笑の下町伝説。清六の実家は米屋。"さよなら"を表すものに『Dr.スランプ』アラレちゃんの「バイちゃ！」、『アンパンマン』のばいきんまんの「バイバイキーン！」がある。年配者は「こらへんでドロンさせて頂きます」。(高)

バイビー／ビートたけし

もともとはアン・ルイスの持ちネタ。1980年頃よくテレビで「バイビー」と洒落っぽくギャグっぽくお茶目に言っていた。81年元日スタートの『ビートたけしのオールナイトニッポン』。第一回目だけ、実は「こわがり、不安がった」ニッポン放送の思惑で、事前の収録となった。高田がだいたいの2時間の進行表をメモっていて、27時の手前の所に覚え書きで「バイビー」と走り書きをした。いざ本番、いよいよ27時（深夜3時）にさしかかる頃、**ツービート**の背の小さいほうがその進行表をチラ見して、即こう言った。「それじゃ……バイビ〜〜ッ」。目の前に座っていた高田もびっくり。メモを読んじゃったのだ。以後、お別れの挨拶は『ハイサイおじさん』(→p.144)と共に「バイビー」となった。なんの必然もない。10年間続いた『ANN』、90年の最終回、たけしはハガキ職人たちに静かに「ありがとう、さようなら」と言った。(高)

はい、ひょっこりはん
／ひょっこりはん

タンクトップでマッシュルームカットのひょっこりはんが音楽にのせ、色々な場所から「はい、ひょっこりはん」という台詞にあわせ顔を出す。ここにも出た！ (尚)

バウバウ／松村邦洋

1981年『ビートたけしのオールナイトニッポン』がスタートすると、日本中のお兄ちゃんたちの口調がそっくりそのままたけしの喋りになった。「バカ野郎　ガタガタ言うとペンキ塗っちゃうぞ」。ペンキ職人にさえ憧れた。日本で最初にビートたけしのモノマネをやったのが松村邦洋である。その声と調子は空前絶後であった。しまいには『オールナイトニッポン』で構成兼相方をつとめる高田文夫の真似までしはじめた。天才耳には日本一の聞き上手が「タケちゃん　バウ」と聞こえた。後に『北野ファンクラブ』(フジテレビ系)を見て動きまで取り入れ「バウバウ」が大バクハツした。(高)

バカ言ってる
ばかいってる／水谷千重子

友近によく似た演歌歌手、水谷千重子のフレーズ。例えばコンサートのMCで「千重ちゃんから歌を取ったら何が残る。美貌しか残らない」などと言って、自分で「バカ言ってる」と突っ込む。この他、恋人のいない自分を「空き家」と称したり、「了解」を「了の解」と言ったりする昭和ワードが彼女の魅力。たまに演歌歌手の川中美幸と掛け合いをするのが絶品の漫才。後輩である川中が大先輩の水谷に様々な「懐かしい持ち唄」をリクエスト、千重子はしどろもどろになりながら歌う。そして「バカ言ってる！」と川中がオチをつけるのだ。(尚)

バカだなぁ／Wけんじ

ネタの途中、小さなボケのあと、やや間があって互いに顔を見合わせてから小さく反って「バカだなぁ」。十八番「やんな!!」、右手をあげて「オー！」と共に、1960年代必笑の**Wけんじ**であった。宮城けんじと東けんじのコンビ。漫才以前、宮城は春日八郎などの各地を廻る歌謡ショーの名司会者であった。東けんじは、三波伸介らとトリオを組んでいたこともある。「バカだなぁ」は現在、**ダチョウ倶楽部**が承諾もなく使っている。これが芸の継承か。(高)

馬鹿は死ななきゃ 治らない
ばかはしななきゃ なおらない
／二代目・広沢虎造

大正14年、ラジオ放送が開始され、人気を博したのがこの虎造の浪曲『清水次郎長伝』。"旅行けば駿河の道に茶の香り"の名調子に日本中がシビれた。次郎長の子分、おっちょこちょいで人気者で片目の森の石松を指して"馬鹿は死ななきゃ治らない"とうなった。講談師・三代目の神田伯山（今活躍中の松之丞改め伯山は六代目）から虎造は習ったとも言われるが真実はわからない。三十石船の上での石松と旅人の掛け合い、「江戸っ子だってねえ」「神田の生まれ

よ」「そうだってねぇ　喰いねぇ　喰いねぇ　寿司喰いねぇ」はあまりにも有名なやりとり。日本人なら知っておきたい。虎造の時代に活躍した浪曲師は、二代目・玉川勝太郎（『天保水滸伝』など）、寿々木米若（『佐渡情話』など）、三門博（『唄入り観音経』など）らが居る。その後、浪曲師から歌手に転向し成功した人に、三波春夫、村田英雄、二葉百合子が居る。三波の『俵星玄番』を柳亭市馬が持ちネタにして爆笑をとり、「村田だ！」と『ANN』でビートたけしが火をつけ、二葉のことは今、志らくが大事に語り継いでいる。令和の今、話題の浪曲師に、玉川奈々福、玉川太福らが居る。(高)

墓マイラー
はかまいらー／みうらじゅん

墓に参る人という意味と、飛行機のマイレージを貯めるようにもっとお墓参りをしようと呼びかける造語。一般に広めたのはイラストレーターのみうらじゅん。2006年に「お墓の前で泣かないでください。だってそこにはいませんから」って歌われたおかげで減ったお墓参り人口を戻し、お盆がにぎやかになるといいなと思って「墓マイ

ル」システムを考案したという。彼のご先祖が喜んでいるかどうかは定かではない。(松)

はじめまして
こんばんみ／ビビる大木

埼玉県・春日部市出身、かすかべ親善大使、ビビる大木のつかみギャグ。「こんばんは」という意味であるが、「昼からこんばんみ」などと時間帯を問わずに強引に使う。2018年に情報サイト「日刊SPA！」が20代女性を対象に調査した「おっさん認定される死語ランキング」で3位にランクインしているが、2020年にはじめたYouTubeは「こんばんみチャンネル」。芸歴25年、幕末好きの野球好き。立派なおっさんになった彼には、死後まで使い倒してもらいたい。(松)

裸芸 はだかげい／アキラ100%

「裸踊り」は昭和時代の宴会芸ではよくあったそうで、裸に近い格好をしてお盆で局部を隠しながら踊る。(東宝の『社長』シリーズなどに描写されている) これを2010年代のテレビに持ち込んだのがアキラ100%。単純にお盆で股間を隠し、色々な動きをするネタや、全裸の刑事が捜査に乗り出す「丸腰刑事」までバリエーションがある。晩年の桂歌丸は「裸にお盆で何が芸か」とテレビで批判。対して、太田光はアキラを擁護した。当人は「自分の芸をスロー再生するのはやめてほしい」と言っている。(尚)

ハチの一刺し
はちのひとさし／榎本三恵子

ロッキード事件がらみで1981年に流行した「ハチの一刺し」。田中角栄の秘書官の妻である榎本三恵子のひと言が由来。何でも面白がる『オレたちひょうきん族』では、"ハチの三恵子"という怪人で出演依頼。タケちゃんマン、アミダばばあを槍で襲った。その後、榎本は安岡力也「ホタテマン」と浮名を流した。"ホタテをなめるなよ　ゴーゴー"(→p.161)。なめられたという噂である。(高)

発車の時刻が……
はっしゃのじこくが……／ユリオカ超特Q

ピン芸人のユリオカ超特Qはネタのラストになると時計を見て「発車の時刻が来たようです……」と呟き、なぜかおまじないをひとつ紹介してステージを去る。浪曲などの「ちょうど時間となりました」の当世流である。漫談も質が高く、モノマネ(三谷幸喜など)も達者なユリオカ超特Q。本名は百合岡英之。デビューは1990年代半ば。今よりは景気の良かった時代に育った雰囲気がどこかにある。あまり知られていないが、人竹まことの弟子である。(尚)

パーッといきましょう／三木のり平

大当たりした森繁久彌の映画『社長』シリーズ（東宝）で、ほとんど宴会部長役の三木のり平が発する台詞。森繁、三木らが宴会で毎回披露するおかしな隠し芸は、いつも撮影当日、三木が森繁らに教え指導していたという。日本橋は浜町生まれ、生っ粋の江戸っ子。異常すぎるシャイさ。何でもできる江戸っ子の照れがそうさせるのだろう。日大芸術学部を卒業して俳優座へ入り、演劇人生。出自は新劇。1946年（昭和21年）、三木鶏郎グループに参加。NHKラジオ『日曜娯楽版』、その後、映画・テレビ・舞台。私の一生の宝は『雲の上の団五郎一座』（東宝）での八波むと志との「玄冶店（げんやだな）」。あの森光子の舞台『放浪記』の演出でも知られる。まさに私にとっては"芸神"。台詞おぼえが悪く、舞台上のあっちこっちに台詞を書いたなどのエピソードは多いが、実は全部頭に入っていた。緊張感を与えハラハラさせるまわりへのサービスなのだ。最晩年には別役実作品の舞台『はるなつあきふゆ』『山猫理髪店』。新劇に回帰した喜劇王。誰も怖くてのり平センセーには近付けなかったが私だけは別。荒木町のスナックで呑んでいると深夜の店に電話、私に代わると「居る？ 今"北野ファンクラブ"見てるから終わったら行くよ」。いつも二人だけで朝まで飲んだ。(高)

はっぱ隊
はっぱたい／南原清隆 他

1998〜2003年までフジテレビ系列で放送された『笑う犬』シリーズから生まれたユニット。南原清隆隊長以下、**ビビる**（大内登・大木淳）に**ネプチューン**（名倉潤・堀内健・原田泰造）が、落ち込んでいる人のもとに股間に葉っぱ一枚（白または肌色パンツをはいている）姿で登場。「ヤッタ！ ヤッタ！」と両手でガッツポーズを決めながら独特のステップで踊り、励ましていた。CDデビューも飾り、本人たちも「ヤッタ！」と思っただろう。(松)

はっぱふみふみ／大橋巨泉

1969年にパイロットエリートSという万年筆のCMがバカうけ。巨泉がペンをとり「みじかびの きゃぷりき とれば すぎちょびれ すぎかきすらの はっぱふみふみ」と不明なことを詠む。そしてダメ押し気味に巨泉が「わかるね」と満面の笑み。よくわからなかったが、この万年筆は飛ぶように売れた。"巨泉"は早大の学生時代から使っている俳号。とにかく俳句はうまい。(高)

ハードボイルドだど／内藤陳

1960年代中盤にあった"トリオブーム"。三波伸介・伊東四朗らの**てんぷくトリオ**。東八郎の**トリオスカイライン**。そして内藤陳の**トリオ・ザ・パンチ**である。ガンプレイなど格好よく見せて「ハードボイルドだど」と決める。『読まずに死ねるか』（集英

148

社）で有名。たしか"冒険小説協会の会長"をつとめていた。読書マニアのためのたまり場として新宿ゴールデン街で「深夜＋1（ワンプラス）」を経営。いつも酔っ払ってカウンターに居た。私もいつも酔っ払ってのぞいた。理屈っぽいから、毎度、喧々囂々（ごうごう）。酔った陳、私を見つめ、「芸能に関して、高田がやってきたことは全部認める。唯一認めないのは、オレを認めなかったことだ」。(高)

鼻から牛乳
はなからぎゅうにゅう／嘉門達夫

嘉門達夫（現・嘉門タツオ）がギターをかき鳴らしながら二股交際をした男女の悲哀あふれる修羅場エピソードを歌う名曲。サビをJ・S・バッハ作曲『トッカータとフーガ ニ短調』のメロディに乗せ、"チャラリ〜　鼻から牛乳〜〜"と歌った。1992年頃、給食中に鼻から牛乳を出すのが日本中の子供たちの間で大流行し、教室の床がビショビショになった。(松)

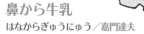

鼻血ブー **はなぢぶー／谷岡ヤスジ**

赤塚不二夫のウラにまわったド天才ギャグ漫画家・谷岡ヤスジ。破壊的でパワフルで超ナンセンスで正確に測れば時速170kmは出ていたギャグスピード……だがコントロールが悪し。『ヤスジのメッタメタ・ガキ道講座』（講談社）などで「鼻血ブー」が

描かれ、サラリーマンなども使っていた。「アサーッ」「オラオラオラ」などのインパクトあるフレーズ。1970年にTBSで実写コント番組化され『笑うんだもんね！』。**てんぷくトリオ**。台本は前川宏司。意味もなく私も手伝わされた。(高)

パニパニパニック
／スリムクラブ（真栄田賢）

人造人間のフランチェンが難題を与えられ、チャレンジするが失敗、「思考停止」に陥る。それに引き続いて小鳥の鳴き声が響き「パニパニ、パニパニ、パニパニパニック」と両手を上下させながら踊るギャグ。ほぼ『エンタの神様』専用のキャラクターで、フランケンシュタインそっくりのメイク、扮装で**スリムクラブ**の真栄田賢が「中の人」だった。2000年代の後半に流行。東日本大震災で原発事故が起き日本中がパニック状態にあった時、フランチェンの声を思い出した。(尚)

早くやって もう帰ろうよ
はやくやって もうかえろうよ
／松鶴家千代若・千代菊（しょかくやちよわか・ちよぎく）

"民謡漫才"ひと筋の大ベテランであった。やる気もなさそうに千代若が開口一番こう呟くと客は爆笑。楽屋のみんなから愛され、若手は千代若を「おとうちゃん」、千代菊を「おかぁちゃん」と呼び敬愛した。戦時中に中国大陸へ漫才で慰問。その時ふと出た台詞。兵隊たちはシンミリして涙ぐんだとか。たけしの喜劇人としての師は深見千三郎だが、**ツービート**漫才の師匠は千代若・千代菊である。(高)

Q. 何と言っているでしょう？（答えはp.154）

ハヤシもあるでよ〜/南利明

由利徹、八波むと志と**脱線トリオ**で人気を博した南利明がオリエンタルカレーのCMで発した「ハヤシもあるでよ〜」の名古屋弁が面白がられた。ハヤシは林ではなく"カレー"と"ハヤシも"である。このCMが流行した1970年は、大阪で万博が開催された年。谷岡ヤスジの漫画から「鼻血ブー」（→p.149）や、ボーリングブームでシャンプーのCMに登場した「さわやか律子さん」、映画では三波伸介も出演した黒澤明の『どですかでん』（東宝）などが話題に。(高)

はらたいらに3000点
はらたいらにさんぜんてん/大橋巨泉 他

1976年にスタートしTBSの看板番組となった『クイズダービー』は、司会の大橋巨泉が問題の難易度や解答者のレベルに合わせてオッズをつけ、それを参考に出場チームが持ち点をかけていくというギャンブル的要素を加味したクイズ番組だった。毎回、驚異の正答率を誇ったのが「博識の漫画家」はらたいらと、「三択の女王」竹下景子。その高い信頼度から、このフレーズがまるで決まり文句のように、はらへ3000点がかけられる事が多かった。はらたいらにはヤラセ説が出るほどで、現在の「東大王」的な絶対的秀才としてお茶の間に君臨した。(松)

ハラホロヒレハレ
/クレージーキャッツ

『シャボン玉ホリデー』及び**クレージーキャッツ**並びにナベプロ一同の団体芸である基本的なずっこけ方。植木等が「ン？　お呼びでない？　こらまた失礼しました」（→p.64）と言った時も、谷啓が溜めに溜めて「ガチョーン！」（→p.70）と決めた時も、全員で四方八方へ「ハラホロヒレハレ」なのである。(高)

ハンコちょうだい/ラッキィ池田

有能な振付師、ラッキィ池田が結婚相手とスピード離婚。別居はしているものの、女性が離婚届に押印してくれないので、ラッキィはテレビで「ハンコちょうだい！」と踊りながらアピールした（実際にはリポーターの求めだったと思うが）。ギャグではないが、なんとも言えない哀しみの背中。近年は『妖怪ウォッチ』の主題歌やアイドル楽曲でラッキィ振付を目にするが、ときにハンコちょうだい風の動きを発見できる。(尚)

ハンターチャンス！/柳生博

1981〜93年にかけてテレビ朝日で放送された『100万円！クイズハンター』で、相手が獲得した賞品から好きなものを横取りできるルールが設定されていた後半に、司会の柳生博が軽やかに宣告したのが「ハンターチャンス」。笑福亭笑瓶がモノマネしたこともある。よく混同されるが児玉清は「アタックチャンス」（→p.35）。『パネルクイズ　アタック25』（朝日放送）のほうであり、こちらは博多華丸のモノマネが鉄板である。(松)

パンパカパーン 今週のハイライト

ぱんぱかぱーん こんしゅうのはいらいと
／漫画トリオ

昭和35年にトリオとしてうめだ花月に出演。43年、参議院選挙でノックが出馬表明。すぐに活動停止した横山ノック、フック、パンチの三人組、**漫画トリオ**。一番若かったパンチがのちの上岡龍太郎。次から次へと繰り出す短い時事ネタを「パンパカパーン 今週のハイライト」とジングル風に入れてつないで行く。さすがの米朝「"パンパカパーン"は受囃子の役割を果たしてるから、それで前のネタの考え落ちもわかる仕組になっている」と絶賛している。上岡曰く「"ブリッジ音楽"を考えている時、うめだ花月のとなりの喫茶店『アメリカン』の横のパチンコ屋のところにタバコ屋があって、ノックさんが買おうとして『ハイライト』って言ったんですが、店番の女の子には聞こえなかった。『はー？』と言ったので思わず僕が『今週のハイライト』と言った」。これで決まったらしい。余談ですが、漫画トリオの高座で本当のハイライトは、ノックの"蛸踊り"である。(高)

パン、パン、パンッ！／小林のりー

立川流の会に出演した小林のりーは、高座の座布団を盾に見立て、「海上で鮫と闘うおばあさん」というネタを演じた。おばあさんがピストルで鮫を狙い撃つ。客は唖然。楽屋に帰ると談志が「のりーなァ……お前、いい。芸に基準がある」。(尚)

東村山音頭

ひがしむらやまおんど／志村けん

2020年、新型コロナの本当の怖ろしさを日本中が知ったのは、愛すべき国民的コメディアン・志村けんの急死だった。「志村うしろーッ」とあれだけ心配されて来たのに……。日本列島が喪失感に包まれた。1968年いかりや長介に弟子入りし、74年荒井注の脱退に伴い**ドリフ**の正式メンバーに。長いスランプの後、76年に出身地の『東村山音頭』を歌い大ブレイク。東村山駅前に「志村けんの木」を植樹。以降「ヒゲダンス」、「カラスの勝手でしょ」(→p.74) とヒットを大連発。(高)

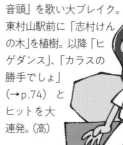

肘神様 ひじがみさま／流れ星（ちゅうえい）

流れ星の「ひじ祭り」というネタの中で、ちゅうえいが左右の手をぶらぶらさせながら"腕の骨を つなぐ関節 ひーじ ひーじ～"と歌う民謡が「ひじ祭りの歌」。その村に伝えられる神様が「肘神様」。もちろん実在はしない。流れ星は2017年、2018年の「THE MANZAI」で、たけし賞も受賞しているが、ボケのちゅうえいは「ホップステップキャンプ」「ジャポニカ学ちゅうえい」など数百個の一発ギャグを持っている。私が個人的に好きなのはライブ会場のスタンドマイクの三本足の土台を客席に見せて呟く「ベンツ」。(松)

びっくりしたなぁもう
／てんぷくトリオ（三波伸介）

間違いなくBIG3（たけし・タモリ・さんま）登場の前、1970年代のテレビの座長は**ドリフターズ**のいかりや長介、**コント55号**の萩本欽一、そして**てんぷくトリオ**の三波伸介であった。あの恰幅の良さ・貫禄・芸の引き出し・声の美しさ・ユーモラスなフォルムと何をとってもピカイチで（高）の芸ごとの師匠筋にあたる。てんぷく時代のコントは井上ひさしが一手に書き、『お笑いオンステージ』（NHK）の「てんぷく笑劇場」は前川宏司が10年間一人で書き、『スターどっきり㊙報告』、『三波伸介の凸凹大学校』（テレビ東京）は（高）が書きまくった。座付き作者の系譜である。（高）

びっくりして坐り小便してばかンなんな！
びっくりしてすわりしょんべんしてばかんなんな！／古今亭志ん生

伝説すぎる落語家・志ん生の十八番『火焔太鼓』の中の、私が最もキュンとくるくすぐり（ギャグのこと。落語では古来よりこう言う）。池波志乃の父である馬生（兄）とミスター落語ともいうべき志ん朝（弟）の父にして、あの談志が最も愛し、クドカン

脚本の大河ドラマ『いだてん』（NHK）ではビートたけしが一年間演じた、笑芸界のシンボルである五代目。ハチャメチャ人生を語った『びんぼう自慢』（ちくま文庫）という名著がある。（高）

必殺仕事人のテーマ
ひっさつしごとにんのてーま／テンダラー

漫才コンビ**テンダラー**のネタ。「時代劇の仕事してみたいなぁ」という会話から「やってみよう」という流れになる。左に立つ白川悟実が悪代官役で、右の浜本広晃が手込めにされようとする娘。そこに「タラララータタタタタタタタララー」と必殺仕事人のテーマが流れ（浜本の口トランペット）、仕事人（浜本二役）が現れるが、刀を忘れたり、簡単に返り討ちにあったりする。台詞の少ない体技漫才で、浜本の動きのキレが目立つ。東京進出をしない、大阪本拠のコンビだが、ビートたけしが高く評価し、自分のネタ番組にたびたび呼んでいる。（尚）

必死のパッチ
ひっしのぱっち／桂雀々

極めて大変であることを意味する関西弁。「パッチ（股引き）をはく暇もないくらい必死」から生まれた説や、深い意味はなく韻を踏んだだけ説、「七、八」の語感から「シッチ、パッチ」となり「シッチのパッチ」となった説などがある。12歳で親に捨てられ、孤独と貧乏と寂しさを全部、笑いで乗り越えてきた桂雀々が自らの半生を振り

152

返った時に使うとその必死さが伝わる。詳しくは幻冬舎から発売された自叙伝『必死のパッチ』で。(松)

ぴったしカン・カン！/久米宏

1975年から11年に渡りTBS系列で放送されたクイズ番組。初代司会は久米宏。芸能人3名の「ぴったしチーム」のキャプテンが坂上二郎で、視聴者3名の「カンカンチーム」は萩本欽一が率いてチームで勝敗を争った。正解すると鐘の音色と共に久米がハイテンション気味に叫ぶ「ぴったしカンカン！」のフレーズが今も耳に残っている。ちなみに現在、同局で安住アナが司会をつとめるクイズトークバラエティ番組は『ぴったんこカン・カン』である。(松)

ヒットエンドラーン/鳥居みゆき

鳥居みゆきのフレーズ。ブレーキの壊れた車のような芸風で売り出した鳥居みゆき。目を見開き、パジャマ姿にぼさぼさの髪でショートコントを見せるのが印象強烈だった。「趣味は駆け込み乗車、特技は乗り越し精算」「バッティングセンターでウグイス嬢」といったギャグを放ち、ネタとネタの合間に「ヒットエンドラーン」という謎のフレーズを叫ぶ。(尚)

ピッ、ノックオン、スクラム、帝京ボール
ぴっ、のっくおん、すくらむ、ていきょうぼーる
/中川家(礼二)

中川家・礼二のネタ。中川家の二人（兄の剛、弟の礼二）は共に中学、高校でラグビー部に所属していた。漫才師になってからはラグビーの審判の真似をネタに取り込み、特に礼二の「ピッ、ノックオン、スクラム、帝京ボール」というネタがよく知られる。視聴者の多くはラグビーの審判など知らないのだが、精密に再現されると知らなくても面白いという一例。関西人でなくとも「京阪電車のアナウンス」で笑えるのも同じことである。「ノックオン」は手で受けたボールを前にこぼしたり、体で前にはじくことを指す言葉。ラグビーの反則の一つ。(尚)

一つ、人世の生き血をすすり！
ひとつ、ひとよのいきちをすすり！
/桃太郎侍(高橋英樹)

山手樹一郎の痛快時代小説を原作に、何度も映画化、ドラマ化された時代劇の決定版、『桃太郎侍』。長谷川一夫、市川雷蔵、里見浩太朗と数多くのスターによって演じられている。なかでも最も印象に残っているのが1976年から日本テレビ系で放映された高橋英樹バージョンで、多くのパロディやコントでもリスペクトされた。「ポンポンポンポンポーン」と鳴る鼓の音と共に登場した桃太郎侍が「一つ、人世の生き血をすすり……二つ、不埒な悪行三昧……三つ、醜い浮き世の鬼を、退治てくれよう桃太郎！」と名乗り終わる前に斬りかかる敵は一人もいなかった。(松)

ひと目会ったその日から
ひとめあったそのひから
（／西川きよし、桂三枝（現・桂文枝）

1973〜84年に関西テレビで放送された視聴者参加型の恋愛バラエティ『パンチＤＥデート』の冒頭、西川きよしと桂三枝（現・六代目桂文枝）の決め口上。正確にいえば「ひと目会ったその日から」「恋の花咲くこともある」「見知らぬ貴方と」「見知らぬ貴女に」「デートを取り持つ」「パンチＤＥデート！」だった。登場した出演者がカーテン越しに座り、それぞれの介添人に付いたきよしと三枝が出演者のプロフィールや好きなタイプや芸能人を聞き出すと、カーテンの小さな窓から覗いて「（出演者の好みの人）というよりも……」というフレーズで相手を表現していた。三枝の「オヨヨ」（→p.64）というリアクションも懐かしい。（松）

ビバ起床　びばきしょう／水道橋博士

『高田文夫のラジオビバリー昼ズ』がはじまる午前11時30分に合わせて起きること。日本初の芸能人ブロガーとされる浅草キッドの水道橋博士のブログ「博士の悪童日記」にしばしば登場するフレーズ。故大瀧詠一をはじめ、「ビバリー昼ズ」のオープニングトークは何が何でも聞くというスタイルは、芸能界にも浸透している。（松）

PPAP
ぴーぴーえーぴー／ピコ太郎

古坂大魔王プロデュースによる千葉県出身のシンガーソングライター・ピコ太郎の楽曲。パイソン柄の悪趣味な衣装に薄茶色のサングラス、パンチパーマのピコ太郎は、二本のペンでパイナップルと林檎を突き刺す仕草を見せ「Pen-Pineapple-Apple-Pen」

と早口で言う。その頭文字をつなげて『PPAP』。2016年にジャスティン・ビーバーが面白いとツイート、英語圏で一気に火が付いた。アメリカではビルボードのヒットチャート100にもランクイン。2020年現在、全世界で再生回数は1億3千万回を突破。（尚）

冷やし中華はじめました
ひやしちゅうかはじめました／AMEMIYA

歌ネタ芸人・AMEMIYAのネタ。街で見かけた「冷やし中華はじめました」という貼り紙にインスパイアされた歌をギター弾き語りで聴かせるというもので、試行錯誤を重ね12月になってようやく「冷やし中華はじめました」とか、店に不審火が多く、自分には不審な保険金が掛けられているが「冷やし中華はじめました」と、このサビが繰り返される。2011年「R-1ぐらんぷり」準優勝。ほぼ同じメロディで、様々なアーティストに「捧げる歌」のシリーズもある。（尚）

p.149の答え：アッハーン（3時のヒロイン）

ビヨンセ/渡辺直美

テレビ出演の初期からビヨンセの歌とダンスを真似して注目を集めた渡辺直美。従来の「笑い」を目的としてモチーフを崩す「モノマネ」ではなく、ちゃんとしたクオリティーの技芸で観客を圧倒するところが新しかった。特に、短躯を駆使してのダンスのキレの良さと、キメるところをキメて客に媚びない姿勢が飛び抜けている。2016年にはニューヨークなどを巡回するアメリカツアーが米国メディアでも賞讃。2020年にはレディー・ガガのPVをそのまんまカバーし、ガガがTwitterで「Love this!!!」と反応した。（尚）

ヒロシです……/ヒロシ

ホスト姿のヒロシが、イタリアの失恋ソング『ガラスの部屋』をBGMに「ヒロシです……」からはじまる自虐ネタを呟くネタは『エンタの神様』で火が付いた。2000年代はじめのことである。以降、ずっと同じスタイルでネタを続け、近年は「一発屋」というレッテルを逆手にとって「インコにバカにされた態度をとられました」などと自虐に磨きを掛けているのは見事なも

の。内省的な視線をもった人なのだろう。2019年に関東某所の山を購入し、ソロキャンプ（一人でキャンプすること）。その光景をネット配信し、多くの視聴者を得ている。（尚）

ピロピロ/松村邦洋

宴会などで一気飲みを強要された時に、お酒を飲んでいるフリをしてごまかそうと松村邦洋が考案した飲み方。リコーダーを吹いているようにジョッキやグラスをつかみ、指を小刻みに動かしながらピロピロピロ……と口に出して少し飲むという方法。一部お笑い好きの間にプチブレイク。CD『ピロピロダンス』がリリースされた他、フジテレビ深夜の関東高田組の3部作として『たまにはキンゴロー』（92年）、『夜鳴き弁天』（92～93年）に続いて『ピロピロ』（93年）が放送されただけでなく、『ピロピロダンス』（メディアレモラス）としてCDもリリースされた。

M-1グランプリ 歴代チャンピオン (2015～2020年)	
2015年	トレンディエンジェル
2016年	銀シャリ
2017年	とろサーモン
2018年	霜降り明星
2019年	ミルクボーイ
2020年	マヂカルラブリー

M-1グランプリ

優勝賞金1000万円。主催は朝日放送テレビ株式会社、吉本興業株式会社。出場資格は、結成15年以内の2人以上6人以下の漫才師（1名（ピン）での出場は不可）。プロ・アマ、所属事務所の有無は問わない。審査基準は"とにかくおもしろい漫才"。詳細は、https://www.m-1gp.com/

2001～2010年チャンピオンはp.88

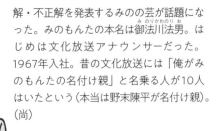

ファイアー！／福澤朗

フリーアナウンサーとして活躍する福澤朗が、日本テレビの局アナ時代、『全日本プロレス中継』で苦心の末に生み出したのが「ジャストミート！」の名調子。プロレス以外にも多用したことで広まった。ところが『全国高等学校クイズ選手権』の司会に抜擢された際、番組スポンサーのライオンとはライバルにあたる花王が「ジャスト」という洗剤を発売したため「ジャストミート禁止令」が出された。そこから生まれたのが、先代司会者、福留功男アナの「燃えているか！」を英訳したバージョンのこの言葉だったという。（松）

ファイナルアンサー？／みのもんた

みのもんたが司会をつとめた視聴者参加番組『クイズ$ミリオネア』（フジテレビ系）の決め台詞。この番組は最高賞金が1000万円という超高額予算だった。そのため参加者の解答も真剣そのもの。クイズを出し、参加者が解答、みのが「ファイナルアンサー？」と問いかける。解答者は「ファイナルアンサー」と宣言すると、そこから自分の答えを変更することができない。重々しいBGMに合わせ、引っ張るだけ引っ張って正

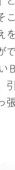

解・不正解を発表するみのの芸が話題になった。みのもんたの本名は御法川法男（みのりかわのりお）。はじめは文化放送アナウンサーだった。1967年入社。昔の文化放送には「俺がみのもんたの名付け親」と名乗る人が10人はいたという（本当は野末陳平が名付け親）。（尚）

フォー！／レイザーラモンHG

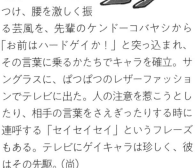

レイザーラモンHGのフレーズ。両手を高く掲げ、「フォー！」と叫んで観客を煽る。お笑いコンビレイザーラモンの住谷正樹として活動をしていた2002年頃、ヘンな毛皮やベストを身につけ、腰を激しく振る芸風を、先輩のケンドーコバヤシから「お前はハードゲイか！」と突っ込まれ、その言葉に乗るかたちでキャラを確立。サングラスに、ぱっぱつのレザーファッションでテレビに出た。人の注意を惹こうとしたり、相手の言葉をさえぎったりする時に連呼する「セイセイセイ」というフレーズもある。テレビにゲイキャラは珍しく、彼はその先駆。（尚）

プシュー／太田光

爆笑問題の太田光のギャグ。両目から何かの光線（あるいはシャワー）が放射されているさまを、言葉と仕草で表現する。漫才の高座でもテレビでもやる。六代目・神田伯山襲名披露に付き合った新宿末廣亭でもやり、2020年10月、自らが提訴した裁判の法廷でもやってみせた。（尚）

普通の女の子に戻りたい
ふつうのおんなのこにもどりたい
／キャンディーズ

昭和52年7月17日、日比谷音楽堂のコンサートの最後にいきなり泣きながら解散宣言。ランは言った「普通の女の子に戻りたい」。普通ではなかったのだ。『全員集合』で『みごろたべごろ』でドリフや伊東四朗と見事にコントでからむ女の子など普通ではなかった。メンバーはラン、スー、ミキ。翌53年4月4日後楽園球場でファイナル。後に「普通のおばさんに戻りたい」と言ったのは都はるみ。(高)

武勇伝 武勇伝
ぶゆうでん ぶゆうでん／オリエンタルラジオ

お笑いコンビ**オリエンタルラジオ**のネタ。いわゆるリズムネタで、中田敦彦がリズムに乗せて「聞きたいかおれの武勇伝」と武勇伝を語りはじめるが、どれも当人の主観とはほど遠いずっこけというもの。オチが付くたび"武勇伝、武勇伝 武勇デンデンデデンデン"という八拍子のコールと動きを中田と藤森慎吾の二人で決める。一つのネタが約10秒なので、2000年代の「小間切れのネタ番組」にはうってつけ。このネタの印象が強いが、劇場ではオーソドックスな掛け合い漫才も聴かせていた。(尚)

プッツン／片岡鶴太郎

プライベートで騒動を起こすと「プッツン女優」と呼ぶこともあるが、実は片岡鶴太郎が考案した言葉で"頭の神経が切れて正常な判断ができなくなる"という意味の造語だという説もある。1986年からは日本テレビ系で『鶴ちゃんのプッツン5』が放送開始。「プッツン」が流行語となり、本人も寝る暇がないほど多忙を極めた。いつかは自分が本当にプッツンすると思ったのか、その後笑いから一線を画して、ボクシングにハマったり、書画に目覚めたりして、現在はヨガの達人・ヨギーとしての生活を極めている。(松)

ブラジルの人聞こえますかー
ぶらじるのひときこえますかー
／サバンナ(八木真澄)

お笑いコンビ**サバンナ**八木真澄のギャグ。ステージに片膝をついてしゃがみ、地面に向かって「ブラジルの人、聞こえますかー」と叫ぶ。2010年頃のネタである。戦前の移民開拓時代からブラジルは日本の真裏、というイメージがある。実際には日本の真裏のほとんどは太西洋上で、沖縄県とブラジルの一部が表裏の関係になるそうな。(尚)

不倫は文化だ！
ふりんはぶんかだ！／石田純一

1980年代はトレンディドラマ俳優として活躍し、90年代はファッションモデルの長谷川理恵と不倫交際で世間を騒がせた俳優・石田純一が「不倫は文化だ！」と開き直ったとされるフレーズ。実は「(不倫)世の中の歴史上にもいろいろずっとある。そういうことを全否定したら、芸術も全否定になっちゃいますよ」と言っただけだというが、大いに炎上した。あれから20数年経ち、今度はコロナ禍でのゴルフや感染がバッシングを浴びてしまった。誤解されやすいキャラであることは間違いない。(松)

古い奴だとお思いでしょうが……
ふるいやつだとおおもいでしょうが……／鶴田浩二

高倉健と並ぶ東映ヤクザ映画の大看板。歌手としての一面もあり、昭和46年『傷だらけの人生』(ビクターレコード)で大ヒットを飛ばす。歌い出しが台詞からはじまり「古い奴だとお思いでしょうが　古い奴ほど新しいものを欲しがるもんでございます」"何から何まで真暗闇よ　すじの通らぬことばかり～～ッ"。学生運動も終わり、何やら重苦しい世相にこの歌が響いた。定食屋へ入り、「古い肉だとお思いでしょうが」などバリエーションもきいた。(高)

フルハム三浦 **ふるはむみうら／景山民夫**

テレ朝からの独立を考えていた古舘伊知郎から相談を受けた高田「大丈夫、やっていけるよ。仕事用意するよ」。古舘がフリーになって一発目の仕事が「ひょうきんプロレス」の実況。隣に座る解説のジャマモト・コタツ（ビートたけし）。リングには私が命名した悪友・景山民夫の"フルハム三浦"。「週刊文春」(文藝春秋)で「疑惑の銃弾」の騒動の真っ最中だったフルハムロード（店名）の三浦和義に似ていたのだ。対戦相手は松本竜介の"タイガージェットおしん"。必殺技は大根ラリアットだった。景山、アバラを折って病院送り。余談ですが『おしん』はNHKの伝説的ドラマ。大根めしが有名。サーベルで暴れるのが、プロレスのタイガー・ジェット・シン。老婆心ながら……。(高)

ヘイ、カール！／長嶋茂雄

1991年、日本で開催された世界陸上の男子100mに出場し、9秒86の世界新記録（当時）を樹立したカール・ルイス選手が意気揚々と引きあげる際、リポーターをつとめていた長嶋茂雄（現・読売ジャイアンツ終身名誉監督）が国立競技場のスタンドから呼びかけた気さくなひと言。その後のインタビューでも、いきなり「See you again!」と長嶋語録で話しかけたことも伝説となっている。(松)

ぺっこり45度 ぺっこりよんじゅうごど
/ずん(飯尾和樹)

お笑いコンビ**ずん**の飯尾和樹のネタ。文字通り、ぺっこりとおじぎをしながら発するフレーズ。「後輩にはマイナス10度」「ビックリのけぞり120度」などのバージョンもある。腰が低く、子分キャラで重要な役回りを演じるのは、小堺一機、関根勤コンビを輩出した浅井企画らしい社風かもしれない。友近と組んだ「勘違い女性パーソナリティーと腰の低い局アナ」のコントが傑作。

幇間のように仕事相手を誉める、初老のラジオ局アナのスケッチが持ち味によくハマっていた。(尚)

閉店がらがらー
へいてんがらがらー/ますだおかだ(岡田圭右)

漫才コンビ**ますだおかだ**の岡田圭右によるギャグ。岡田は「ワオ!」(→p.189)、「ぱぁ!」、「出たぁ!」など、ごくごく短いギャグを繰り出す芸風で、しょっちゅうすべりもするが、それ込みで成立させてしまう「すべり芸」の巧者でもある。「閉店がらがらー」もそうしたギャグの一つ。文字通り、漫才やトークを打ち切る時に使われる。これは駄菓子屋を営んでいた母親の口ぐせをそのまま取り込んだもの。現在は、岡田のいない『さんまのお笑い向上委員会』(フジテレビ系)などでも使われるほどに定着。岡田の娘、岡田結実がやることもある。(尚)

へーへー ホーホー しょうがないしょうがない
/昭和のいる・こいる

昭和51年、第24回NHK漫才コンクール優勝。この時敗れて悔し涙にくれたのが若き**ツービート**。それから数十年後、こいるの気のない相づち「へーへー ホーホー」が『初詣!爆笑ヒットパレード』(フジテレビ系)で大ブレイク。若者たちからも人気を集めた。スランプ気味の時は、のいる・こいるの漫才を聴きに寄席へ行くという玉置浩二と(高)で『そんなもんだよしょうがない』(ファンハウス)を書き、のいる・こいるの歌でCDリリース。若き寄席芸人たちの愛唱歌となっている。(高)

懐かしの喜劇人ファイル❷
左卜全 ひだりぼくぜん (1894-1971)

老け役の名手。『駅前』シリーズなど数々の喜劇映画に出演し、黒澤明監督にも重用される。代表作に『七人の侍』(東宝)など。亡くなる前年に歌手デビュー。『老人と子供のポルカ』(日本グラモフォン)がヒットした。

Q. 何と言っているでしょう?(答えはp.168)

ポイポイポピー／あやまんJapan

あやまん監督をリーダーとする女子ばかりの集団**あやまんJapan**。もともとはコンパニオンが飲み会やカラオケで披露する「ネタ」が2010年代、テレビに「発見」され、一躍有名になった。Jポップのメロディに乗せた「ぽいぽいぽいぽぽいぽいぽぴー」や「ニンニンニン、ニンニンニン、ニンニンニンたらニンニンニン」は夜の町の「コール」であり、女子が平気で「ケツもって△△△」などと歌うエグさが「バブルの時代」の歪んだ反復でもある。はじめに面白がったのが、**とんねるず**というのも、「お水タレント」の系譜として興味深い。(尚)

ボイン／大橋巨泉

人気番組『11PM』(日本テレビ系)でアシスタントをつとめた朝丘雪路のバストが大きいのでこれを見事に「ボインちゃん」と称した。言葉抽出の見事さ。さすが俳句界の帝王である。巨泉というのは早大時代から使用している俳号である。永六輔曰く「巨泉というのは昔から他はどうだか分からないけど俳句だけはうまかった」と認める。すぐに大阪の月亭可朝が『嘆きのボイン』(テイチクレコード)で大ヒットを飛ばす(→p.134)。1967年に作曲家の山本直純がCMでタクトを振ったのが"大きいことはいいことだ"。よくわからないが大きいことが喜ばれた時代だ。曰く「野球は巨人、司会は巨泉」。(高)

ぼくの仔猫ちゃん

ぼくのこねこちゃん／小沢健二

1990年代前半、小山田圭吾とのユニット「フリッパーズギター」で登場した小沢健二は、高い音楽性とともに、絵本の中の屋敷から飛び出したようなキャラクターで女子たちの心を驚づかみにした。彼の個性の中心にあるのは、独特の言語感覚。恋人のことを「ぼくの仔猫ちゃん」と言うのが象徴的で、面白がる人も、反発する人もいた。「凄く頭が良かったから」東大に行ったと『HEY!HEY!HEY!』(フジテレビ系)で屈託なくしゃべり、浜ちゃんは「お前なあ！」と突っ込んだが、松本人志は「ここまではっきり言うと気持ちいい」。「渋谷系の王子」と称された彼の父親は口承文芸学者の小澤俊夫。ボキャブラリーのルーツはここにあるのだろう。(尚)

ボクは死にましぇ～ん

ぼくはしにましぇ～ん／武田鉄矢

1991年にフジテレビで放送された月9ドラマ『101回目のプロポーズ』で、浅野温子から昔の恋人が交通事故で死んだと明かされた武田鉄矢が、大型トラックの前に飛び出して叫んだ台詞。**ウッチャンナンチャンやとんねるず**をはじめ、多くの番組でパロディにされた。最も有名なシーンなので最終回の出来事と思いきや、実は第六話。熱演のあまり思わず博多弁となってしまったそうだが、撮り直ししなかったディレクターの勝利か。(松)

ホタテをなめるなよ／安岡力也

『オレたちひょうきん族』の人気コーナー「タケちゃんマン」の中で「ホラ貝を吹いてタケちゃんマンを呼ぼう」と言うところで安岡が間違って「ホタテを吹いて……」と言ってしまい、アドリブ好きな出演者、スタッフ一同から「ホタテマン」と呼ばれるようになる。次週から「ホタテマン」に扮して登場。レコード『ホタテのロックン・ロール』（ワーナー・パイオニア）が発売され、「ホタテをなめるなよ」はその歌詞の一部。芸能界でも一、二を争うこわもて。先祖はマフィア説。筆者は高校時代から子分としてついてまわった。ストリートファイトの実力を何回か見たが本当に強かった。内田裕也の右腕。(高)

HOT！HOT！
ほっと！ほっと！／藤井隆

藤井隆のギャグ。吉本新喜劇の場面で、異性に興奮をおぼえたり、嬉しいことがあった時、ハイテンションになり「ぼくの体の一部がHOT！HOT！」と叫びながら、両手で腰から下を左右交互に払うような仕草で踊る。終わると、嘘のように静かになるのもお約束。高校卒業後、会社員をしていたが、たまたま受けた吉本新喜劇のオーディションに合格。舞台袖から、初めてちゃんと吉本新喜劇を見たという。この逸話のJ.うに、「笑い」をすっと引いて見ているようなところが魅力だ。(尚)

ほとんどビョーキ
／山本晋也

1980年からはじまった夜の大人のワイドショー『トゥナイト』（テレビ朝日系）。結局、記憶に残っているのは晋也カントクの風俗リポート。そこで連発したフレーズが、黒メガネにチョビヒゲで「ほとんどビョーキ」。80年代の日本は「エリマキトカゲ」、「ランバダ」、「ルービックキューブ」、「竹の子族」、「スーパーマリオ」、「ウーパールーパー」、「ノーパン喫茶」（→p.143）、「一杯のかけそば」と"ほとんどビョーキ"であった。(高)

ホーホケキョ
／西川のりお・よしお（西川のりお）

1980年の漫才ブームの時、ダミ声の西川のりお（のりお・よしお）が漫才中、なんの脈絡もなくだしぬけにうぐいすの鳴き声「ホーホケキョ」と発する訳のわからないギャグ。他に「ウグイス坊や」やら「ツッタカター」(p.111参照)、「ボン！ ボンじゃござやせんか」など乱発。破壊力だけの芸だった。芸には厳しくないがギャラには厳しかった。(高)

ポポポポーン／あいさつ坊や

2010年から11年にかけてACジャパンが「あいさつの魔法」と題したキャンペーンで、全国の子供たちに挨拶することの楽しさを呼びかけたコマーシャル。あいさつ坊やと、あいさつガールと動物たちが「こんにちは、こんにちワン」「ありがとう、ありがとウサギ」と挨拶を交わし、「たのしいなかまがポポポポーン」と歌った。奇しくも東日本大震災が発生し、多くのCMが自粛・中止を余儀なくされたため一日中「ポポポポーン」を聞かされ嫌でも耳に残った。(松)

保毛尾田保毛男
ほもおだほもお
／とんねるず(石橋貴明)

フジテレビ『とんねるずのみなさんのおかげです』で、石橋貴明が演じたキャラクター。独特なしゃべり方で、当時は爆笑キャラとして受け入れられていたが、コンプライアンスの厳しい時代には活躍するのが厳しく、封印されてしまった。(松)

惚れてまうやろー
ほれてまうやろー／Wエンジン(チャン・カワイ)

お笑いコンビWエンジンのチャンカワイのギャグ。このフレーズで2008年頃に注目された。小太りで女性にモテたことのない男(カワイ)が、近くにいる女性(えとう窓口の女方)の何気ない言動に反応し「惚れてまうやろー!」と心の中で叫ぶ。この延長で、振られて傷つく前に「気をつけなはれや!」と観客に警告するフレーズもある。(尚)

Why Japanese people!?
ほわい じゃぱにーず ぴーぽー!?
／厚切りジェイソン

芸人であり、ITベンチャー企業の役員であり、投資家でもある厚切りジェイソンのフレーズ。1986年、アメリカ・ミシガン州出身の彼は、19歳の頃に日本に1年間滞在。テレビで日本の笑いに触れ、興味を持った。数年後、IT企業の社員として再来日した際、休日にお笑い事務所の養成所に通い、芸人としてもデビュー。芸名は当時住んでいた「厚木」と胸板が「厚い」ことをかけたもの。定番ネタはホワイトボードに日本語を書き、例えば「親切」という熟語を記したあと「Why Japanese people!?」と叫ぶ。「親を切るのになぜ親切なの!?」。聡明な人で、すでに早期リタイアに成功(仕事を辞めても生活に困らない)とインタビューで語っている。(尚)

ほんじゃまあ／早野凡平

早野凡平は1940年、東京生まれ。日本大学芸術学部を中退してボードヴィルの世界に入った。その頃に知己を得た泉和助から500円で「帽子」のネタをもらい、これを独自にアレンジ。フエルト地でツバと本体が分離する自作の帽子を次々に変化させながら「牧師」「スチュワーデス」「ナポレオン」「ローマ法王」「鞍馬天狗」

などをスケッチしていく。個人的記憶では、88年、第一生命ホールの立川流の会で見た（円歌休演の代演だった）のがスピード感、キレとも物凄かった。「ほんじゃまあ」はネタのつなぎに言うフレーズ。実際にはかなりあいまいな感じで言う。90年没。まだ50歳だった。（尚）

ホッパー」という芸名を用いていた。2000年代のネタ番組が輩出した芸人の一人である。（尚）

凡人、軍人、変人
ぼんじん、ぐんじん、へんじん／田中眞紀子

田中角栄の長女にして、科学技術庁長官、外務大臣、文部科学大臣等を歴任した田中眞紀子が、1998年の自民党総裁選に立候補した三人を形容した言葉。「凡人」は小渕恵三。「軍人」は旧陸軍航空士官学校出身の梶山静六。「変人」は郵政民営化を推進しようとする小泉純一郎。早稲田大学時代は演劇サークルに所属し、父親ゆずりの存在感と独特の語彙力を発揮し「小渕さんはお陀仏さん」「外務省は伏魔殿」など独特の永田町ギャグを連発。政界のコメディエンヌとしてまだまだ活躍してもらいたい存在である。（松）

ポンポンスポポンポンスポーン
／永井佑一郎

ピン芸人、永井佑一郎のリズムネタ。「ポンポンスポポンポンスポーン」というヒップホップ風の「バカテンポ」に乗せてネタを聞かせる（正確に言うと、「ポンポンスポポン」というフレーズとフレーズの間の空白部分にネタの台詞を挿入する）。普通、リズムネタをやる芸人は、繰り返しのフレーズやブリッジを歌唱し、そこがある意味で「ネタの中心」なのだが、永井の場合は、「ポンポンスポポン」が録音なのが特徴。そのかわり、徹底したリズムに支配される面白さがある。番組によっては「アクセル

お笑い賞レース 賞金一覧

M-1グランプリ→1000万円
※結成15年以内。プロ・アマ・不問。二人以上6人以下の漫才師。

キングオブコント→1000万円
※プロ・アマ・芸歴不問。二人以上のユニットのコント師。

女芸人No.1決定戦 THE W→1000万円
※女性のみ。プロ・アマ・年齢・芸歴・人数・芸種不問。

R-1ぐらんぷり→500万円
※芸歴10年以内のプロ、出場10回目以内のアマ。芸種不問のひとり芸。

ABCお笑いグランプリ→100万円
※芸歴10年以内。芸種不問。

ytv漫才新人賞→100万円
※大阪を拠点に活動する芸歴10年以内の漫才師。

NHK新人お笑い大賞→50万円
※結成10年未満の芸人。

NHK新人落語大賞→50万円
※入門15年未満の落語家。二ツ目または同程度の芸歴。

NHK上方漫才コンテスト→30万円
※結成10年未満の芸人。

今宮戎神社 マンザイ新人コンクール→20万円
※受賞歴のないプロ、またはプロを目指しているアマ。

上方落語若手噺家グランプリ→20万円
※入門4年目から20年未満の上方落語協会員。

テレビを盛りあげた
外国人・ハーフタレント

昭和から現在に至るまで、多くの才能ある外国人・ハーフタレントが
バラエティ番組で活躍している。ここで改めて振り返ってみたい。文：和田尚久

⟨⟨ スポーツ選手編 ⟩⟩ 体を張ってギャグを体現するプロレスラー、力士

ユセフ・トルコ
（プロレスラー 1930-2013）

ザ・デストロイヤー
（プロレスラー 1930-2019）

高見山
（力士 1944-）

昔々、映画がまだサイレントであった時代に、ドタバタ喜劇、活劇の黄金時代があった。テレビの時代になって、そうしたギャグや体技を再現できるのはプロレスラーだと考えたのが永六輔。『夢であいましょう』（NHK）にユセフ・トルコやミスター珍（彼は日本人）を起用してギャグの実践をした。民放局でザ・デストロイヤーが徳光和夫に四の字固めをかけたりしたのも、そういう流れに入るだろう。来日する悪役レスラーは、本当は日本文化をよく理解しているのだが、子供たちには闖入者に見える。だから熱狂する。彼らはみな「名優」だった。

⟨⟨ 歌手編 ⟩⟩ イメージとのギャップはピカイチ

エバは70年代生まれの筆者には忘れられないハーフタレントだった。「ゴールデン・ハーフ」のメンバーで、解散後もタレントとして大活躍した。『お笑いマンガ道場』（中京テレビ）に「だん吉エバのおまけコーナー」というのがあって、車だん吉と短い掛け合いをするのが楽しかったこと！　時代劇コントの大名屋敷で家臣が「殿のおなりー」と平伏する。ならんだエバが「殿のおならー」と言って皆がずっこける。この台本を書いたのが高田文夫。ジェリー藤尾を時代劇に起用したのが黒澤明。『用心棒』（東宝）の宿場町のチンピラは短い出番だが、必見のシャープさである。

チャダ
（演歌歌手 1952-）

エバ・マリア・
バスケス
（アイドル 1953-）

ジェリー藤尾
（歌手 1940-）

《男性タレント編》 巧みな話芸が魅力

このコラムを書いていてやっぱり凄いなと思うのは、1960年代の永六輔のチョイスである。ユセフ・トルコにギャグを実践させ、ジェリー藤尾にヒット曲『遠くへ行きたい』を提供（作詞）する。E・H・エリックもそうしたタレントの一人である。もともと日劇ミュージックホールなどに出ていたが、永がNHKの番組に出し、「ヘンな外人」のキャラを定着させた。ロイ・ジェームスは、見た目は外国人なのにべらんめえ調でしゃべるというギャップのギャグ。デーブ・スペクターは「外国人がダジャレを言う」という領域を開拓。すべり芸の名人である。昔、「差別」を主題にした真面目な討論番組で「キュウダン、キュウダンって、どうしてみんなプロ野球の話してるのかと思った」と言って場をなごませた。

岡田眞澄
（E・H・エリックの弟、
俳優 1935-2006）

ロイ・ジェームス
（タレント 1929-1982）

E・H・エリック
（タレント 1929-2000）

デーブ・スペクター
（タレント 生年非公表）

ケント・デリカット
（タレント 1955-）

《女性タレント編》 常識破りの強力な個性を発揮

女性タレントの外国人、ハーフ、クォーターは数え切れない。笑いの芸に関しては、西川ヘレンが偉大なる先駆者。ヘレン杉本という名前で初期の吉本新喜劇に出演し、見た目は外国人なのに関西弁をまくしたてるギャグを見せた。当時、御法度だったが、社内恋愛で西川きよしと結婚した。吉本新喜劇にはソフィア・ローソンというタレントもいたっけ。滝沢カレンやSHELLYはいわゆる「お笑い」の人ではないが、日本文化に突っ込みを入れられる才能として貴重。デビュー初期の宮沢りえなども含め、コメディアンと互角に渡り合う強さが面白い。

イーデス・ハンソン
（タレント 1939-）

フランソワーズ・モレシャン
（ファッション・エッセイスト 1936-）

西川ヘレン
（芸人、タレント 1946-）

カイヤ
（モデル、タレント 1962-）

ローラ
（モデル、タレント 1990-）

滝沢カレン
（モデル、タレント 1992-）

芸人が書いた本 ベストセレクション

21世紀編

執筆陣お気に入りの芸人が書いた本。続いては21世紀に発行された本だ。
（20世紀編はp.102）文：和田尚久

芸能の世界では舞台上よりもバックステージ、楽屋のドラマのほうが面白いということがしばしばある。今世紀は加速度的にその傾向が強まっているようだ。『ダメだこりゃ』や『赤めだか』は、一流のコメディ・チームや落語家の幕内を、話術巧みに切り取ったもの。

タモリの坂道に関するマニアックな「研究」は、ある意味で時代を表している。個人的な興味を通じた内省の楽しさ。伊集院光のゲームや草野球（『ファミ通と僕』エンターブレイン、『球漫』実業之日本社 など）も同じ系譜であろう。

この他、個人的には板尾創路の『板尾日記』シリーズの静けさ、横澤夏子『追い込み婚のすべて』（光文社）の明快さも好きだった。

執筆陣お気に入りの芸人本

タモリと巡る
東京の坂道
『タモリのTOKYO坂道美学入門』
タモリ 講談社 2004年

芸人の365日を
覗き見る
『板尾日記』
板尾創路 リトルモア 2006年

壮絶だけど笑える
貧乏ストーリー
『ホームレス中学生』
麒麟・田村裕 ワニブックス 2007年

談志という
巨星のもとでの青春
『赤めだか』
立川談春 扶桑社 2008年

博士が目撃した
15組の天才
『藝人春秋』
水道橋博士 文藝春秋 2012年

M-1に対する
鋭すぎる考察
『言い訳』
塙宣之 集英社 2019年

ドリフの内幕と
豪快な半生
『ダメだこりゃ』
いかりや長介 新潮社 2001年

芸人が芸人を描く！
芥川賞受賞作
『火花』
又吉直樹 文藝春秋 2017年

非常識な芸人の
常識的哲学
『志村流』
志村けん
マガジンハウス 2002年

心がほっこりする
コミックエッセイ
『大家さんと僕』
矢部太郎 新潮社 2017年

ま

まいうー／石塚英彦

ホンジャマカのオーバーオールのほう、こと石塚英彦がグルメロケで料理の美味しさを表現するひと言。きっかけはテレビ東京系『元祖！でぶや』（2003年～08年）のあるロケで、女性タレントが使い出したというが、食べ方といい、表情といい「元祖まいうー」は、やっぱり石塚だと、仲が悪い相方も認めているらしい。【類語】「うまし」（**オードリー春日俊彰**）「ウマーベラス」（**サンドウィッチマン**）（松）

まえ うしろ まえ うしろ／オアシズ

大久保佳代子と光浦靖子のコンビ**オアシズ**の初期のネタ。指で自分の股間をさわり匂いを確認する。前からさわる時が「まえ」、お尻側からさわる時は「うしろ」。近年の光浦はタレントだけでなく、エッセイや人生相談の回答者としても人気が高い。（尚）

まくら！ さくら取ってくれ
まくら！ さくらとってくれ／車竜造（森川信）

映画『男はつらいよ』、初代おいちゃん役の森川信（この人が一番好きと言う人は多い）が放つ、必殺の「まくら！さくら取ってくれ」である。枕とさくらがアベコベと書くのも野暮。渥美の大先輩で浅草の喜劇人の中では横綱級の大役者。（高）

マジカル、バナナ！
／板東英二、所ジョージ、今田耕司、間寛平 他

1990年から日本テレビ系で放送された体感型クイズバラエティ『マジカル頭脳パワー!!』の看板コーナー「マジカルバナナ」。お題を元にその単語から連想するフレーズを4拍子のリズムに乗せて、テンポよくつなげていく言葉遊び。お題が「バナナ」の場合は、「マジカルバナナ」からはじまり、バナナといったらスベる→スベるといったらギャグ→ギャグといったら『ギャグ語辞典』というようなもの。所ジョージや今田耕司の頭の回転力と発想力が際立っていたが、最もそんなバナナ！と言いたいのは、番組企画が変更しても、板東英二が司会を続けたことだったかも。（松）

まずは二問目
まずはにもんめ／五代目・三遊亭圓楽

五代目・三遊亭圓楽の迷語録。『笑点』にながらく出演をした五代目・圓楽。大喜利では回答者の時代もあったが、1983年から2006年まで20年以上に渡って司会をつとめた。様々な逸話の中で有名なのがこれ。テーマ音楽に乗せて登場、開口一番「まずは二問目！」と言って皆をずっこけさせた。当代六代目・円楽は、師匠である五代目からこんなことを言われたという。「世の中に娯楽なんていくらでもある。そのなかで、落語なんてのは無くてもいいんだ。だから、それをお客に悟られないようにするんだよ」。（尚）

まだ最高裁があるよ！

まださいこうさいがあるよ！／毒蝮三太夫

2020年、日本もコロナ禍に見舞われ、各所で感染対策が取られた。ラジオ局では向かい合った二人の前にアクリル板の仕切りが設置される。マイクの前に座った毒蝮三太夫は向こうの相手に「まだ最高裁があるよ！　一緒にがんばろう！」。アクリル板をめぐるジョークの中で最も猛毒。(尚)

待たせたな

またせたな／コント赤信号（渡辺正行）

何千回もテレビで見た**コント赤信号**、唯一のヒットコント。学生服のラサール石井、チンピラの小宮孝泰が「あにき。あにき〜ッ」と呼ぶと出てくる渡辺正行の兄貴。白いジャケットで決めて「待たせたな」とサングラスを取ると目のまわりはラメでキンキラキンという、ほとんど出オチ。1980年の漫才ブームの尻馬に乗ってうまいこと出てきた。フェチしか知らない「ささに〜しき、にーしき、にーしき」という、うまい米のコントもある。(高)

またまたひとつおりこうになっちゃった

／吉田照美、小俣雅子

文化放送のアナウンサーから出発し、夜の帯番組（『吉田照美のてるてるワイド』他）

が若者に人気だった吉田照美は、1987年スタートの『吉田照美のやる気MANMAN!』で同局の昼の顔にシフトした。月曜日から金曜日まで、13時からの帯ワイド番組で、アシスタントは局アナの小俣雅子。この二人の掛け合いは、新版の「めおと漫才」（もちろん現実の夫婦ではない）と言えるほどに面白く、とくに小俣のボケはアシスタントの域を越えていた。長寿コーナーのうち、「やる気大学」では吉田が大学教授になり、小俣の女子学生に豆知識を教授する。ラストは必ず小俣の化粧声で「うーん、小俣、今日もまーたまたひとつ、おりこうになっちゃったもんなー」と締めるのがお約束であった。(尚)

間違いナイトプール

まちがいないとぷーる／EXIT（りんたろー。）

漫才コンビEXITのフレーズ。パリピでチャラ男というキャラクターの二人（双方ともに同じ方向性のキャラというのがまず珍しい）が、どうでもいい話題を語り出す。右側の兼近大樹が、例えば「にわかパリピと一緒にしてほしくねえと思う、今日この頃のおれだ」と言うと、左に立っているりんたろー。が「間違いナイトプール」と力強く同意。二人で「ぱしゃぱしゃ」と水をかける真似をする。チャラ男キャラの向こうに、人柄の良さそうな素顔がちらちら見える。いわゆるお笑い第七世代の一員である。(尚)

マッチでーす ／片岡鶴太郎

片岡鶴太郎が、バンダナにTシャツ姿で近藤真彦になりきって登場したときのひと言。

p.159の答え：おしゃべりクソ野郎（有吉弘行）

『オレたちひょうきん族』の「ひょうきんベストテン」などの『ギンギラギンにさりげなく』や『ハイティーン・ブギ』の熱唱姿も懐かしい。ただし2018年、情報番組『スッキリ!』(日本テレビ系)ではマッチ本人は「マッチでーす!」と言ったことは一度もないと明かしている。(松)

松本 動きます
まつもと うごきます／松本人志

2019年に発生した、いわゆる「闇営業問題」で吉本興業が揺れに揺れていた7月20日午後7時59分に**ダウンタウン**の松本人志がTwitterで呟いたひと言。正確に記せば「後輩芸人達は不安よな。松本 動きます」の16文字に、一時は175万を超える「いいね」がつき、37万回以上リツイートされたほど、世間が動いた。厳密にいえばギャグではないが、松本人志の存在感と影響力を知らしめたひと言である。(松)

マル金 マルビ
まるきん まるび／渡辺和博

へたうまイラストレーターの渡辺和博が、同じ職業でも金持ち(マル金)と貧乏人(マルビ)の収入別に、その生態をイラスト付きで紹介した『金魂巻』(主婦の友社 1984年)。人気職業31種類を分析してあり、バブル時代到来を告げる一冊だった。「マル金」「マルビ」は、第一回新語・流行語大賞の流行語部門 金賞を受賞。女性アナウンサーやイラストレーター、カメラマン、シェフなどに交じって放送作家の項目もあるが、マルビの代表として紹介されているのはラジオの構成作家。大きなお世話である。(松)

漫才界の白雪姫、海原千里です
まんざいかいのしらゆきひめ、うなばらせんりです／海原千里・万里(海原千里)

漫才ブームより以前、1970年代前半に人気を博したのが大阪の海原千里・万里のコンビであった。実の姉妹で小学生の頃からコンテスト荒らしだった二人が海原お浜・小浜に入門。高校生ながらすぐに寄席やテレビに抜擢された。右側のすらっとした妹が千里、左側の落ち着いた姉が万里。千里が自分のことを漫才界の白雪姫とかシンデレラとか自画自賛するのがパターンで、対比して姉の万里をエクソシストなど、ひどい比喩を言う。76年、『大阪ラプソディー』(ビクターエンタテインメント)が全国でヒット。77年、千里の結婚でコンビ解散。このとき22歳(!)。出産後、本名の上沼恵美子で芸能界に復帰。抜群の話芸で活躍し続ける。「なぜ上沼恵美子が『M-1』の審査員を?」と首を捻る若者がいるというが、こういう凄い人なのです。(尚)

マンマミーア／せんだみつお

2010年頃だったか、ラジオ番組のゲストにせんだみつおを招いた。当然「ナハハナハッ!」(→p.136)もやったが、新しいネタですといって見せた「マンマミーア!」が由利徹の「オシャマンベ」(→p.59)とほぼ同じ内容(動作)だったので一同失笑。それでも笑ってしまう。昔、「コマネチ!」(→p.86)を、なぜかせんだがやっていた時期もあり、ギャグをカバーしてしまうという胆力が芸界には肝心だと思わせる。(尚)

Q. 何と言っているでしょう?(答えはp.172)

右から左へ
みぎからひだりへ／ムーディ勝山

純白のタキシードに蝶ネクタイ、金色のマイクを手にしたムーディ勝山がアカペラで歌唱する曲。内容はとにかく、右から来た何かを左へ受け流すというもので、しかし、左から来たものは右には受け流せないという力学の法則性も示される。ポマードでセットしたような髪型、コールマン髭もムード歌謡歌手らしく、2000年代後半にヒットした。ネットでの中傷や誹謗が可視化される現代、雑音は「右から左へ受け流す」ことがSNSとうまく付き合う秘訣だろう、とこのネタを再評価する文章を、ムーディ本人がnoteに投稿している。(尚)

ミキティー！
／庄司智春

お笑いコンビ品川庄司の片割れ、庄司智春のネタ。2009年、タレントの藤本美貴（元「モーニング娘。」）と結婚。以降、何かというと「ミキティー！」と叫ぶのがいつしか持ちネタになっている。筋肉質で三児の父だがどこか頼りない、というキャラにもぴったり。(尚)

未成年の主張
みせいねんのしゅちょう／V6

1997〜2005年にTBS系で放送された学校教育バラエティ『学校へ行こう！』の看板コーナーのこと。全国の中学、高校にV6のメンバーが赴き見守る中、学校の屋上から生徒や教師、時には家族が、誰かに伝えたいことや、思いのたけを叫んだ。全校生徒の前で好きな人に告白してその場で玉砕するといった愛の告白系が主流だったが、時にはお姉ちゃんの秘密を暴露して、グラウンドの姉が呆然とするシーンなど数多くの神回が生まれた。(松)

ミッチーブーム／三橋美智也

民謡界から出て歌謡界と、天下をとった大御所。"それにつけてもおやつはカール"などCMも歌い、若い人にも人気。1970年代後半の三橋の「ミッチーブーム」に続いて、浪曲界から歌謡界へ来て、これまた天下をとった大御所・村田英雄も『たけしのANN』でいじられ1980年代には「ムッチーブーム」が訪れた。それから何年後か。1999年に誰の心にも残っている浅香光代と野村沙知代の「ミッチーサッチー戦争」(p.35参照) が勃発した。(高)

密です **みつです／小池百合子**

新型コロナウイルスの感染を防ぐため、「密集」「密閉」「密接」の３密を避けるようにという国からの提唱を、小池百合子東京都知事が改めて都民に要請した。それ自体はまともなメッセージだが、近づいてくる記者を「密です、密です、密です」と片手で制する動き、間合いがどこかおかしく、

凄い勢いで拡散された（従って、アナウンス効果はとても高かった）。清水ミチコがすぐモノマネした他、伊集院光は「流行語大賞は私がもらう、というような語り方」だと、彼女の自意識を分析。会見でフラッシュを浴びるほどにイキイキする小池都知事は、都庁舎を「舞台」にした「女優」である。

P.S「3密」に対抗して「ナハハハハハ」（p.136参照）と言うのが「せんみつ」（せんだみつお）である。(尚)

みどりですぅ／清水ミチコ

自分のことを名前でいう女。本名は伊集院みどり。『夢で逢えたら』（フジテレビ系1988年〜91年）で生まれた清水ミチコ演じる強烈な個性のキャラクター。黒髪のロングで、太眉、赤のボディコン風スーツ姿で登場。今で言うなら「バブリーネタ」の平野ノラと、イモトアヤコを足して踏んづけたようなものか。不明瞭な言葉で勘違い発言を連発する。実は、**ウンナン、ダウンタウン**との共演にプレッシャーを感じ挫折しかかっていた清水ミチコに、自信をつけさせた女神でもある。(松)

ミニにタコ／田代まさし

放送中にいろんなモノを取り出してボケることが多く、「小道具の天才」とも呼ばれた田代まさし。2000年にミニスカート女性を盗撮する事件を起こした際、芸能リポーターの前で「ミーにタコができる」という映像を撮ろうとしていたと釈明した。あまりに笑えない内容のため、このギャグが流行ることは一切なかった。その後、本

人は、何度も覚せい剤で捕まり芸能界からカットアウト。裁判官の説諭を耳にタコができるほど聞いているのが悲しい。(松)

宮迫ですっ！
みやさこですっ！／雨上がり決死隊（宮迫博之）

雨上がり決死隊の宮迫博之の自己紹介。自分で自分の片頬を叩き、「宮迫ですっ！」というキメ台詞で人差し指をカメラに向ける。この自己紹介をはじめたのは松本人志の助言によるという。東京に進出して2年が経った頃、松本に「おまえは攻撃的なボケが多く、どうもかわいげがない」と指摘された宮迫は、「じゃあ、自分のキャラにないことをしよう」とこの紹介を考案したという。この挨拶、往年の宮尾すすむが顔の輪郭を自分で確認し「ハイッ、宮尾すすむです！」（→p.144）とやったのに少し似る。(尚)

ミル姉さんよぉ〜
みるねえさんよぉ〜／内村光良

『笑う犬』シリーズ（フジテレビ系）で、内村光良が演じていた人気キャラクターの口癖。桃井かおりそっくりの口調で喋るが人ではなく、雌牛を擬人化したもの。映画解説を得意とし、同局のホントの映画番組『ゴールデン洋画劇場』に出演したこともある。2018年には内村が司会をつとめる『NHK紅白歌合戦』に突如現れ、AKB48を卒業する指原莉乃に向かって「指原放牧」「がんばれ」と書かれたボードを掲げ、指原のみならず視聴者をおどろかせた。(松)

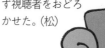

みんな悩んで大きくなった
みんななやんでおおきくなった／野坂昭如

ダンディーな姿で歌い踊る直木賞作家・野坂昭如の「サントリーゴールド900」のCM（1976年）。"ソ・ソ・ソクラテスかプラトンか　ニ・ニ・ニーチェかサルトルか　みんな悩んで大きくなった"。当時の若者たちには大人気の酔っ払い作家。コピーライターブームを作った仲畑貴志の初期のCM作品。野坂の人生、一番のハイライトは、やっぱり大島渚に見舞った強烈なパンチシーンだろう。(高)

村田だガムくれ
むらただがむくれ／ビートたけし

三波春夫の「お客さまは神様です」（→p.57）に対抗できる御大（でかアタマ）の名言「村田だガムくれ」。『ビートたけしのANN』で大物歌手・村田英雄にありそうなエピソードを募集したところ、ムッチーブームが起きる。例えば、地方に営業の仕事でホテルにチェックイン。「村田だ」。あわてたホテルマン、「わかっております」とキーを出す。男・村田、その足でホテル内の売店へ行き「村田だ　ガムくれ」。ガム一つ買うのに名乗らなくても……という話。有名なものでは銀座のバーへ行き「オレのボルトを出せ」。この頃、ボルトブームが業界内であった。コーヒーにミルクと砂糖をタップリ入れスプーンでグルグルまわしゴクンと飲んで「コーヒーはブラックにかぎる」。(高)

明治座　めいじざ

日本橋の芳町から甘酒横丁をずっと東に歩き、浜町河岸の手前、隅田川のほとりに建っているのが明治座である。その名の通り、明治年間に創業し、初代・市川左団次が本拠にした。戦後に関して言うと、新派や新国劇の他に、東京喜劇の重要な劇場だった。この地に生まれてずっと喜劇を上演した三木のり平のホームであり、公演中は楽屋に寝起きしていた。その後も植木等、堺正章、萩本欽一、友近らの喜劇人が座長公演をつとめる。同じく、ここをホームにしている梅沢富美男の一座も広義のコメディショーだ。松竹系（歌舞伎座）、東宝系（帝劇など）でもない、歌手芝居の興行形式が今も健在で、氷川きよし、山内惠介などが第一部で芝居、第二部で歌を聴かせる。2021年1月から2月にかけては高田文夫企画総監修の『よみがえる明治座東京喜劇』を上演。(尚)

銘鳥銘木何の木に止まる？
めいちょうめいぼくなんのきにとまる？
／内海桂子

内海好江と長年、音曲漫才コンビ内海桂子・好江を組んでいた内海桂子が、好江亡きあと、一人で浅草東洋館などの舞台で披露する「百年前の漫才ネタ」（お座敷芸）。節に乗せて"銘鳥銘木、何の木に止まる？"と聞かれた相方は語尾が「き」になる単語で返答するのがお約束。さらに"何の鳥止まる？"という質問には語尾が「とり」で答える言葉遊び。「ホウキ」に止まるのが「ちりとり」とか、「ウイスキー」が止まるのは「サントリー」など。かつて弟子のナイツ塙が『徹子の部屋』（テレビ朝日系）

みんな悩んで大きくなった→銘鳥銘木何の木に止まる？

に出演した際「銘鳥銘木、ベッキーが止まる～」と言ったところで、黒柳徹子に「あ、そういうの（醜聞）はいいです」と遮られ、オチの「隠し撮り」は幻となった。(松)

メガネ メガネ／横山やすし

「やすし・きよし」の漫才のギャグ。互いを攻撃するような会話がエスカレートし、きよしがやすしのメガネをひったくると、そこらに投げてしまう。とたんに気弱になったやすしが、ステージを手でさぐりながら「メガネ メガネ」と呟き、メガネを探す。攻撃型で売っていたやすしだったが、きよしのほうが体格も大きく、腕っ節も強いらしい。やすしが遅刻してきた時など、きよしが舞台裏で詰め寄ると、やすしはタジタジだったとも。そういう力関係を観客もなんとなくわかっていて、やすしの虚勢がメガネひとつで吹き飛ぶ「落差」が笑いを呼んだのだ。(尚)

メチャメチャ陰気やで
めちゃめちゃいんきやで／B&B

B&Bの島田洋七が漫才の途中で繰り出すギャグフレーズで「もみじまんじゅう」（→p.175）と同じくらい有名になった。B&Bは、層が厚い大阪では出番もこない、と吉本興業を辞め背水の陣で上京。3秒に1回は笑わせるコンビとして、**ツービート**と共に漫才ブームの立役者と

なった。全盛期、原宿でB&BのTシャツを売り出せば、修学旅行の土産の定番となり、出資した洋七にはン千万円の配当が転がり混み、メチャメチャ陽気になったと言われている。(松)

目は一切合わせていません
めはいっさいあわせていません／おぼん・こぼん

漫才コンビ**おぼん・こぼん**は結成50周年を越えたベテランコンビ。もともと高校の同学年で、テレビのコンクールなどからプロになった、1960年代結成としては珍しいノーブランド（師匠なし）の芸人である。ともに大阪出身ながら本拠はずっと東京で、赤坂コルドンブルーでタップを見せていた。ここ10年ほどコンビ仲が悪いことを**ナイツ**がテレビで暴露し、本人たちもそれをネタにしている。幸か不幸か、以前から別々のハンドマイクを持ってしゃべるスタイルなので、ネタはいつも通り。衣装の相談すらしないが、マレに偶然、同じスーツでお揃いになってしまう。(尚)

メロリンキュー／山本太郎

1990年、『天才・たけしの元気が出るテレビ!!』（日本テレビ系）の人気企画「ダンス甲子園」に出場した私立高校の1年チーム、「アジャコング＆戸塚ヨットスクールズ」のメンバー、山本太郎君が水泳帽にビキニパンツにローションを塗った体に「メロリンキュー」とマジックで書き、繰り出した裸芸。初出演時は胸に「ストロベリーQ」と書いていた。子供の頃にフィリピンで食べた「バナナQ」というデザートに由来するというが、きっと大した意味はない。なお、山本君は現在、れいわ新選組という新しいチームで相変わらず暴れている。(松)

Q. 何と言っているでしょう？（答えはp.176）

も

もう漫才は終わってるんですよ

もうまんざいはおわってるんですよ
/シャンプーハット（こいで）

漫才コンビ**シャンプーハット**が、例えば〈オーディションの練習〉というネタをやっているさなか、左側のこいでが急にやる気をなくす。右側のてつじが「どうしたん」と聞くと、こいでは「なんかみんな、笑ってるやん」と返答。てつじは客席に向かって「なんで笑うんですか！もう漫才は終わってるんですよ。人の失敗がそんなにおかしい？」と観客を説教する。これがシャンプーハットの黄金のパターンである。後ろに立ったこいちゃんの観客を眺める恨みがましい目つきが、ひたすらおかしい。(尚)

もぉ〜一生懸命やったのに！

もぉ〜いっしょうけんめいやったのに！
/千秋

『ウッチャンナンチャンのウリナリ！』（日本テレビ　1996〜2002年）の初期は、様々な部活動を行う、体育会系チャレンジ企画があった。「芸能人社交ダンス部」や「ドーバー海峡横断部」など人気となったサークルもあったが、多くは一回限りに終わった。「南原ギャグプロデュース」というコーナーで、ギャグプロデューサーと化した南原清隆が千秋に伝授したのが「もぉ〜一生懸命やったのに！」というフレーズ（ちなみに、**よゐこ濱口**には「すべってごめんね」）。大学入試の発表日にキャンパスで、不合格だった学生相手に披露したが、もちろんうけるはずはなかった。(松)

もしかしてだけど〜/どぶろっく

どぶろっくの二人が、たまたま出会った女性が自分を誘っているのではと妄想する歌ネタ。もちろん、その夢が実現することは決してありえないシチュエーションなのが哀しくも切ない。2019年の「キングオブコント」では、"大きなイチモツを下さい"と歌いまくる、まさかの下ネタで優勝し大きな夢を実現させてしまった。(松)

もっと端っこ歩きなさいよぉ

もっとはしっこあるきなさいよぉ/美川憲一

1990年に放送された"KINCHO"こと大日本除虫菊の「タンスにゴン」のCMに起用された美川憲一が、商店街のアーケードを自転車に乗って走りながら、前を歩くちあきなおみを追い抜く時の台詞。流行語大賞も受賞し、薬物不祥事で低迷していた美川が、一気に芸能界の日向に返り咲くきっかけとなった。一番スゴいのは、80年代終わりに美川のモノマネを世に広めて、自身のライブに美川を呼ぶなど救いの手を差し伸べていたコロッケかも。(松)

モノマネ漫才

ものまねまんざい/太平シロー・サブロー

漫才ブームの中では最年少の世代に属し、**ダウンタウン**の台頭よりは少し前、1980

年代前半にめざましい活躍を見せたのが漫才コンビ、太平サブロー・シローだった。テンポの速い掛け合いが時代に合っていたが、この二人、モノマネの名手でもあった。シローの竹村健一（パイプをくわえたていで「だいたいやねえ」と語る）やデーモン小暮、芦屋雁之助、コンビでは先輩の「やすきよ」やレツゴー三匹のマネで笑わせた。評価も人気も高かったのに、80年代末、吉本からの独立問題が尾を引き、数年後にはコンビ解散。シローは55歳で早世した。サブロー・シローの漫才はDVDが数本出ている。（尚）

もみじまんじゅう／B&B（島田洋七）

B&Bの漫才の途中で洋七がいきなり叫ぶだけ。「もみじまんじゅう！」。洋七の広島名物「もみじまんじゅう」に対し、洋八の岡山名物は「もも」。1980年代のこの大ヒットフレーズから約20年後、洋七は『佐賀のがばいばあちゃん』（徳間書店）で金銭的にも大復活。業界的に三大佐賀とは「洋七のがばいばあちゃん」、「SAGAのはなわ」（p.54参照）、「江頭2:50」である。おっしょろしいよォ〜〜ッ。（高）

『佐賀のがばいばあちゃん』
島田洋七著／徳間書店

森トンカツ〜 もりとんかつ〜

1967年に発売されたジャッキー吉川とブルー・コメッツの『ブルー・シャトウ』の替え歌。"森と〜 泉に囲まれて〜"の歌詞を"森トンカツ 泉ニンニク か・コンニャクまれテンプラ〜"とアレンジして日本中の子供たちが歌った。一説によれば、当時人気番組だった『チャコねえちゃん』（TBS

系）のチャコちゃん役、子役の四方晴美が現場で出された弁当に「とんかつ」が入っていたのを喜んで「森トンカツ〜」とアドリブで歌い、その後『日清ちびっこのど自慢』（フジテレビ）に出演して披露したことで一気に全国に広まったという。小柳ルミ子が歌う『瀬戸の花嫁』をアレンジした"瀬戸わんたん 日暮れてんどん"と昭和の二大食べ物替え歌といえるかもしれない。（松）

文句あっか もんくあっか／和田アキ子

芸能界のご意見番、和田アキ子の脅し文句……ではなくキラーフレーズ。ゴッド姉ちゃん時代の1983年に日本文芸社から『和田アキ子だ 文句あっか！〜アッコの芸能界色メガネ毒舌言いたい放題!!』も発売されている。中身は芸能界の笑える話が満載だが、村田英雄先生の失言エピソードは『ビートたけしのオールナイトニッポン』からのパクりだったりするが、もちろん文句は言えない。（松）

モンドダイヤドッヘ
／とんねるず（木梨憲武）

80年代の申し子、とんねるずの特徴の一つが、業界用語や水商売のスラングを放送に持ち込んだことである。ビールがルービー、フジテレビとは言わずCX、スケジュールが詰まっていることを「ケツかっちん」など、世間にギョーカイごっこを蔓延させた。ハワイからのテレビ中継で、木梨憲武がダイヤモンドヘッドを指さし「あれを業界ではモンドダイヤドッヘと呼んでいます」、『とんねるずのオールナイトニッポン』では逆さ言葉が進行しすぎて「スープーをノーミー」というギャグも生まれた。さかさまのさかさまなのだ。（尚）

Q. 何と言っているでしょう？（答えはp.180）

焼き肉食べ放題～ッ
やきにくたべほうだい～っ
／桂雀三郎 with まんぷくブラザース

この珍曲『ヨーデル食べ放題』(EMIミュージック・ジャパン1996年)に再びスポットライトを浴びせ高田が自分の番組で仕掛けると、世間に相当なインパクトを与え、**桂雀三郎 with まんぷくブラザース**は大阪から毎週東京へ来ることに。しまいには、朝のラッシュ時に品川駅のホームを丸々借り切り焼き肉パーティー。煙モクモクの品川駅、出勤するサラリーマンは「何ごとだ」と見ていた。「焼き肉のあとは冷麺でしめるものだ」と高田が大瀧詠一に電話をし、『A面で恋をして』を『冷麺で恋をして』にして小瀧詠一(東MAX)に歌わせていいかとおうかがいを立てると快諾。2001年に即CDが発売された。(高)

薬丸を入れる瓶
やくまるをいれるびん／電気グルーヴ

立項したのは『電気グルーヴのオールナイトニッポン』で一回だけ聴いたフレーズ。覚えている人は誰もいないだろう。薬丸とはヤックンこと薬丸裕英のことと思われる。完全なるナンセンス。1990年代はじめの**電気**は、テクノ・ユニットであると同時に、最先端の笑いを提供する二人組(石野卓球とピエール瀧、それ以前は「まりん」もいて三人)だった。ナンセンスなフレーズと毒、快適なテンポ。子供にお年玉をあげるのがいやだ、というトークで卓球「たった10年足らずしか生きてないくせに」瀧「10年ぽっきりで。まだ一昔分しか生きてないくせに」卓球「オリンピックなら2回分」

瀧「ハレー彗星なんか1回も見てないやつだっているかもしれない」卓球「あと白夜。白夜も体験してないくせに」瀧「オーロラもな」。今の春風亭一之輔なども含め、後継に与えた影響は大きい。(尚)

矢島工務店
やじまこうむてん／とんねるず

『とんねるずのみなさんのおかげです』で定期的にオンエアされたコントドラマ「不良少年更生ストーリー ロックン・ロール最高物語」に登場するロックバンド「矢島工務店」のメンバーは、ターキー(石橋貴明)、ノーチン(木梨憲武)、マーサ(チェッカーズの鶴久政治)、サンディ(チェッカーズの徳永善也)。彼らの掛け声は「アイシンク・そう思うぇな」で「矢島工務店」の名は「タウンページ」を開いて決めたとか。ちなみに、このコントに刺激されたDJ OZMAが『みなさんのおかげでした』ではじめた音楽プロジェクトが、「矢島美容室」。(松)

ヤスダーツ／なべおさみ

『シャボン玉ホリデー』での名物コント「キントト映画」で監督役のなべが「ヤスダー」と呼び、ひたすら(先輩である**クレージーキャッツ**の)安田伸をメガホンでひっぱたくコント。このなべおさみは切れ味も良くとてもいい。テレビで「キントト」、映画

では主役の『吹けば飛ぶよな男だが』（松竹）のチンピラが一世一代の名演。山田洋次が『寅さん』を生み出す前に作った原点のような作品。余談ですが息子のなべやかんの名付け親は私。(高)

は、江戸時代後期から明治時代にかけて流行した江戸端唄。明治以降は、宴席の座興として流行。かっぽれ踊りの曲として広く知られており、東京の芸者さんで知らないものはいない東京花柳界の定番曲。その伝統芸を伝えようと、桂子師匠は最晩年も舞台上で「奴さんだよ」という声掛けと共に、"奴さん どちら行く ハアコリャコリャ"と披露し続けていた。合掌。(松)

やだなーやだなー/稲川淳二、BBゴロー

本業は工業デザイナーの稲川淳二は、1980年代に入り、テレビに起用されるようになる。その役割は熱湯風呂に入ったりするなどのいじめられキャラ。悲惨な状況を笑いに転換する判断力が見事で、すぐ人気者に。その後、体験談をベースにした怪談で夏の深夜番組に欠かせない存在になる。笑いと恐怖が、実は裏表の関係にあることを、稲川淳二のあり方は示している。怪談師の多くはことさらに間合いをとって重々しく語るが、稲川の語りはつんのめるような独特のテンポで、リアルに心理を描写する。「やだなー、やだなー」はそのなかで多用されるフレーズ。モノマネタレントのBBゴローがそっくりの声音で持ちネタにしている。(尚)

奴さんだよ！
やっこさんだよ！/内海桂子

2020年に97歳で逝去した漫才協会の名誉会長、内海桂子が亡くなる直前まで浅草東洋館で披露していたネタ。2016年に行われた「漫才大会」では「漫才協会ギャグ選挙」が発表され、堂々の１位に輝いた。『奴さん』

やってるやってる/ジミー大西

ザ・ぼんちのおさむの弟子で、はじめ大西秀明の本名でテレビに出ていたジミー大西は、明石家さんまに気に入られ、1980年代のなかばから東京の番組でも見るようになった。「やってるやってる」はその頃のギャグで、「ジミーちゃんやってる？」と尋ねられると、グーにした右手を上下させ、こう答える。他に「ジミーがんばれよ」とふられたときに「お前もがんばれよ」と返すパターンもあった。条件反射のように、どんな状況でもこの返しになるのが、テレビでは重宝された。(尚)

やっべえぞ！
/コロコロチキチキペッパーズ(ナダル)

「キングオブコント2015」王者のコロチキこと、コロコロチキチキペッパーズのナダルが、妙にいい声＆明るい顔で連発するフレーズ。ヤバいほど好きといった意味で使われるが、ちまたでは『水曜日のダウンタウン』（TBS系）のドッキリ企画の常連でもあるナダル自身が一番「やっべえぞ！」と言われている。(松)

177

野党 やとう／霜降り明星

「M-1グランプリ」2018年の優勝コンビ**霜降り明星**のネタ。例えば粗品がいい気持ちで歌を歌っていると、せいやが「どういうことだ！」とか「端的に話をしろ！」とヤジを飛ばす。ヤジることが「合いの手」にもなっているのだが、粗品はそれに対して「野党！」と突っ込む（普通の漫才だと「野党か！」になるところ「野党！」で止めるのが独特の間合いを生む）。粗品の、手のひらを上に向け、何かをつかんでいるようなポーズもよく知られている。(尚)

やにわに／景山民夫

『広辞苑』（岩波書店）を引くと「（1）その場で。たちどころに。（2）それまでの状況と変わって突然に。いきなり」とあり、べつに景山民夫の占有フレーズではないが、しかし景山以外の現代人が会話で「やにわに」と言っているのを耳にしたことがない。「外苑西通りを歩いていたら、暗闇の中からやにわに大きな人影が出てきて、よく見たらジャイアント馬場で」みたいな、ホラっぽい咄によく合っていた。(尚)

ヤバイよ！ヤバイよ！／出川哲朗

出川哲朗が、ロケで身の危険を感じた時に発するフレーズとしてもおなじみ。日本テレビ系『ビートたけしのお笑いウルトラクイズ』（1989年〜96年）での命がけ（に見える）オーバーな反応でブレイク。「抱

かれたくない有名人ランキング」で5年連続ぶっちぎり1位を記録し、殿堂入りを果たした男がその後、好感度を爆上げし、2019年に9社のCMに起用されるようになると、出川本人「ヤバイよ！ヤバイよ！」という心境だろうと思われる。(松)

ヤホーで調べました
やほーでしらべました／ナイツ

ナイツをブレイクさせたネタ。特定の野球選手、タレント、映画監督などについて、塙宣之が「ヤホー」で調べた情報を語るが、それがことごとく間違いで、土屋伸之が律儀に突っ込んでいくという構成。塙の著書『言い訳 関東芸人はなぜM-1で勝てないのか』（集英社）によれば、06年ごろに「ヤホー漫才」のスタイルを確立。それまでは二人で話し合ってネタを作っていたが、それを止め、塙が深夜孤独にネタを書くようになって、今のナイツになったという。笑いの創造は「相談」するとポテンシャルが下ってしまうという、考えさせられるはなしである。(尚)

山ちゃんはやめへんでー

やまちゃんはやめへんでー／山崎邦正

ダウンタウンの30年以上に渡る看板番組『ダウンタウンのガキの使いやあらへんで!』(日本テレビ系)で年1回(たいてい3月か4月)繰り返された名物フレーズ。放送半年目(1990年)からレギュラー出演をしてきた山崎邦正がなぜか番組を降ろされることになり、「さようなら山崎邦正」という特集が組まれる。ダウンタウンらの「やめてくれて有り難い」というような送辞に引き続き、邦正自身が挨拶。涙ながらに別れの言葉を述べるが、最後に「山ちゃんはやめへんでー」と叫び、番組続投を宣言する。落語家・月亭方正に転身後もこのコーナーは継続し「方正はやめへんでー」と叫ぶ。(尚)

山のアナアナ

やまのあなあな／三代目・三遊亭円歌

歌奴と名乗っていた二ツ目時代からバカうけした自作の『授業中』の中の生徒のフレーズ。円歌は、新大久保の駅員から吃音を矯正するために二代目・円歌に入門。詩の朗読で「山のあなたの空遠く」と読むところを、吃音のため「山のあな、あな……あなたもう寝ましょうよ」となり爆笑をとる。爆笑王・三平のライバルで、二人共、二ツ目で寄席のトリをとるという伝説を残した。後年は『小沢家の人々』で大いにうけまくった。ほとんど新作落語だけにもかかわらず「古典」中心の落語協会で会長もつとめた。通り名は「麹町の師匠」。(高)

やめて チョーダイ！／財津一郎

1960年代、我々子供たちの日曜日は、夕方6時から『てなもんや三度笠』。6時30分から『シャボン玉ホリデー』。8時からはNHKのコメディドラマ『若い季節』に夢中だった。『てなもんや三度笠』で藤田まこと、白木みのるにからんでくるのが、怪浪人"蛇口一角"を演じる財津一郎。オーバーアクションで「やめて チョーダイ！」と見得を切るやら「ヒッジョーに サミシィーッ」と奇声を発する怪演ぶり。刀をペロペロなめたりする。ここから何十年もして、CMで「ピアノ売ってチョーダイ」でまた話題に。(高)

ややこしや／野村萬斎

狂言師の野村萬斎が広めたフレーズ。もともと新作狂言『まちがいの狂言』の劇中で使っていたフレーズをETV『にほんごであそぼ』(2003〜)に引用したところ、子供たちを中心に流行した。古典独特の拍子、謡(うたい)の引っ張りかたをうまく応用している。萬斎はNHKの朝ドラ『あぐり』でからっとした演技を見せ、舞台劇では『藪原検校(やぶはらけんぎょう)』(井上ひさし)、『ベッジ・パードン』(三谷幸喜)でも好演。古典喜劇と現代をつなぐ重要人物だと言えよう。(尚)

Q. 何と言っているでしょう?(答えはp.186)

やられたらやり返す 倍返しだ
やられたらやりかえす ばいがえしだ
／半沢直樹（堺雅人）

テレビドラマ『半沢直樹』（TBS系）で、堺雅人演じる主人公・半沢直樹が口にする台詞。ドラマの骨格は銀行や証券会社、取引先の男たちをめぐる経済ドラマだが、劇画調の演出、キャストの力演などが相乗効果を生み、2013年のファーストシリーズは大当たりした。堺雅人、上戸彩、香川照之など定評のある俳優の他に、片岡愛之助、市川猿之助など実演ジャンルからの参加組の吹っ切れた怪演は、ときに喜劇すれすれになる。ファーストシリーズの最高視聴率は42.2％、セカンドシリーズでは32.7％を記録。（尚）

やる気マンマン男
やるきまんまんおとこ／清水宏

現在は、日本スタンダップコメディ協会を立ち上げ、副会長のぜんじろうと共に日夜、スタンダップコメディの普及を目指して汗や汁を吹き散らかせている清水宏の得意ネタ。常にやる気マンマン、過剰にやる気マンマンな男性の生態を、ときには客席を巻き込みながら演じている。余談であるが「やる気マンマン」つながりでラジオで『吉田照美のやる気MANMAN！』（文化放送1987年～2007年）を担当していた吉田照美も日本スタンダップコメディ協会の公演の際に引きずり込まれている。（松）

湯あがりの男
ゆあがりのおとこ／五代目・三遊亭圓楽

『笑点』大喜利、回答者時代に挨拶の時このフレーズを使って笑いをとっていた。他に「星の王子さま」なんてキャッチフレーズもある。故に落語協会脱退後、作ったプロダクションの名が「星企画」。『笑点』司会者時代、最高の迷作は、CMがあけてディレクターからキュー、圓楽「笑点　さぁまずは二問目」（→p.167）。これには回答者全員コケていた。高座の人情噺（にんじょうばなし）では噺に入りすぎて自分で泣いてしまうこともあって、これを見て川柳川柳が「涙の圓楽船（かわなぎがせんりゅう）」とうまい事を言った。（高）

You来ちゃいなよ
ゆーきちゃいなよ／ジャニー喜多川

稀代のアイドル・プロデューサーであり、演出家でもあったジャニー喜多川。両親ともに日本人だが、アメリカと日本を往復して育ち、アメリカ国籍も持っていた。1950年代以降は日本の芸能界で活躍し、現場での英語と日本語をミックスした独特のしゃべり方が伝説。アイドル志望で履歴書を送ってきた少年に電話をかけ「レッスンをやってるからYou来ちゃいなよ」と突然の誘い。何かの判断を迷っている子には「Youやっちゃいなよ」。英語圏にない敬語で話されるのが嫌いで、敬語を使うなと公言した。日本社会の中にあって、日本人離れをした大才は2019年逝去。享年87。（尚）

ゆとりあるデタラメこそ
真の芸術
ゆとりあるでたらめこそしんのげいじゅつ
／山城新伍

この言葉に続けて「現代において狂気を演ずるのは理性において他にありません」と人気番組『笑アップ歌謡大作戦』(テレビ朝日系)の口開けで必ず言うのが山城新伍。なんたって医者の息子という知性派。『白馬童子』(NET・現テレビ朝日系)、『仁義なき戦い』(東映)を経てのテレビバラエティ進出だから怖いものなし。日曜昼の人気コーナーだったものが独立し、ゴールデンでも話題に。『笑点』の大喜利を何とか立体的に本音むき出しにできないものかと(高)は考え、山城の先生に本音を言う歌手たちを生徒役に、教室コント風に仕上げた。笑えるゴシップの大修羅場に芸能界は激震。漫才ブームが来る直前、教室で毒を吐きまくっていたのが中尾ミエ、和田アキ子、研ナオコ、由紀さおり、佐良直美ら。**レツゴー三匹**のじゅんがレギュラー。(高)らが作った問題の笑える答えを毎週考えていたのが、秋元康ら若手作家。山城の代表作には、『アイアイゲーム』(フジテレビ系)もあり、ここでは「チョメチョメ」を大ヒットさせた。こちらの問題答は(高)や若き三谷幸喜が作っていた。(高)

指パッチン　ゆびぱっちん／ポール牧

1970年代、**コント55号**のあとを追うように出てきたのが**コント・ラッキー7**(ポール牧と関武志)。フジテレビのお昼の番組で一年間、毎回新ネタのコントをやるというので、私はいつも当時中野にあったポールの家に夜中に行き、朝までネタ作り。朝になると生放送をやる新橋ヤクルトホールへ行き、それを台本にして、相方関武志を待ち、読み合わせ。年間でコントを100本くらい作り、中の5本位が持ちネタともなり、寄席やら営業先でかけられた。僧侶志望だというポールの売り物は"胡散臭さ"。クルリとまわってキザに指をパッチンと鳴らすのも売り物。この怪しさをビートたけしが『ANN』、『たけしのお笑いウルトラクイズ』(日本テレビ系)でスポットを当て、少しだけブレイク。たけしが「師匠　師匠」と呼ぶものだから芸界全体が少しだけ尊敬の素振り。2005年自殺。(高)

ユーミンでも降ろしてみますか
ゆーみんでもおろしてみますか／清水ミチコ

ステージでピアノの前に座った清水ミチコはこう言うと、松任谷由実を降霊させ、トークも含めて完全にユーミンとして歌い、演奏する。歌声が似ているのはもちろん、正隆の浮気疑惑を記者に聞かれ「問題外です」というひと言のソックリ(実際には誰も聞いていないのだが)ぶりにはぞっとする。近年はユーミンが「こんばんは清水ミチコです」とツカミを言う逆転現象も起きている。(尚)

夢芝居 ゆめしばい／梅沢富美男

昔は「寄席芝居」と呼ばれていた大衆演劇から登場したスターが梅沢富美男である。旧式の大衆演劇は「泣かせる」芝居をメインディッシュにしていたが、梅沢劇団を引き継いだ若き座長・梅沢武生はこれを改革。徹底して笑わせる芝居を主眼に置き、はなやかなショーで打ち出す構成にした。そこで起用したのが弟の富美男。前半の喜劇では爺役などで笑いをとり、舞踊では一転して目の覚めるような女方になる。そしてさっと引っ込む。さらに、市川森一が大衆演劇をモチーフに執筆したドラマ『淋しいのはお前だけじゃない』（TBS系 1982年）で梅沢富美男を起用。同年、小椋佳作詞・作曲による歌謡曲『夢芝居』（キングレコード）が50万枚を越える大ヒットになった。近年は毒舌キャラで改めて注目され、**オードリー**のラジオにゲスト出演するとぶっ飛んだトークで二人を圧倒。若いリスナーをおどろかせた。三枚目と美貌、土着とモダン、毒舌と心遣いを同居させた双面の才能である。（尚）

ユメもチボーもないもんネ
／東京ぽん太

「お笑い史」の中では、もうほとんど語られなくなったが、1965年から68年くらいまで東京ぽん太は絶頂期にあった。その彼のヒットフレーズがこれ。トレードマークの唐草模様の風呂敷を背負い

愛すべき栃木弁丸出しでフジの帯番組『お茶の間寄席』などで司会をつとめた。映画『喜劇 東京の田舎っぺ』（東宝）でも主演。ヒットフレーズは他に「世の中いろいろあらぁな」「生活かかってっからね」。47歳で急逝。訛りの系譜は**U字工事**が継ぐ。（高）

許せない奴がいる
ゆるせないやつがいる
／スナフキンズ（南原清隆、松本人志）

若かりし**ウッチャンナンチャン**と**ダウンタウン**が共演していた伝説の番組『夢で逢えたら』（フジテレビ系 1988年〜91年）からは「ガララニョロロ」「タキシーズ」などたくさんの異色キャラが生まれた。その一つが南原清隆と松本人志によるユニット「スナフキンズ」。理不尽な出来事が起きるコントの途中で、大きな麦わら帽子にコート姿でギターを抱えた二人が現れ、杉良太郎の『君は人のために死ねるか』を弾くフリをしながら"許せない〜奴がいる〜"と外れ調子で歌っていたっけ。（松）

ヨイショッと
／月の家圓鏡(のちに橘家圓蔵)

1960〜80年代に活躍した月の家圓鏡の代名詞。「ヨイショをする」というのは寄席の楽屋言葉で古くから使用されており、相手を心地良くする、機嫌をとるなどの意。たいこもち(幇間)がもともと使っていた。先年亡くなった、大好きな古今亭志ん駒の名作にこんなものがあります。「される身に　なってヨイショは　ていねいに」。人にゴマをすりたい時も、何事もていねいにやるべきなのだ。ヨイショとは誠意なのだ。余談だが1990年に深夜のフジテレビで杉本高文(さんまの本名)の企画で『高田・大倉の深夜NIヨイショ』(1990年)が2クールO.A.。大倉とは若手放送作家の大倉利晴。第1回ゲストがさんま。(高)

よう、相変わらずバカか！
よう、あいかわらずばかか！／車寅次郎(渥美清)

映画『男はつらいよ』で、久しぶりに故郷の葛飾・柴又に帰ってきた「寅さん」こと車寅次郎が、戸惑いつつ出迎える家族を見渡した時などに笑顔で発するひと言。もちろん、一番バカなのが誰かは、みんながよく知っている人物である。ちなみに寅次郎、学歴コンプレックスがあるのか『続・男は

横縞が縦縞になったのね
よこじまがたてじまになったのね／マギー司郎

茨城が生んだ天才マジシャン、マギー司郎がステージ上で、横縞のハンカチを一瞬で縦縞に変えるおどろきの技を披露した際、誇らしげに種明かしをするときの一言。憎めない茨城弁というところがポイント。他に「コシヒカリをササニシキ」に変えたり、「麦茶をウーロン茶」にチェンジさせたりするなどの高度なネタもある。弟子も多いが、都内に多くのアパートを借りて、その日の気分で泊まり分けている。(松)

吉川くーん よしかわくーん／森田健作

1971年に日本テレビで放映された青春学園ドラマ『おれは男だ！』で森田健作が演じた主人公の"小林弘二"が、早瀬久美演じる学園のマドンナ"吉川操"を呼ぶ時の台詞。当時、多くの人が森田健作になりきってモノマネをした。当初は2クールの予定が高視聴率を記録したため放送を一年に延長。この作品のヒットをきっかけに一連の日テレ青春ドラマシリーズは不動の人気を得た。（松）

よし子さ〜ん
よしこさ〜ん／初代・林家三平

"好きです 好きです よし子さ〜ん"と三平は高座で歌った。弟分の圓鏡（のちの圓蔵）は"せつ子"を連呼し人気に。三平の妻である海老名香葉子は『そんな夕子にほれました』（ユニオンレコード）を作詞。夕子は三平家のお手伝いさんの名。この曲を歌った増位山太志郎はのちに『そんな女のひとりごと』『そんなナイト・パブ』（以上、同前）をリリース。"そんな"シリーズはのちにサザンオールスターズに受け継がれ『そんなヒロシに騙されて』（タイシタレーベル）がヒット。（高）

よしなさい／ビートきよし

ツービートの訛るほう、きよしが唯一喋れる言葉「よしなさい」。勢いで出した『雨の権之助坂』（ビクター）が小ヒット。（高）

余談ですけど
よだんですけど／林家ペー

自称おしどり漫才の林家ペー・パー夫妻の黄色い声じゃないほう、髪の毛がもじゃもじゃのほうが、ギター漫談をしながら次のネタの前に呟く台詞。余談のほうがうけることがわかり、いつの間にか香盤表（寄席のプログラム）にも余談漫談家と記されるようになった。余談ですが2008年発売の高田文夫作詞の林家ペーデビュー曲『余談ですけど「愛してる」』（コロムビア）、は元ミス赤羽の愛妻・パー子への愛を歌った歌である。（松）

ヨヨヨイヨヨヨイヨヨヨイヨイ、あ、めでてぇな／中村梅之助

北町奉行・遠山左衛門尉から"紫房の十手"を預かる岡っ引き・伝七親分が、鋭い推理と得意の十手さばきで解決していく痛快娯楽時代劇『伝七捕物帳』（中村梅之助版は日本テレビとテレビ朝日で放送）で伝七親分が見事、江戸の悪を懲らしめた後に披露する二本指締め。『遠山の金さん捕物帳』（NETテレビ　現・テレビ朝日）でも披露されていた。2016年には梅之助の息子、中村梅雀がNHK BS時代劇で伝七を演じ、親子二代で万力鎖の技を披露した。（松）

喜んで頂けましたでしょうか?
よろこんでいただけましたでしょうか?
／稲川淳二

『オレたちひょうきん族』で「タケちゃんマン」と並ぶ二大企画の「ひょうきんベストテン」に出演した稲川淳二が、タキシード姿などで颯爽と登場するも、ペンキをかぶったり、泥まみれになったり、逆さ落としを受けて「悲惨だな、悲惨だなーッ」と絶叫。最後に自分の体当たり芸で笑えましたか?と問いかける着地ワード。後に**ダチョウ倶楽部**や出川哲朗らに受け継がれていった「リアクション芸」の元祖という説もある。(松)

よろしくネ／ゆーとぴあ

相方に長いゴムの先端をくわえさせてから走り出してのゴムパッチン。「人生は長いようで短い、このゴムのようだ」などとインチキ臭さを全身にまとった**ゆーとぴあ**のホープ。怪芸人ぶりはポール牧に通じる。ホープが「ゴムパッチン」でポールが「指パッチン」である事を今発見。コントの最後は不思議な決めポーズで「よろしくネ!」。俗に東京芸人のふきだまり「田端グループ」のリーダー的存在。ここにはマギー司郎も居た。(高)

ヨロちくび～!／久本雅美

久本雅美が、両手でシャツの胸元の左右の乳首あたりをつまんで、前方に引っ張るギャグ。プライベートでは、自慢の乳首を弄んでくれる殿方は見つからず独身のまま現在に至る。2018年に還暦を迎えた際、諦めきれない結婚への思いを募らせ「『マチャミの婚前披露宴!還暦すぎてもヨロちくび～!』公演を開催。東京国際フォーラムの満員の客席に向かって「ヨロちくび～～」と挨拶し喝采を浴びていた。(松)

よろめき

昭和32年に発売された三島由紀夫の小説『美徳のよろめき』(新潮社)から生まれたはやり言葉。その後昼すぎに放送される不倫な話を「よろめきドラマ」などと呼んだ。そのもっと、もっとあとに『金曜日の妻たちへ』(TBS系　昭和58年)、略して「金妻」が話題。既婚者の浮気を不倫と言うようになった。現在、中居クンでやっているのは「金スマ」(『中居正広の金曜日のスマイルたちへ』TBS系)である。昔は妻がよろめき、今は夫が多目的トイレでよろめきまくっている。(高)

Q. 何と言っているでしょう?(答えはp.188)

ラジオの友は真の友
らじおのともはしんのとも／六代目・神田伯山

講談界の風雲児、六代目・神田伯山が、人に届く本音、言葉を選んで本音を語るTBSラジオ『問わず語りの神田伯山』（毎週金曜夜9時30分〜）の冒頭で語っていた決め台詞。元ネタは多分「深夜の友は真の友などと言いますけれど……」ではじまっていた『五木寛之の夜』（TBSラジオ 1979年〜2004年）。生来、友達作りが苦手な伯山先生、最近は、マイク前の「笑い屋」シゲフジ君も引き笑いしているような気がして心配である。（松）

radiko らぢこ

日本は海外に比べてラジオのネット同時配信が遅れていた（そのために一時期は番組のポッドキャスト配信が発達した）。しかし、受信環境の悪い地域への対応、新しい聴取者の獲得などを目的として、2010年に民放各局合同でradikoを立ち上げ、インターネットでの同時配信が開始。以降、段階的に参加局が増え、さらに利用地域から離れた局の放送を聴ける「エリアフリー」、聴き逃した番組を一週間聴く「タイムフリー」など、サービスを拡大させた。radikoの普及はラジオの振興にプラスに作用している。今、聴き逃した番組をパソコンやスマホで翌日以降に聴くことは普通になっている。その反面、「深夜の解放区」はもはや成立しない。朝も昼も夜も、radikoの中では均質であり、深夜の毒舌は冷静に聴き返され、ネット記事になる。文明とはそうしたものである。（尚）

ラッスンゴレライ／8.6秒バズーカ

2015年頃ブレイクしたお笑いコンビ**8.6秒バズーカ**のリズムネタ。サングラスに赤シャツ、赤ズボンで黒ネクタイを締めたはまやねんと田中シングルが八拍子に乗せてリレー式にネタを進めていく。まず、はまやねんが「ラッスンゴレライ、ラッスンゴレライ」と繰り返しながら、手拍子を打って舞台を歩く。続く田中は「ちょと待ってちょと待ってお兄さん、ラッスンゴレライって何ですのん」と受けるが、はまやねんは「楽しい南国、ラッスンゴレライ」などと無意味なやりとりに終始する。ネタの後半は二人の言葉が交差するなど、複雑な構成になる。（尚）

ラブ注入 らぶちゅうにゅう／楽しんご

楽しんごのネタ。見るからにオネエの楽しんごが「ドドスコスコスコ、ドドスコスコスコ」とリズムをとりながら踊り、最後に両手でハートをつくってこのフレーズを言う。現在、楽しんごは滋賀県の建設・解体工事業者、奥井総建の広告キャラクターで、滋賀県では「らぶ注入」の新作テレビCMが流れている（同社のYouTubeチャンネルでも視聴可能）。（尚）

p.179の答え：ダーブルパチンコ！（Yes! アキト）

ラ

ラジオの友は真の友→ラブ注入

ラ・ママ新人コント大会
ら・まましんじんこんとたいかい／渡辺正行

コント赤信号のリーダー・渡辺正行が、若手芸人のネタ披露の場を求めて1986年に渋谷・道玄坂のライブハウス「La.mama」でスタートした老舗お笑いライブ。**ウッチャンナンチャン、ダチョウ倶楽部、爆笑問題、海砂利水魚**（現・**くりぃむしちゅー**）、**バナナマン、スピードワゴン、オードリー**など多くのお笑い芸人を育てたことでも知られている。ネタの途中で一定数の観客が手を挙げたら強制終了というルールの「コーラスライン」が名物企画。何がスゴいって2020年10月に390回目を迎え、今も才能を発掘し続けていることである。（松）

ラーメンつけ麺ぼくイケメン
らーめんつけめんぼくいけめん／狩野英孝（かのえいこう）

狩野英孝のギャグ。長髪で黒いシャツに純白のスーツ、エナメル靴と、ホストのような見た目でステージに立ち、格好をつけてこの台詞を言う。2000年代後半にヒット。同じキャラで、何かの仕事中に舞台袖を見て「スタッフゥ〜」とヘルプを呼ぼうとするギャグもある。一人コントの設定はラーメン屋、タクシー、刑事など色々あるが、どれも「もしナルシストのホストが〇〇だったら」というバリエーションである。（尚）

ラララライ体操
ららららいたいそう／藤崎マーケット

田崎佑一とトキのお笑いコンビ**藤崎マーケット**のネタ。白いタンクトップ、鉢巻き、半ズボンで登場した二人が、「ラララライ、ラララライ」と拍子をとりながら上下運動を見せ、例えば「視力検査のエクササイズ」をはじめる。たいていは、その「エクササイズ」がいつのまにか「ラララライ」のリズムに変化し、またはじめの踊りに戻る。2000年代後半、1〜2分でネタを見せる番組で重宝された。このコンビの本芸は漫才であり、ラララライ体操で認知されすぎた側面もある。のち『しくじり先生』（テレビ朝日系）に出た二人は「リズムネタは麻薬や。手を出したらボロボロになるで」と後輩芸人に語っている。（尚）

リーでした／日村勇紀

バナナマンの日村勇紀のギャグ。「ぼくの人生は順風満帆ではなかった。そんなときにぼくを支えてくれたのは、親父でもお袋でもなく、そう、リーでした」というような使い方をする。郷ひろみが二谷友里恵と結婚する時の会見で言ったフレーズが元ネタ。1987年の出来事である。日村は郷ひろみの前でもこのネタを披露。郷は怒るどころか、「リーの発音がちょっと違う」と演技指導してくれたという。（尚）

Q. 何と言っているでしょう？（答えはp.190）

ルネッサーンス／髭男爵

お笑いコンビ**髭男爵**のギャグ。燕尾服にシルクハットという西欧の貴族の扮装をした山田ルイ53世（髭を蓄えている）とひぐち君が登場し、ワインの注がれたグラスを高らかに掲げて「ルネッサーンス！」という台詞からネタに入る。例えば、〈洞窟に迷い込んだ貴族〉という設定でもグラスをずっと持ち続けるのがスタイルで、ひぐちのボケにルイが「優しいやないかーい」などと突っ込みつつ、何度も乾杯を交わす。2008年頃によくテレビで披露した。たくましい風体の山田ルイ53世は中学中退で引きこもりに。20歳で社会復帰し、大検をとって大学進学した。その半生を『ヒキコモリ漂流記』(KADOKAWA)という本にまとめている。(尚)

レッドスネークカモーン
／東京コミックショー

ショパン猪狩と美人の八重子夫人による超爆笑手作りヘビのコミックショウである。駐留軍のキャンプ巡りからずっとやってい

た一芸名人。どんなシチュエーション、どんな場所でも必ずうける"すべり知らず"の芸。客あしらい、アドリブ、したたかすぎる修羅場をくぐった芸。まさにプロ中のプロ。兄がパン猪狩。これまた芸の引き出しの多い人だった。芸人うけするエンターテイナー。楽屋では"ギャグの神様"と呼ばれた。(高)

ロカビリー三人男
ろかびりーさんにんおとこ
／山下敬二郎、平尾昌章、ミッキー・カーチス

1958年（昭和33年）、渡辺プロの渡邊美佐の仕掛けにより人気が大爆発したのが、日劇の音楽フェス「ウェスタンカーニバル」。武道館も東京ドームもまったく無かったこの時代、1週間で4万人超という記録的な入場者数。人気はもちろん、"ロカビリー三人男"と呼ばれた山下敬二郎（柳家金語楼の息子）、平尾昌章（後に昌晃で大作曲家に）、今もなお渋い役者のミッキー・カーチスである。ミッキーが60歳の時、高田文夫作詞、ミッキー・カーチス作曲でCD『KANREKIロック』を世に出した。B面の作詞は立川談志。(高)

ろくでなし〜／梅垣義明

1984年からWAHAHA本舗所属の梅垣義明が、シャンソンの名曲『ろくでなし』を歌いながら鼻に豆を詰めて、歌の間に鼻息で飛ばす身体を張った芸。ディナーショーや営業では客席を回って飛ばしまくるため、

笑いと悲鳴が入り混じり、会場はまさに阿鼻叫喚と化す。長年『ろくでなし』の歌い手として日本中を魅了していた天国の越路吹雪がどう思っているかは、想像するまでもない。(松)

ワイルドだろぉ
/スギちゃん

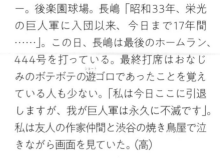

ジーンズ生地の袖無しシャツとパンツに、はちきれそうな肉体を包んだスギちゃんのフレーズ。野性味あふれる（ただし無意味な）エピソードを語ったあと、観客に「ワイルドだろー？」と同意を求める。あるいは先に「ワイルドだぜぇー」と語りはじめ、手にしたリュックサックの持ち手を引きちぎったと観客に示したりするパターンもある。そのリュックは担げないので、抱きかかえて移動するとオチがつく。2012年頃によくやっていた。いつも素足で七三分けのスギちゃんは、なぜか小型2級船舶免許の保持者。(尚)

ワオ！/岡田圭右
漫才師ますだおかだの岡田圭右が両手を広げて言うフレーズ。おどろきの昭和的表現。娘の岡田結実もカバーしている。(松)

我が巨人軍は永久に不滅です
わがきょじんぐんはえいきゅうにふめつです
/長嶋茂雄
1974年10月14日、中日とのダブルヘッダー。後楽園球場。長嶋「昭和33年、栄光の巨人軍に入団以来、今日まで17年間……」。この日、長嶋は最後のホームラン、444号を打っている。最終打席はおなじみのボテボテの遊ゴロであったことを覚えている人も少ない。「私は今日ここに引退しますが、我が巨人軍は永久に不滅です」。私は友人の作家仲間と渋谷の焼き鳥屋で泣きながら画面を見ていた。(高)

わかっちゃいるけどやめられない/植木等
昭和36年発売、ハナ肇とクレージーキャッツが歌う『スーダラ節』（東芝レコード）の一節。作詞は天才・青島幸男、作曲が達人・萩原哲晶。『シャボン玉ホリデー』の中で披露し爆発的ヒット。"わかっちゃいるけど　やめられない"という人間の弱さを直視した真理で笑う極上の一曲。根がマジメだった植木は、当初この曲を歌うことに難色。ありがたい僧侶でもある自分の父親に「今度こういう詞を歌うんだけどどう思う」。詞を見た父はヒザを叩き「これは素晴しい。わかっちゃいるけどやめられないは親鸞の教えに通じる。これは人類の真理。書いた青島という人は素晴しい。がんばってやってこい」。これでみんなの人生が変わった。ちなみに"芸能界三大お寺の子"は植木等、永六輔、三遊亭圓楽（五代目）。神社の子は狩野英孝。植木等がらみの言葉では「無責任」（映画でシリーズ化）。『C調』。昔のバンドマンは何でも逆さまに言った。「調子いい」をひっくり返して「C調」。リリィ・オールスターズが後に（昭和54年）『C調言葉に御用心』をヒットさせた。(高)

わかるかな〜 わかんねえだろうな〜
／松鶴家千とせ

1970年代、アフロヘアとサングラス姿で現れた松鶴家千とせが一世風靡させたリズムネタのフレーズ。"俺が昔夕焼けだったころ、弟は小やけだった。父さん胸焼け、母さん霜焼け。わっかるかなぁ、わかんねぇだろうなぁ〜イエイー"というようなもの。「夕やけこやけ」という副題もついてCD化もされている。幼少期に満州で見た夕焼け風景が原形となっているという。2020年現在、御年82歳にして浅草「木馬亭」や「クイズ脳ベルSHOW！」（BSフジ）などで活躍中。(松)

わかんねえんだよ
／宮田陽・昇（宮田昇）

漫才コンビ宮田陽・昇のギャグ。陽が「これ知ってる？」と昇にクイズを出す。いかにもウンチクを持ってそうな自信のある態度で。昇は考えるが、答えが出ず「答えは？」ときくと陽は「わかんねえんだよ」。漫才協会と落語芸術協会に所属する、実力あるコンビ。芸協の寄席で、**ナイツ**と好一対の大事な存在になっている。(尚)

わたくし 『じゅん散歩』で来た……
わたくしじゅんさんぽできた……／高田純次

高田純次の散歩番組『じゅん散歩』（テレビ朝日系）で、商店などを訪れる純次が言うギャグ。絶対にまともな自己紹介はせず「わたくしじゅん散歩で来たアラン・ドロンという者で」とか「不動明王という者なんですけど」とか「浜崎あゆみっていう者なんです」など、何も考えずに発語される、

文字通りの軽口。はじめは小劇場の俳優で、『天才・たけしの元気が出るテレビ!!』（日本テレビ系）などから「お笑い」のフィールドでメジャーになった高田純次。六本木霞町を散歩した際は、「あそこに当時、稽古場があってね」と遠くから劇団事務所があったあたりを指さし、あえて近づかずにサラリと語っていた。(尚)

私が言ったの！ 俺だよ！
わたしがいったの！ おれだよ！／友近、近藤春菜

ひとりコントで出発した友近だが、2010年代以降、**ロバート**秋山竜次、渡辺直美、**ずん**の飯尾などとユニットコントを発表している。そのうちの大傑作が、**ハリセンボン**近藤春菜と組んだホームレス二人が虚勢を張り合うネタ。河原にテントを張った女ホームレスの友近と男ホームレスの春菜が、世の中のあらゆる事象に関して「それをはじめに言ったのは私」「はじめに考えたのは俺」とひたすらに言い合う。文字で書いても伝わりにくいが「欽ちゃんの仮装大賞に城戸真亜子を使えと言ったのは私！」とかチョイスが凄い。しまいには「私がアダムとイブ！」「その林檎！」ということになる。NHKのさだまさしの生放送でこのネタを披露し、出来もよかった。さだはホームレスと言う言葉を避け「フリーマーケットをしている二人なんだね」。(尚)

わたしの彼は左きき
わたしのかれはひだりきき／麻丘めぐみ

先頃亡くなった筒美京平作曲による1973年の麻丘のヒット曲のタイトルであるが、若い連中は「わたしの彼は左まき」などと喜んで歌った。もはや"左まき"という言葉も死語だろうが——頭を指して左まきと言えば、お

バカさんの意。このヒット曲で麻丘は『スターどっきり㊙報告』のフジテレビのWディレクター（高田と大学同級生）とロケで知り合い、即結婚。軽井沢での挙式、高田と小野ヤスシが渋々列席した。当時、西新宿に高田が住んでいたので麻丘夫妻もすぐ近くに住み、高田は彼らの家にいつも呑みに行っては、麻丘に水割りを作らせていた。(高)

私の記憶が確かならば
わたしのきおくがたしかならば／鹿賀丈史

バブル時代のグルメ、飽食ブームの影響を受けるようにして1993年にフジテレビでスタートした『料理の鉄人』のオープニングで、美食アカデミー主宰の鹿賀丈史が毎度口にしたおなじみのフレーズ。出典はフランスのアルチュール・ランボーの詩集『地獄の季節』から。国内外の一流シェフを「キッチンスタジアム」に招き、和食、フレンチ、中華にイタリアンの鉄人と料理の腕を競わせた。「食材」という言葉が一般化したのはこの番組からと言われている。戦場のような修羅場のキッチンをF1のピットに見立てた調理実況も懐かしい。(松)

私は貝になりたい
わたしはかいになりたい／フランキー堺

テレビ草創期（1958年）を語るに、はずせない名作『私は貝になりたい』。戦争の残酷さを鮮烈に描いたレジェンドドラマ。喜劇人として認知されつつあったフランキー堺がラスト、絞首台の階段を上り「私は貝になりたい」と呟き日本中の涙を誘ったが、翌日から子供たちは「わたしは鯛になりたい」だの「私はサイになりたい」だの言い出した。94年に所ジョージ主演のテレビドラマに、2008年には中居正広が主演の映画にリメイクされた。(高)

私はコレで会社を辞めました
わたしはこれでかいしゃをやめました／手塚和重

1984年にマルマン（現・マルマンH＆B）から発売されたタバコ型の禁煙グッズ「禁煙パイポ」のCMコピー。3人の男性が登場し一人目と二人目は商品を手に持ち「私はこの禁煙パイポでタバコを辞めました」とアピール。三人目もパイポを持っているかと思いきや、見つめているのは立てた小指で、「私はコレ（女）で会社を辞めました」とひと言。意表を突く三段落ちでパイポは爆発的ヒット。会社の業績は6倍に伸びたという。ちなみに三人目として出演したのは、オーディションで選ばれた手塚和重さん。当時、東京都の公園緑地部につとめていたそうで、もしも出演料を手にしていたら職場を去るところだったとか。(松)

私はドジでノロマな亀ですっ！
わたしはどじでのろまなかめですっ！
／松本千秋（堀ちえみ）

1980年代、クサイ台詞回しと大げさな演技がなぜか人気を博した大映ドラマの一つ『スチュワーデス物語』（TBS系）で、堀ちえみ演じる松本千秋が、日本航空のスチュワーデス（キャビンアテンダント）を目指し厳しい訓練を受けている最中に、しばしば「教官！」の風間杜夫演じる村沢浩に訴えたひと言。2020年にドラマ『M 愛すべき人がいて』（テレビ朝日系）で話題となった田中みな実の怪演は、教官・浩の元婚約者で千秋をいじめる義手の真理子役を演じていた片平なぎさへのオマージュである。(松)

Q. 何と言っているでしょう？（答えはp.192）

笑い屋 わらいや

（1）テレビ収録のスタジオで、いくばくかの謝礼をもらい、落語や漫才に笑う人。おもに女性。1970年代から80年代にかけては、公開番組や『ドリフ大爆笑』のVTRにかぶせた笑いにも笑い屋が参加していた。NHKは笑い屋を使うのが大好きで、今も日曜日早朝の『演芸図鑑』で昔ながらの笑い屋の声を聴くことができる。
（2）ラジオ番組で、パーソナリティーのトークに笑うのは構成作家の役。『ビートたけしのANN』が結果的に高田文夫の合いの手（笑い声）を成立させた。以降、『伊集院光 深夜の馬鹿力』（TBSラジオ）の構成・渡辺君も広く知られる。これを改め、構成者ではなく「笑い屋のシゲフジ君」を自分の前に置いたのが六代目・神田伯山。スタジオの笑いは自然発生的なものではなく、笑い屋が仕事として笑っているのだ、とネタばらしをして見せたのだ。（尚）

わんばんこ ／笑福亭鶴光

1970年代、『笑福亭鶴光のオールナイトニッポン』でリスナーに向かって発した挨拶の言葉。別に鶴光お得意の卑猥なフレーズではなく、単に「こんばんは」を逆から読んだだけ。時間帯によっては「わちにんこ」の類語もある。毎週土曜の夜、鶴光が呼びかける「乳頭の色は？」「ええか〜ええか〜えええのんか〜」などのエロフレーズに、全国のティーンエージャーの心と股間が敏感に反応した。（松）

ンガググ ／サザエさん

1969年の放送開始から半世紀を超える国民的人気アニメ『サザエさん』のエンディングで次回予告が流れた後、サザエさんがクッキーを放り投げて口でキャッチするものの、喉に詰まらせて終わるのが昭和のお約束だった。もともと、サザエさんはピーナツの投げ食いが得意という設定があったことからはじまったという。けれど視聴者の医師から「子供が真似すると危ない」という抗議があったことから「サザエさんとジャンケン」に変更された。コンプライアンスの厳しい時代はアニメからもギャグが生まれにくい。（松）

ん〜〜マンダム
／チャールズ・ブロンソン

今でこそハリウッド俳優が日本のコマーシャルに登場するのは珍しくないが、その先駆けが名優チャールズ・ブロンソン。1970年に発売された丹頂（現・マンダム）の男性化粧品「マンダム」シリーズのCMに起用され、アゴに手をあてて渋く呟いたコピーが話題に。カントリー歌手、ジェリー・ウォレスが歌う『マンダム〜男の世界』（東芝リバティ）も大ヒット。ヒゲも生えていない子供たちの間で「マンダムごっこ」も流行した。その一人だったのがみうらじゅん。のちに田口トモロヲと**ブロンソンズ**を結成。高田文夫も参加した『エマニエル夫人のテーマ』（アルバム『SUPER MAGNUM』EMIミュージック　収録）も話題になった。（松）

生きてるだけで 丸儲け

明石家さんま この名フレーズから付いた、娘の名前がイマル（IMALU）。

永久保存版

芸人の名言・珍言・座右の銘

文∷高田文夫

私の趣味の一つに、芸談の収集があって、その時に見つけた名言・珍言の数々です。

タモリ

やる気のある者は去れ

帯番組をやるにあたって心している事は？と聞かれて「反省しないこと」。私もこれを守って続けた。

初代・林家三平

笑わせる 腕になるまで 泣く修行

前座の時の苦労を詠んだのだろう。すぐに大バケして売れた。「どうもすいません」。

ビートたけし

見る前に跳べ

目つぶって跳んじゃうから、出版社へ行っちゃったりバイクでこけたり……。

ドーランの下に 涙の喜劇人　ポール牧

たけしが『ANN』で言いふらしたように、まさにインチキポールな臭い台詞。"コント・ラッキー7"。相方は関武志。

寝ていて転んだためしなし

三遊亭小遊三　できれば世間という表に出ないで家で寝ていたいもの。次も凄い。「ハードルは高いほど、くぐりやすい」。

人気とは高さではなく長さだと聞いた

高田文夫　先頃亡くなった内海桂子師や元気な黒柳徹子を見ていると、しみじみそう思う。

職業に貴賎はないけど生き方に貴賎はある

永六輔

どんなに下らない事をやっても品のあるコメディアンがいい。テレビですぐに「金の話」をする関西の芸人はちょっと……。

元日を稼ぐ因果の芸渡世

変哲・小沢昭一

元日から仕事でまわる芸人やらフーテンの寅さん、テレビマンなど、つくづくカタギではないなと思う。

リアクション芸人にとって鼻水はダイヤモンド

出川哲朗

ヤバいよ、ヤバいよ。

人生、入金

林家木久扇

"木久扇の会"は、開場したらまず前座が「木久蔵ラーメン」を売り切るまで開演しない。

過去と他人は変えられないけど、未来と自分は変えられる

笑福亭鶴瓶　『鶴瓶の家族に乾杯』（NHK）など長いこと見ているが、チャンネルも変えられてないようだ。

1クールの レギュラーより 1回の伝説 江頭2：50

エガちゃん、ユーチューバーとして
またまた一つ伝説を作った。おっし
ょろしいよォ。

自分に 嫌われないために 人から嫌われる

太田光

嫌われているようでみんなから愛さ
れてるのが爆笑問題。コロナも裏口
問題も大した問題ではなかった。

買えるなら 金で買いたい 好感度

中村獅童

スキャンダルがいっぱ
いだった若き日、獅童
はこう詠んだ。お見事。

無責任であり続けること。 これが俺の責任だ。

高田純次　さすが「じゅん散歩」の「5時から男」
である。初代ブラックデビル。

つらい事も 楽しい事も知って 喜劇が生まれてくる

三波伸介　様々な言葉を見事な筆さばきで色紙に書
いたが、こういうのも。「男の仕事は昨日
今日ではない 一生だ」

視力がいいのに 未来が見えません

ヒロシ

こんな事を言っていたのに今や〝一人キャンプ〟で大
ブレイク。一発屋と言われていたのに10年以上ずっと
話題になっている。

挨拶にスランプなし 松村邦洋

ネタはいい時・悪い時色々あるが、挨拶だけはいつも元
気よく、と心掛けている。松村クンの都市伝説に「オナ
ニーをひと晩に3回すると有名人が一人死ぬ」というの
がある。

おわりに

　今回、ギャグ語を振り返る作業をしていて、子供時代の出来事や、友人との会話が蘇ることが何度かあった。スマホで気楽に写真が撮れる時代ではなかったので、学校や教室で撮影した写真は数えるほどしかないけど、当時の写真を探してみた。一番多かったのが「ピースサイン」で収まっている写真。もともとは「百年戦争」でイギリス軍の兵士がフランス軍を挑発した際のポーズとしてはじまったという。時が流れ、ベトナム戦争に反対する若者たちに広まり、日本では1972年、井上順がコニカのCM撮影中、アドリブで「Vサイン」をしたのがきっかけで流行したという説がある。友達との写真、他には『おそ松くん』の「シェー」のポーズや『仮面ライダー』、『バロムワン』の「変身ポーズ」などがあった。写真のポーズ一つ取っても時代ごとに流行の変遷があり、そこにギャグが反映されている。時代を飾ったギャグは、流行歌と同じように、人々の脳に刻み込まれ、それを振り返る時に記憶を引き出す力も秘めているように思う。超高齢社会の現代、MCI（軽度認知機能障害）予防の一環として「ギャグ回想法」を企画してみるのも面白いかなと思う今日この頃である。

松岡 昇（放送作家）

世界のギャグマニアの皆さん、この本をお楽しみいただけましたでしょうか？　小学生の頃から憧れている高田文夫先生から「ギャグを集めた辞典をつくるから君も何か書け」とご指名を頂いたのが2020年の春頃。高田先生、松岡昇さんとざっくり各年代を分担し、ありとあらゆるギャグ、流行語を書き記す作業がはじまりました。執筆中にも感じ、今改めて思うのは「笑いの歴史は、なんと死屍累々であろうか!!」ということです。あれだけ人々を笑わせた言葉は時代とともに消え去り、喜劇人たちは退場していきます。跡形もない。だからいいのでしょう。岸壁に打ちつける波のように、あと白波とぞなりにける。「笑い」に最も大事なのは「今」であることを、この本に集められた言葉たちは教えてくれます。改めて高田文夫先生、松岡昇さん、似顔絵の名匠・佐野文二郎さんに御礼を申し上げます。また複雑な編集を担当された白鳥美由紀さん、香川県から様々な助言を下さったお笑い研究家の菅家しのぶさんにサンクスを。そして何よりも読者の皆様に最大限の感謝をいたします。皆さんの心の中の辞典をひもとき、本書に「おれはこう思う！」と盛大な突っ込みを入れてください。

和田尚久（放送作家）

文

高田文夫（たかだ ふみお）

1948年、渋谷区生まれ、世田谷育ち。日本大学芸術学部放送学科卒業と同時に放送作家の道を歩む。83年に立川談志の立川流に入門、立川藤志楼で88年に真打昇進。89年『高田文夫のラジオビバリー昼ズ』（ニッポン放送）スタート。「週刊ポスト」（小学館）、「月刊HANADA」（飛鳥新社）にて連載中。「笑芸」に関する著書多数。

松岡 昇（まつおか のぼる）

1962年、山口県生まれ。日大在学中に高田文夫に弟子入り。『ビートたけしのオールナイトニッポン』のハガキ仕分けを皮切りに、笑福亭鶴光、伊集院光、ナイツ、清水ミチコなどのラジオ番組を担当。清水ミチコをアネキ、高橋克実をアニキと尻尾を振る姿から、師匠・高田に「子分肌マツオカ」と命名される。

和田尚久（わだ なおひさ）

1971年、台東区生まれ。放送作家。担当番組に『立川談志最後のラジオ』（QR）、『談志の遺言』（TBSラジオ）、『友近の東京八景』（NHKラジオ第1）、ラジオドラマ『町の底を流れるのは』（QR）ほか。コントの台本なども書くよろず雑文業。〈落語〉や〈笑い〉に関する執筆多数。

絵

佐野文二郎（さの ぶんじろう）

1965年11月3日生まれ。イラストレーター。『野球太郎』（竹書房）の表紙において発泡スチロールを削りだした立体イラストを制作。『週刊ポスト』（小学館）で連載中の高田文夫氏の人気コラム「笑刊ポスト」の挿画を担当している。

STAFF

デザイン：中山詳子、渡部敦人（松本中山事務所）
撮影：吉井裕志
協力：ニッポン放送
編集：白鳥美由紀

ギャグにまつわる言葉をイラストと豆知識でアイーンと読み解く

ギャグ語辞典

2021年2月17日　発　行　　　　　　　　　　　　　　　NDC790

著　者	高田文夫　松岡昇　和田尚久
絵	佐野文二郎
発行者	小川雄一
発行所	株式会社 誠文堂新光社
	〒113-0033 東京都文京区本郷 3-3-11
	［編集］電話 03-5805-7765
	［販売］電話 03-5800-5780
	https://www.seibundo-shinkosha.net/
印刷・製本	図書印刷 株式会社

ISBN978-4-416-52132-8